로마처럼 경영하라

천년 제국 로마에서 배우는 21세기 경영전략

로마처럼 경영하라

스탠리 빙 지음 | 김경준 감수 | 김중근 옮김

청림출판

한 그루의 나무가 모여 푸른 숲을 이루듯이
청림의 책들은 삶을 풍요롭게 합니다.

도전정신과 투지로 세계를 경영하라

인류 역사상 최초의 다국적 기업은 로마이다. 로마의 흥망성쇠는 그의 후예인 우리들에게 많은 교훈을 안겨준다. 이 책에서 우리는 인류 역사상 최초의 기업 조직을 설명하고, 그리고 거기서 얻는 교훈이 무엇인지 살펴볼 작정이다.

혹시 어떤 이들은 이 책에서 계속하여 이야기하는 주식회사 로마제국에 이의를 제기할지도 모른다. 그러나 로마의 역사를 기업 조직에 비유하기에 그들의 행태가 적합하지 않다고 생각하는 것은 잘못된 이해이다. 아시아 지역을 호령하였던 칭기즈칸과 몽골족들이 사람이나 양들을 마구 죽이고, 해치고, 짓밟고, 억누르고, 마구 먹어치우는 과정에서 모든 것들을 공평하게 대하였던가? 그렇지는 않다. 그들의 행위는 기업적인 사고에서 비롯된 행위가 아니었다. 약탈한 물건을 잔뜩 쌓아 두거나 혹은 자신을 방어할 능력이 없는 사람을 제물로 바치는 행위에는 기업적인 성격은 도무지 들어있지 않다.

그렇다. 기업은 멋진 아이디어로부터 출발하여 그것을 필요로 하는 고객들에게 제품이나 서비스를 제공함으로써 성장하고, 점점 사업 영역을 확대하며, 발전한다. 그리고 기업은 자신들이 파괴하는 것보다 더 많은 것을 창조해 나간다. 기업은 잘살고 싶다는 욕망과 임직원들을 행복하게 만든다는 일념으로 똘똘 뭉쳐 있다.

바로 이점에서 로마제국을 기업에 비견할 수 있다. 로마제국이 막 출범하였을 당시에 그들은 단 한 가지, 단순하고도 위대한 기업적인 아이디어를 가지고 있었다.

그것은 로마에 의하여 정복된 자는 누구이건 로마라는 한 울타리에 속하게 되며, 그때부터는 로마인이라는 사상이다. 즉 당신이 일단 로마에 정복당한다면 이제는 더 이상 당신은 타자가 아니다. 당신도 우리가 되어 버리는 것이다. 바로 개방성이다.

로마는 다른 나라 사람들에게도 시민권을 팔았다. 그리고 그 상품, 로마 시민권은 그 시대의 사람들에게는 얼마나 멋진 것이었는지 모른다. 당시의 사람들은 전 세계 어느 곳이든 상관없이 대부분 진흙탕 위에서 생활하였고, 물고기를 맨손으로 잡겠다고 급류에 뛰어들었다가 목숨을 잃는 일이 허다했다. 그만큼 미개한 생활을 하고 있었던 것이다. 때문에 로마인이 되는 것은 모든 이들의 희망이었다.

로마인이 되라! 이 말은 특히 소규모의 기업에서 조금만 시간이 지나면 금세 자신의 손아귀에 들어올 정도의 적은 부하를 거느리고 있는 중간 관리자에게는 대단히 매력적으로 들린다. 그러나 조직 내부에서 이 말을 강조하면 서고트족 출신이거나 아니면 게르만족 출신인 것이 분명한 수석 부사장과 회사 전체 조직원과의 사이를 이간질하는 데에는 즉각적인 효험을 발휘하게 된다(서고트족 혹은 게르만족은 로마의 공격을 받아 멸망당하거나 혹은 핍박을 내내 받았기 때문이다. – 역자 주).

그렇다면 여기에서 한 가지 묻겠다.

"당신은 대체 어떤 사람이 되고 싶은가? 주식회사 로마제국의 전략 기획담당 이사가 되고 싶은가 아니면 온통 몸 전체를 모피로 둘러싸고 있는 부자의 노예가 되고 싶은가?"

이 질문은 대단히 수사학적인 질문일 것이다. 그러나 질문의 형식이 어떤 것이건, 중간 관리자로서는 돼지우리 같은 곳에서 느릿느릿하게 움직이는 뚱뚱한 관리자가 되기보다는 다국적 기업에서 멋지고 중요한 한 사람의 직원이 되는 편이 훨씬 낫다. 다국적 기업의 일원이 되면 무엇보다도 개인적인 특권도 많이 누릴 수 있다. 결국 한 마디로 요약하자면 기업에서의 인생은 아무리 고달프더라도 반드시 보답이 있게 마련이라는 것이다. 특히 로마시대처럼 죽어서야만 비로소 그 조직을 벗어날 수 있다고 하면 그 보상은 더욱 더 크다.

로마의 역사는 오늘날의 기업 조직의 흥망성쇠와 동일한 과정을 보여 준다. 우리는 이 점에 주목할 것이다. 그러기에 나는 이 책을 위대한 로마인들에게 바치고 싶다.

스탠리 빙

벤처에서 글로벌 기업으로
로마제국 역사의 흥미로운 패러디

동서고금을 막론하고 성공하는 조직에는 공통점이 있다. 탁월한 리더십, 합리적인 제도, 건전한 문화, 불굴의 투지가 그것이다. 이 모든 것이 결합되고 상승작용을 일으키는 조직이 번영한다.

비록 조직의 외양은 시공간에 따라 국가, 기업, 종교단체 등 다양하게 나타날지언정 성공의 원동력은 결국 비슷하게 수렴된다.

기원전 8세기 중엽 이탈리아 반도 중부에서 농민, 양치기, 산적들의 조그만 무리로 시작했던 로마가 고대 서방세계 전체를 군사적으로 정복하고 정치-경제-문화적으로 통합하는 찬란한 업적을 이룰 수 있었던 힘도 특유의 개방성과 강건함이 바탕을 이루는 가운데 리더십과 투지가 결합되었기 때문이다.

특히 로마를 건국한 로물루스Romulus를 이은 2대왕 누마Numa Pompilius는 로마의 성공 DNA라고 할 수 있는 개방성을 정책화하였다는 점에서 시대를 앞서나간 인물이다.

당시 최고 수준의 문명을 이루었던 그리스조차 동포의 개념은

'피를 나눈 자'에 머물러 있었지만, 로마는 건국 초기부터 동포의 개념을 '뜻을 같이하는 자'로 생각하였으며 이러한 개방적 관점을 국가정책으로 삼았다. 혈연이라는 좁은 개념을 탈피한 개방성이야말로 양치기들의 무리였던 로마를 세계제국으로 발전시키는 성공의 DNA였다.

'로마는 하루아침에 이루어지지 않았다.'는 금언처럼 로마는 성장 과정에서 극심한 내부 갈등, 강력한 외부 공격에 따른 위기를 수차례 겪었지만 이를 극복하고 번영의 토대를 닦을 수 있었던 것은 로마를 로마답게 만드는 '개방성'이라는 유전자를 확대 발전시켜왔기 때문이다.

미국 역사상 최초로 흑인이 대통령으로 선출되면서 미국 인종 통합 역사의 신기원을 열었다는 소식에 세계가 떠들썩하지만, 로마는 이미 2000년 전에 개방성에 근거한 국가통합의 역사를 이루었던 공동체이다.

로마 제정 중기 소위 팍스 로마나(Pax Romana, 로마의 평화)라고 불리는 최전성기를 이끌어간 오현제(5명의 현명한 황제) 중 3명이 로마 본국이 아닌 식민지 출신이었고, 오현제 이후 시대의 페르티낙스 Publius Helvius Pertinax는 아버지가 해방노예였으나 당대에 황제의 자리에 올랐다.

한편 로마의 탄생과 발전을 기업에 비유한다면 벤처기업이 글로벌 기업으로 성장하는 과정으로 볼 수 있다. 로마가 힘없는 자들의 무리로 출발하여 제도를 정비하고 조직을 갖추어 주변을 정복하면서 이탈리아 반도를 평정하고, 외부의 인재를 수혈하여 경쟁력을 강화하면서 시야를 해외로 돌려 마침내 지중해 세계를 제패해 나가는 과정은, 변방의 벤처기업이 초기의 어려움을 이겨내고 기술을 발전시켜 시장을 확대하고 글로벌 기업으로 성장하는 과정에 다름 아니다. 이러한 관점에서 해석한다면 로마의 귀족이었던 원로원 계급은 기업의 경영진으로, 평민은 근로자로, 집정관은 CEO, 호민관은 노동조합 위원장으로 비유할 수 있다.

이 책《로마처럼 경영하라》는 로마의 초기부터 전성기에 이르는 성장의 역사를 기업에 비유하여 유머러스하게 재해석하였다. 특히 역사 서술에서 자칫 지루하고 건조해지기 쉬운, 사건의 나열 방식이 아니라 주요 인물들을 중심으로 서술하면서 위트와 유머로 패러디하는 방식을 취해 흥미와 속도감을 더했다.

저명한 독일의 법학자 루돌프 폰 예링은 "로마는 세계를 세 번 제패하고 통합시켰다. 첫 번째는 군사력으로 국가의 통합, 두 번째는 기독교로 종교의 통합, 세 번째는 로마법으로 법의 통합을 이뤘다."라고 말했다. 인간사회를 구성하는 핵심요소들인 종교와 법의 기본질서를 확립하고 이것이 후세로 이어지면서 로마는 일부 지역에서 명멸해 간 과거의 역사가 아니라, 현세에도 살아숨쉬는 실체로서의 생명력을 확보하는 독특한 역사적 위치를 확보하였다.

이 책에서 가장 인상적인 부분도 '로마제국은 사라졌으되 로마는 지금도 존재하고 있다' 고 갈파하는 후반부이다.

이는 국가로서의 로마는 1500년 전에 소멸하면서 그 하드웨어는 눈앞에서 사라졌지만 로마제국의 법, 제도, 문화와 같은 소프트웨어는 중세와 르네상스를 거쳐 현대세계를 이루는 기본 아키텍처architecture로서 생명력을 유지하고 있다는 것이다. 특히 세속의 로마가 사라지면서 비록 외양을 달리하고 있지만 천상을 상징하는 종교 조직으로 부활하여 현재에도 그대로 유지되고 있다는 시각은 대단히 흥미롭다.

《로마처럼 경영하라》는 비교적 가볍고 유머러스하게 접근하면서도, 고대 로마의 성장기 역사를 주요 등장인물들을 통해 한눈에 조망하고 느낄 수 있는 책이다. 특히 국가의 번영과 기업성장을 대비시킨 접근은 역사에 관심이 있는 경영자와 직장인들에게 로마의 역사를 한층 현실감 있게 느끼게 하는 요소가 될 것이다.

딜로이트 컨설팅
김경준 부사장

1장 | 시작은 미약했으나 끝은 창대하리라

2장 | 공화정 시대를 열다

CONTENTS

1장

시작은 미약했으나
끝은 창대하리라

두 형제가
구멍가게 벤처를 창업하다

창업 자본금은 비전이다

모든 기업은 신화에서 출발한다. 동네 구멍가게와 다름없는 작은 기업일지라도 처음 회사를 세웠을 때의 사연이 신화처럼 전해진다. 모티Uncle Morty를 보라! 사업을 시작했을 당시 그의 주머니에는 딸랑거릴 동전 두 닢조차 없었다. 그러나 지금은 대서양 연안의 북쪽 프로비덴스에서 남쪽 뉴저지의 트렌턴에 이르기까지 미국 동부에서 수많은 편의점 체인을 거느리고 있다.

맥도날드의 창립자인 레이 크록Ray Kroc은 어떤가. 그는 자그마한 햄버거 수레와 푼돈으로 외식업을 열었다. 초창기에 그는 손수 양파를 썰고 석쇠 위의 고기 패티를 뒤집었다. 그러나 지금은 전 세계 곳곳에서 맥도날드의 붉은 'M' 로고를 볼 수 있다. 피부색

과 언어가 다른 수십 개국의 세계인이 맥도날드 햄버거를 먹고 있
는 것이다.

빌 게이츠Bill Gates와 놀란 부시넬Nolan Bushnell을 보자. 교외의 다
쓰러져 가는 차고에서 개인용 컴퓨터의 역사를 다시 썼다. 그 차
고는 컴퓨터와 같은 고급 기술을 개발하기보다는 시끄러운 락 음
악을 연주하기에 적격이었을 장소였다.

빌 페일리(Bill Paley, CBS 방송국 창립자 – 역자 주) 역시 창조적인 기업
가였다. 사실 그는 아버지에게서 물려받은 시거 담배 사업을 하며
편안히 살아갈 수도 있었다. 그러나 그는 아버지의 그늘에서 벗어
나 보다 새롭고 창조적인 일을 원했다. 그는 라디오가 판매 유통
에 유용하게 쓰일 것이라고 판단했다.

'유통 경로가 될 파이프라인인 라디오 방송국을 소유하지 못할
까닭이 없잖아? 그리고 각각의 방송국을 연결한다면?'라고 생각
한 것이다.

우리는 지금 그것을 무엇이라고 부르는가? 그렇다. 방송 네트
워크의 시발점이다.

이처럼 기업은 작고 사소한 것에서 태동하여 조직을 구성하고
키운다. 미래를 향한 공통된 생각과 진취성, 능력을 갖춘 직원들
이 똘똘 뭉쳐 전진한다.

한 가지 재미있는 사실은, 성공한 기업들은 모두 쥐꼬리만한 임
금일지라도 기꺼이 받고 함께 일할 직원들을 고용할 능력, 즉 비
전이 있었다는 것이다.

주식회사 로마제국의 첫 발자국을 떼다

로마의 건국신화는 어딘지 알 수 없는 어느 언덕(그때는 세상이 온통 어디인지 모르는 곳 천지였다.)의 어수룩한 양치기들로부터 시작된다. 양치기들은 인가와 떨어진 적막한 들판에서 고독과 굶주림뿐만 아니라 양들을 호시탐탐 노리는 늑대들과도 싸워야 했다.

이처럼 위험천만하고 열악한 환경에서 초창기 구멍가게 벤처의 창립자가 탄생하였다. 이 구멍가게는 이후 주식회사 로마제국으로 발전한다. 창립자의 시조는 아이네이아스(Aeneas, 그리스로마신화에 나오는 트로이의 영웅으로, 로마를 건설한 사람 – 역자 주)이다. 그는 호메로스의 서사시에서 보듯이 10년에 걸친 유명한 적대적 합병(트로이 전쟁. 그리스군이 침략하여 멸망하였다. – 역자 주)이 일어나자 트로이를 떠났다.

아이네이아스는 이후 '로마'로 불리는 땅에 이르러 짐을 풀었다. 그리고 그의 아들은 알바 롱가Alba Longa로 불리는 자그마한 도로변 노점상을 창립하였다. 이 작은 노점상은 무럭무럭 성장하여 급기야 경영권을 놓고 형제 간에 싸움이 벌어지게 된다. 통속적인 드라마에서 흔히 볼 수 있듯, 알바 롱가에서도 약삭빠르고 이기적인 자가 경영권을 장악하게 되었다.

더구나 이 CEO는 매우 간악하여서 경영권 싸움에서 진 형을 눈엣가시처럼 여겼다. 형은 어떻게든 살아남지 않으면 안 되었다. 그래서 그는 동생이 자신을 함부로 없애지 못하도록 전략을 세웠다. 부지런히 지방 출장을 다니며 각처에서 중요한 사업을 벌인 것이다. 여러 사업에서 요직을 맡아 CEO가 자신을 함부로 해고하지 못하도록 했다.

알바 롱가의 동생 CEO는 전전긍긍하였다. 언제 형이 왕권을 되찾고자 할지 몰랐기 때문이다. 그래서 그는 형의 딸을 무녀로 만들어 버렸다. 무녀는 신전에서 신을 받드는, 대단히 중요한 직책이었다. 하지만 한 가지 조건이 있었다. 지속적인 고용을 보장받기 위해서는 평생 처녀의 몸을 간직해야 한다. 결혼은 물론 금지 조항이었다. 이 조건은 금욕적인 당시 기업 문화와 잘 들어맞았다.

쉽게 구분하기 위해 왕권을 뺏긴 형을 '착한 왕', 간악한 동생을 '나쁜 왕'이라고 하자.

무녀가 된 착한 왕의 딸은 타의 모범이 되었다. 그러나 아리따웠던 그녀는 그만 전쟁의 신 마르스의 눈에 띄고 말았다. 로마인의 신들은 성적으로 자유분방하였다. 마르스는 조금도 지체하지 않고 착한 왕의 딸을 취했다. 타키투스(Tacitus, 로마의 역사가 – 역자 주)에 따르면 무녀가 잠들어 있을 때 몰래 성관계를 맺었다고 한다. 이는 곧 임신으로 이어졌고, 열 달을 채운 후 그녀는 신을 아버지로 둔 아들 쌍둥이를 낳았다. 쌍둥이의 이름은 로물루스Romulus와 레무스Remus이다.

나쁜 왕은 자신의 증손인 쌍둥이의 탄생이 결코 반갑지 않았다. 쌍둥이가 태어났다는 소식을 듣자마자 조카딸과 쌍둥이를 테베레 강에 던져 버렸다. 테베레 강은 얼음처럼 차갑고 물살이 사나웠다. 어미는 물론이며 신의 자식들인 쌍둥이도 위험천만한 상황이었다. 그러나 운명의 신은 그들 편이었다. 강의 신이 무녀의 아름다움을 보고 반한 것이다. 무녀는 강의 신의 도움으로 목숨을 건지고 그와 결혼까지 하게 된다.

반면 쌍둥이를 담은 광주리는 다행히 무화과나무 뿌리에 걸려 구사일생 살아났다. 마침 자식을 잃은 어미 늑대의 눈에 띄어 늑대의 젖을 먹으며 자랐다. 이후 어느 착한 양치기가 늑대와 놀고 있는 쌍둥이를 발견하였고, 양치기는 쌍둥이를 데려가 지극정성으로 키웠다. 나쁜 왕이 가장 두려워했던, 왕위 승계를 노리는 차세대 주자가 비밀리에 자라고 있었던 것이다.

쌍둥이는 활달하고 영민한 청년으로 성장했다. 그들은 가비Gabii에 있는 학교를 다녔으며, 알바Alba의 뜰에서 장난을 치며 놀았다. 그러나 그 누구도 그들이 착한 왕의 손자라는 사실을 눈치 채지 못했다. 모두들 양치기의 자식이라고만 믿었다. 심지어는 돼지치기라고 생각하는 자도 있었다.

쌍둥이는 종종 나쁜 왕의 하인들 신경을 건드리기는 했지만 나쁜 왕의 관심을 끌지는 않았다.

그러던 어느 날이었다. 돼지가 도난당하는 사건이 벌어졌다. 당시 돼지는 중요한 재산 품목이었다. 레무스는 또래 청년들을 모아 이 사건을 해결하고자 노력했다. 청년들이 시끌벅적 떠들며 몰려 다니자 당국의 주의를 끌게 되었다. 당국은 일용직 노동자들이 CEO를 무너뜨리기 위해 작당하는 것으로 오인하였다. 주동자인 레무스가 나쁜 왕 앞으로 끌려갔다. 사실 왕은 이 일을 대수롭지 않게 여겼었다.

그러나 레무스가 유달리 훤칠하게 잘생기고 비범하다는 사실을 알아채자 생각을 달리 먹었다. 지금도 그렇지만 그때도 통용되던 방식대로 왕은 부하에게 권한을 이양하여 문제를 해결토록 지시했다. 그러나 부하 역시 어떤 처벌을 내려야 할지 몰랐다. 마침 그때 착한 왕이 알바 롱가로 돌아왔다. 그는 한때 이 회사의 회장이었지만 나쁜 왕에게 경영권을 빼앗기고 황야에서 반 은퇴생활을 하고 있었다. 그는 레무스가 위험에 처했다는 사실을 알자 곧장 로물루스를 찾아갔다.

여기까지 읽었다면 이 사건의 결말을 쉽게 예측할 수 있을 것이다. 착한 왕은 로물루스에게 레무스를 도우라고 말했고, 힘을 합친 쌍둥이는 나쁜 왕을 무찔렀다. 그 결과 알바 롱가는 다시금 착한 왕이 다스리게 되었다. 로마 기업의 첫 번째 구조 조정이 완성된 것이다.

우리는 이 이야기에서 나쁜 경영자에 대한 직원들의 불신을 엿볼 수 있다. 가령 고위직에 있는 임원이 해고되었는데, 그에게 지급되는 퇴직금이라고는 달랑 그의 몸뚱이 하나뿐이라면 어떻겠는가? 경영주의 냉혹한 처사에 평사원들은 더 이상 회사에 대한 애착을 잃어버릴 것이다.

여하간 쌍둥이는 자신들의 출생의 비밀을 전해 들었다. 신분제가 존재하던 시절, 그들은 자신들이 양치기의 자식이 아니라 왕의 혈통을 이어받은, 어엿한 왕위 승계자라는 사실을 알게 된 것이다.

그들은 지금까지 해오던 일을 박차고 무기를 들었다. 그리고 나

뻔 왕을 물리치고 할아버지를 회장직에 복직시켰다. 그러나 그들은 알바 롱가에 머물지 않고 자신들이 자랐던 테베레 강 하류로 돌아갔다. 여기에는 두 가지 이유가 있었다.

첫째, 알바 롱가의 문제는 모두 해결되었다. 예전처럼 착한 왕이 다스리게 되었고 왕국은 평화를 되찾았다. 그러나 한 왕국에 왕이 셋이 될 수는 없는 법. 만약 왕위를 탐낸다면 자신들의 할아버지를 죽이는 수밖에 없었다. 쌍둥이가 이 방안을 고려해 보지 않은 것은 아니다. 그러나 결국 실행에 옮기지 않고 폐기해 버렸다.

둘째, 당시 이들은 커다란 골칫거리를 안고 있었다. 쌍둥이 곁으로 너무 많은 사람들이 몰려든 것이다. 군인, 노예, 점쟁이, 돼지치기 등을 비롯하여 온갖 천민들이 쌍둥이를 뒤따랐다. 이들은 최근 벌어진 기업 전쟁에서 붙잡혀 온 자들이었다. 하지만 이들은 쌍둥이 덕분에 자유를 되찾았고 대장을 위해서라면 기꺼이 목숨을 바칠 용의가 있었다.

이들을 제대로 거두지 않고 내팽개친다면 사회에 커다란 부담이 될 게 뻔하였다. 하지만 쌍둥이가 이들에게 해줄 수 있는 일이 무엇이란 말인가? 알바 롱가의 주민들이 이들 패거리를 받아들이고 싶어 하지 않는 것은 분명하였다. 더군다나 이들이 공공연히 동네 처녀를 납치하자 이들에 대한 거부감은 극에 달했다. 비록 플루타르크(B.C. 120년경 그리스의 저술가이자 역사학자.《플루타르크 영웅전》을 썼다. – 역자 주)가 기술하였듯이 "이들은 납치하여 감금하고 있는 처녀들에게 대단한 존경심을 표하였다." 하더라도 말이다.

쌍둥이 형제의 경영권 다툼

쌍둥이는 이들과 함께 고향으로 돌아가 나라를 세웠다. 이후 유럽 일대를 호령하게 되는 로마제국이 그들 손에서 일어난 것이다.

주식회사 로마제국의 초기 단계에서 기업의 창립자는 향후 성공과 발전을 위해 중요한 정책적 결단을 내려야 했다. 이들은 문을 활짝 열어 탈주자이건 탈영병이건, 탁발승이건 혹은 떠돌이건 원한다면 누구나 받아들였다. 자신을 따르는 모든 사람들을 보호하였으며 누구 하나 배척하지 않았다. 도망친 노예를 주인에게 되돌려 보내지도 않았고, 살인을 저질러 국경을 넘어온 자를 경찰 손에 넘기지도 않았다.

뿐만 아니었다. 무엇보다 이들이 갈구해 마지않던 새로운 사회의 시민권을 안겨 주었다. 이를 기업 용어로 바꾼다면, 직위가 낮은 비정규 일용직에게 정규직을 보장해 준 셈이었다. 이와 같은 관대한 처분에 새로운 사회에 대한 충성심이 튼튼히 뿌리내린 것은 말할 것도 없다.

정복지 주민들에게 시민권을 제공하고 이들을 동등하게 대우한 정책은 이후 수많은 인수 합병 과정에서 열렬한 호응을 얻었다. 피인수 기업의 고위 임원들뿐만 아니라 평직원들도 대단히 기뻐했다. 덕분에 오랜 세월이 지나지 않았는데도, 마치 하룻밤 사이에 버섯이 자라나듯 1,000개 이상의 가옥이 팔라티노 언덕Palatine Hill에 세워졌다.

이제 쌍둥이 형제는 생산과 소득을 끊임없이 창출하고 조직을 굳건히 하기 위해서라도 로마 주식회사의 주축 조직을 마련해야 했다. 이는 오늘날의 대부분 기업 창립자들과도 같은 생각이다. 더군다나 주식회사 로마제국은 성장 가도를 숨 가쁘게 달리고 있었다. 이미 아테네나 스파르타 또는 그 외의 지역에 본점을 두고 있는 다른 대기업(다른 나라를 말함.– 역자 주)과 비교해서도 막강한 힘을 자랑하고 있었다. 당시 여타의 회사들은 예술과 철학에 푹 빠져 있었고, 과거에 해오던 방식을 그대로 답습하고 있었다. 혁신과 성장은커녕 지금까지의 명성을 지키는 데도 급급하였던 것이다.

먼저 쌍둥이 형제는 국경 역할을 할 성벽을 어디에 쌓을지부터 의논했다. 토론이 벌어지자마자 둘 사이에 격렬한 싸움이 벌어졌다. 둘 다 기업의 성장과 발전을 위해 의견을 냈지만 기업관이 달라 좀체 의견이 좁혀지지 않았다. 사무실의 규모나 위치, 혹은 가구 배치 같은 사소한 문제를 놓고서도 치열한 말다툼이 벌어졌다. 그다지 중요하지 않은 사안을 두고서도 감정 대립을 하는 것은 예나 지금이나 마찬가지인가 보다.

로물루스가 본부 사무실을 ‘이곳’에 세우고 싶다고 하면, 레무스는 ‘저곳’에 세우자고 말했다. 로물루스가 ‘이런’ 방식을 주장하면, 레무스는 ‘저런’ 방식을 고집했다. 동생과 사사건건 의견이 대립하자 로물루스는 격분하였다.

‘동생 주제에 형을 손아귀에 쥐고 뒤흔드는군. 내가 이대로 물러설 줄 알아? 난 내 방식대로 할 테다. 한 번만 내 뜻을 어긴다면 그때는 동생이건 뭐건 가만 안 둘 테야!’

로물루스는 자신의 뜻대로 프로젝트를 밀고 나갔다. 무엇보다 국가안보를 서둘렀다. 나라를 세울 때 국가안보야말로 가장 중요한 사안이기 때문이다. 당시의 국가안보란 성벽을 쌓는 일이었다. 성벽 쌓기는 척척 진행되었다. 조금씩 높아지는 성벽을 볼 때마다 로물루스의 기대감 역시 커져갔다.

'이런, 혼자서 일하는 것도 나쁘지 않군.'

로물루스는 동생과 함께 일하기보다 혼자 일하는 편이 좋았다. 고집불통인데다가 사사건건 자신과 대립하는 쌍둥이 동생이 곁에 없는 것만으로도 숨통이 트였다. 로물루스는 성벽 쌓기에 몰두하였다. 그리고 성취감을 느끼면 느낄수록 동생에 대한 미움이 커져갔다.

그런데 우리는 여기에서 한 가지 사실을 주목해야 한다. 로물루스는 성벽을 쌓으면서 자신의 권력과 명예를 다른 사람들과 나누어 가졌다. 사실 그가 한 일이라고는 고작 성벽 옆에 가만히 앉아 있는 것뿐이었다. 그는 지시를 내렸고, 성벽을 쌓는 실질적인 일은 부하들이 다 했다. 그가 독점한 것이 있었던가? 천만에, 단 하나도 없었다.

그가 세운 도시, 로마는 앞으로 번성하여 역사상 최고의 도시가 될 것이었다. 로마는 앞날에 대한 희망을 품고 있었고, 이는 로마의 운명이었다. 이 도시는 괴팍한 동생이 아무렇게나 설계한 쓰레기 더미, 모조품 도시와는 근본적으로 달랐다. 그렇다면 로마를 모방한 모조품 도시를 무어라고 부를까? 레마Rema?

운명의 그날, 로물루스가 동생을 회사에서 영원히 내몬 그날,

무슨 일이 벌어졌는지에 대해서는 제각각 다른 이야기가 돌아다닌다.

어떤 사람은 레무스가 성벽을 조롱한 것이 사단이었다고 말한다. 레무스는 로물루스가 애써 쌓은 성벽을 보고선 어린 아이도 훌쩍 뛰어넘을 만큼 형편없다고 빈정댔다고 한다. 사실 성벽의 규모와 높이에 대한 우스갯소리가 성내에 떠돌기도 했다. 그러니 대부분 사람들은 레무스가 형을 비웃었고, 이에 격분하여 로물루스가 동생을 죽이고 말았다고 믿는다.

'아마도 로물루스는 처음부터 동생을 죽이려고 한 것은 아니었을 거야.'

로마인들은 모두 그렇게 믿고 있었다. 그러니 우리도 일단은 그렇게 믿기로 하자.

로물루스가 동생을 죽인 것은 피치 못한 사정 때문이었다. 동생은 계속해서 도시 건설을 훼방 놓고 있었다. 이는 도시 전체에 커다란 손실을 입힌다. 로물루스는 동생뿐만 아니라 자신을 믿고 따르는 시민들을 지켜야 할 책임이 있었다.

그의 행동을 두고 폭력적이라거나 정신이상이라고 말하기는 어렵다.

로물루스는 이 일을 통해 경영자의 인간성이 어떠해야 하는지 보여준다. 동시에 그는 로마의 기업 문화를 만들어 가고 있었다.

이제 로마제국은 로물루스 혼자 다스리게 되었다. 로마가 '로마Rome'로 불리게 된 까닭이다. 에디슨이나 포드, 혹은 스티브 잡스 같은 이름이, 그들이 창설한 회사의 항구적인 상품명이 되는 것처럼 로마 역시 '로물루스Romulus'로부터 국가명이 유래되었다.

로물루스는 음식, 복식, 주거방식 등과 같은 기본적인 생활 형태부터 언어, 문화, 사회 환경 등 향후 천년 동안 로마가 나아가야 할 방향을 정립하였다. 그는 과단성이 있었으며, 대단히 위험스런 인물이기도 하였다. 그는 무엇이든 창조하기를 좋아했지만 동시에 죽이는 것도 좋아하였다. 그의 내부에는 동시대 그 누구보다도 '창조'와 '파괴'라는 두 가지 상반된 힘이 공존하였다. 그는 자신의 도시에 필요하다고 여겨지는 일은 반드시 해치웠다. 비록 잔인하였지만 창조와 파괴라는 상반된 힘이야말로 로마가 발전하게 된 원동력이었다.

이제 그들은 전 세계를 상대로 '로마'라는 아이디어 상품을 판매한다. 만약 당신이 이 세상의 마지막 날을 맞이한다면 당신이 얼마나 큰 군대를 가졌든 재산이 얼마나 많든 소용이 없다. 마지막 날이라면 당신은 결국 패배자일 뿐이다. 하지만 로마는 마지막 날이 아니라 첫날, 곧 출발점에 서 있었다.

로물루스는 창립자만이 줄 수 있는 선물을 회사에게 안겨 주었다. 그것은 바로 회사의 이념이다. 로마를 멈출 수 있는 것은 아무것도 없었다. 이제 커다란 세상으로 나아갈 일만 남아 있었다.

첫 번째 합병과
여러 번의 납치

로마에 세상의 중심을 세우다

로물루스는 동생 레무스를 죽였고, 그를 레모니아 산 중턱에 묻었다. 이는 일찌감치 정복한 피인수기업을 위하여, 그 회사를 합병한 회사가 울리는 팡파르와도 같은 것이었다. 이제 남은 것은 그들을 즉각 잊거나, 희미한 기억 속으로 서서히 사라지도록 내버려두는 일이다.

로물루스는 원로들을 불러 도시 건설 프로젝트에 대한 조언을 구하였다. 아직 신들의 시대였던지라 회사의 뼈대를 구축하는 실제적인 건설과 함께 종교적 제의식이 곁들여졌다. 가장 먼저 로물루스는 로마의 세력권 경계를 이루는 도랑을 팠다. 그리고 그해 첫 수확한 과일과, 행운과 성공을 기원하는 여러 제물을 바쳤다.

도랑에 바쳐진 것은 이뿐만이 아니었다. 로마 시민들의 영혼을 적셔줄 상징적인 의식이 거행되었다. 그들은 각자 자신의 고향에서 가져온 흙을 도랑에 던져 넣었다. 이로써 로마는 더 이상 이국 땅이 아니라 새로운 고향이 되었다.

이 숭고한 의식이 치러지던 순간을 상상해 보라. 이제 그들은 이곳 로마에서 집을 짓고, 결혼을 하고, 아이를 낳을 것이다. 그리고 그들의 피와 뼈, 살을 물려받은 후손들이 대대손손 살아갈 것이었다. 주식회사 로마에 고향을 세운 시민들은 죽는 순간까지 로마를 위해 살아갈 것이 틀림없었다. 로마의 역사가 시작되는 순간이다.

그들은 도랑을 '문두스Mundus', 즉 '세상의 중심'이라고 이름 붙였다. 이 문두스를 시작으로 도시 건설이 이루어졌다. 이 일이 얼마나 상징적인지 짐작할 수 있는가?

나는 일전에 회사 야유회를 간 적이 있다. 그때 모든 임직원이 수영복 차림으로 모래성을 쌓았다. 처음에는 바보 같은 짓이라고 생각하였다. 그러나 성을 다 쌓아 올린 순간, 우리의 가슴속에는 끈끈한 연대감과 소속감 같은 것이 자리 잡았다. 어쩌면 함께 모래성을 쌓으면서 나눠 마신 와인 덕분일지도 모르겠지만 어쨌든 우리는 이전과 확실히 달랐다.

로물루스는 황소와 암소 한 쌍에게 구리 쟁기를 채워(황소와 암소가 상징하는 바는 확실치 않다.) 문두스, 즉 세상의 중심을 돌게 하였다. 로마를 세상의 중심에 올리겠다는 바람이 깃들어 있었으리라!

로물루스는 소들이 쟁기를 끄는 동안 모두에게 새 도시 로마를 바라보라고 명령하였다. 시민들은 로마를 바라보며 도시 건설에 대한 의지와 열정을 다시 한 번 가슴 깊숙이 새겨 넣었다. 이 모든 의식들은 경건한 분위기 속에서 치러졌다. 새 도시를 건설하면서 신성하지 않은 것은 아무것도 없었다. 오직 하나 예외가 있다면 그것은 회사의 문을 활짝 열어젖힌 일이었다. 문호를 개방함으로써, 성스럽지 못한 사람들, 다시 말해 로마인이 아닌 사람들도 이 도시에 들어올 터였기 때문이다.

다른 유수의 기업들과 마찬가지로 로마 역시 영적이고 종교적인 면을 지녔다. 여러 곳에서 바쁘게 역사하시는 신은 잠시 짬을 내어 이 회사(같은 목적이라면 축구팀이나 랩 가수도 마찬가지다.)가 신성하도록, 또한 모든 만물의 원천이 되도록 하셨다.

멘로 파크의 마법사(Wizard of Menlo Park, 발명왕 에디슨의 별명 – 역자 주)가 전구를 발명하기 위해 수천 번 실패를 거듭한 끝에 필라멘트를 찾고선 했던 말을 아는가? 그는 결코 "내가 이룬 업적을 보라!"라고 말하지 않았다. 대신 "오, 신은 이 얼마나 위대한 일을 하셨는가?"라고 외쳤다. 이 한 마디로 에디슨은 과거에 저지른, 그리고 앞으로 저지를 수많은 죄악에서 벗어날 수 있었다.

로마제국의 초석을 닦다

로물루스는 하는 일마다 순조로웠다. 자신의 뜻을 거스르는 고집불통 훼방꾼 동생이 더 이상 곁에 없었기 때문이다. 회사 본부는 안정적으로 발전해 나갔다. 그러나 전혀 문제가 없었던 것은 아니다. 본부 주변에 불완전 고용 상태인(어떤 의미에서는 고용할 수 없는) 프롤레타리아 최하층 계급의 건장한 건달들이 득실거렸기 때문이다. 이들은 딱히 갈 곳도 없었을 뿐만 아니라 본인들의 생활 환경을 안락하게 만드는 능력도 갖추지 못했다. 무언가 대책이 필요했다. 그것도 최대한 빠른 시간 내에 말이다.

로물루스는 새 도시를 건설하면서 몇 가지 혁신을 일으켰다. 그중 획기적인 일은 말썽을 피울 만한 나이의 남자들을 시민군으로 편성한 것이다. 3,000명의 보병과 300마리의 말이 한 군단을 이루었다. 그는 멋진 제복을 지급하여 군인들이 자부심을 느끼도록 했다. 군사력이 강화되었으므로 로마의 미래는 더욱 밝았다.

젊은이들을 군인으로 만들었으니 이제 노인들은 할 일이 없게 되었다. 로물루스는 여기에서 또 한 번 현명한 결정을 내린다. 그는 백 명의 현명한 노인들을 자문위원으로 선정하여 평생 고용을 보장하였다. 이들 백 명의 장로들은 '국가의 아버지', 혹은 '귀족'이라고 불리었다. 이들에게는 근사한 클럽 하우스가 주어졌다. 귀족들은 이곳에서 마음속 이야기를 나누거나 중요한 안건을 처리하였다. 이사회 의장에게 위협이 되지 않는 한 이들의 활동은 무엇이든 허용되었다.

이후 이들은 원로원senate으로 활동하는데, 'Senate'이라는 명칭이 너무 멋진 나머지 지금도 의회의 상원들이 사용하고 있다(100명의 원로들이 씨족의 장로였다고 생각하는 학자들도 있다. 이들이야말로 자신들의 진짜 아버지가 누구인지 정확히 알고 있었기 때문이라고 한다).

로물루스는 이와 같은 방법으로, 노동력을 제공하는 평민 계급과 그들 노동력의 수혜를 누리는 귀족 계급 간의 결속력을 강화하였다. 현대 기업들도 익히 쓰는 방식대로, 직원들을 먹여 살리기 위해 경영진이 존재한다는 신화를 그럴듯하게 만들어간 것이다. 그러기 위해서는 대중이 귀족을 존경하고 우러러 받들어야만 한다. 로물루스는 도시 가운데 우뚝 솟은 카피톨리노 언덕(Capitoline Hill, 고대 로마 시대에 주피터 신전이 있던 곳 – 역자 주)에 귀족들의 주거지를 세웠다. 한때 도망자였지만 이제는 도시의 아버지, 즉 귀족이 된 사람들이 이곳에서 살았다.

당시 로마에는 비옥한 평야가 많았다. 사람들은 집을 짓고 곡식을 수확하는 등 새 도시 건설을 위해 분주히 움직였다. 그러나 주식회사 로마제국을 설립하기에는 턱없이 인력이 부족했다.

주식회사 로마제국의 회장직에 오른 로물루스는 당장 몇 가지 중요한 사안들을 처리해야 했다. 무엇보다 회사의 본부 건설이 시급하였다. 고집불통 동생이 사라졌으므로 모든 일이 로물루스의 계획대로 이루어졌다. 로물루스는 심혈을 기울여 본부를 세웠다. 이 사업 못지않게 중요한 것이 로마 기업에 필요한 인력을 확충하는 일이었다. 직장을 쉽게 그만두지 않으며, 회사를 위해서라면 열과 성의를 다할 충성스런 인재여야 했다.

이러한 관점에서 본다면, 결국 가장 중요한 것은 회사를 삶의 터전으로 만드는 일이다.

훌륭한 기업은 이를테면 가족 공동체와 같다. 여러분은 혹시 궁금해 한 적이 없는가? 평소 악랄하기 그지없는 CEO가 왜 직원들의 경조사를 챙기는 걸까? 때때로 직원들의 가족에게 따뜻한 감사와 위로가 담긴 편지를 보내는 까닭은 무엇일까? 크리스마스를 목전에 두고 해고 통지서를 보내는 기업일지라도, 직원들을 위한 크리스마스 파티를 열고, 여름에는 야유회 장소를 제공하는 이유는 무엇일까? 불참하는 직원에게는 인사상의 불이익이 있을 거라고 으르는 까닭은 무엇일까? 왜 아내에게 멋진 이브닝 드레스를 입히고 자신 또한 실크넥타이와 양복을 빼입고서는 지역사회 만찬회 등에 직원 가족들과 함께 참석하여 그들을 긴장시키는 것일까?

이유는 간단하다. 일단 직원의 가족이 자신도 회사의 일부라고 생각하는 순간, 모든 것이 달라지기 때문이다. 이전까지 직원 자신이 월급을 받는 노예이며 경영자는 직원의 목줄을 쥐락펴락 하는, 단순히 고용인과 피고용인의 관계라고 생각했을지라도 직원의 가족이 애사심을 갖는 순간 직원과 기업, 혹은 경영자와의 관계는 전혀 새로운 국면에 접어든다.

물론 기업에 따라서는 이를 송두리째 부수어 버리는 곳도 있다. 대표적인 기업이 마이크로소프트이다. 마이크로소프트는 직원들이 최소한의 인간적 삶마저 영위할 수 없도록 만든다. 직원들은 과중한 업무에 시달린 나머지 지쳐 버리기 일수이다. 따라서 직원들 대부분 나이가 젊다. 덕분에 마이크로소프트는 다른 전통적인 기업과 달리 다국적 기업임에도 불구하고 종업원 연금 비용을 줄일 수 있었다.

그러나 고용 비용은 줄었을지 모르지만 그에 못지않은 단점이

노출되었다. 비록 동종 업계에서 로마 황제와 같은 막강한 헤게모니를 구축하고 있을지 모르지만, 여전히 미개인 같은 소수의 경쟁자들과 끊임없이 싸우고 그들을 무찔러야 하는 운명에 처한 것이다.

첫 번째 합병, 사비니의 여인들을 훔치다

역사가 동터 오르던 고대 로마에서도 가족을 구성하려면 반드시 필요한 것들이 있었다. 이는 다음과 같다.

- 함께 어우러져 사회 활동을 할 수 있는 건축물이 필요하다. 성벽이 있어 나쁜 녀석들을 막아 주어야 한다. 현대식 빌딩이나 최신식 아파트가 보안장치 등을 통해 현관 입구에서부터 영업사원이나 거지, 새로 생긴 중국집 메뉴 전단지를 뿌리려는 아르바이트생의 출입을 철저히 통제하는 것과 같다. 물론 어떤 강력한 보안장치도 막을 수 없는 실력자 또한 존재한다.

- 생계수단이 필요하다. 고용이 불안정하면 생계형 범죄가 늘어나기 마련이다. 남자들에게 주어지는 생계수단은 다른 나라를 정복하고 합병하는 것처럼 고도의 노동 집약적인 전략이 동반되어야 한다.

- 여자가 필요하다. 여자가 없으면 생식 활동이 불가능하다. 그러나 진흙탕 구덩이로 여자를 끌어들이기란 매우 어렵다. 특히 예쁘고 교양 있는, 좋은 환경에서 살아온 여자들은 여러 가지 조건을 따지기 마련이다.

1930년대 대공황으로 신음하던 미국이 실시한 뉴딜 정책처럼, 로물루스는 군대를 만들고 도시를 건설하여 고용을 창출하였다. 이를 통해 시민들에게 위의 첫째, 둘째 조건인 집과 직장을 제공할 수 있었다.

그러나 셋째 조건에서 난관에 봉착하였다. 여자를 공급하기 위해서는 새로운 전략을 구상할 수밖에 없었다. 계획대로 인수 합병이 이루어진다면 단 한 번의 과단성 있는 행동으로 회사의 권력 구조와 수익의 원천, 그리고 회사의 미래 성장 전망도 동시에 확대되는 결과를 얻을 수 있었다.

다만 광범위한 합병 정책을 추진하려면 군사력만으로는 부족하였다. 합병을 추구하는 사회는 공격적이고 약탈을 즐기는 문화가 형성되어야 한다. 또한 구성원 모두가 피정복지보다 자신들이 우월한 정신문화와 생활방식을 지녔다고 확신해야 한다.

그러나 주식회사 로마의 경우에는 직원들 대부분이 다른 더 좋은 회사에서 일하다 쫓겨난 사람이거나 입사 자체가 거부된 건달, 부랑자 같은 이들로 이루어져 있었다. 따라서 로마인이 다른 나라 사람들보다 우월했다고 말할 수는 없다. 그러나 이는 로마에 있어서 문제가 되지 않았다. 비록 이제 막 출범한 신생 기업이었지만 로물루스와 각료들이 로마인들 가슴속에 확신을 불어넣었기 때문이다.

여기에는 신전을 지키는 성직자들의 도움이 컸다. 신전의 신탁은 CEO에게 운명의 세 여신(생명의 실을 잣는 클로토Clotho, 실의 길이를 정하는 라케시스Lachesis, 그 실을 끊는 아트로포스Atropos 세 여신 – 역자 주)이 로마를 영광으로 이끌어 갈 것이라고 알려 주었다.

로마 주식회사의 창립자 로물루스가 찾아낸 해답은 타깃Target이 시어즈Sears 백화점을 합병한 것처럼 환상적이었으며, 다임러 벤츠Daimler Benz가 크라이슬러Chrysler를 인수한 것처럼 대담하였고, 아울러 휴렛 팩커드Hewlett Packard가 컴팩Compaq을 합병한 것만큼 위험이 따르는 일이었다.

그는 단 한 번의 과단성 있는 행동으로 기업의 권력 구조를 확대하였으며, 동시에 시민 남성들에게 짝을 찾아주는 일도 해결하였다. 시민들은 합병이 성공하면 성욕의 충족은 물론 사회 제반 모든 면에서 항구적인 즐거움을 얻을 것이라고 믿었다. 그들은 전쟁 기간 내내 분주하게 움직였다.

로물루스는 원초적인 인간의 욕구와 국가 차원의 이득이 하나로 결합하는 방식으로 합병을 추진해 갔다. 그는 병사들에게 과거로부터 내려오는 전통적인 수단을 사용하도록 명령하였다. 그것은 다름 아닌 납치였다.

로물루스는 먼저 이웃나라 사비니Sabine에 눈독을 들였다. 그는 전차경기장 아래에서 '비밀의 사원'을 발견하였다며 선전을 하였다. 전차경기장, 즉 키르쿠스 막시무스Circus Maximus는 글자 그대로 코끼리나 어릿광대가 나오는 서커스 공연장은 아니다. 주로 운동 시합이 개최되거나 시민들을 위한 축제가 열렸다.

로물루스는 비밀의 사원 발견 기념 축제를 빌미삼아 이웃나라 사비니의 주민들을 초대하였다. 여기에 흑심이 있으리라고는 전혀 눈치 채지 못한 사비니인들은 가족과 함께 로마를 방문하였다. 성대한 희생 제의를 올린 후 각종 운동 경기와 시합이 벌어졌다. 도시 곳곳에서 술판이 벌어졌고, 사람들은 음악에 맞춰 춤을 추었다.

로물루스는 로마의 고위 경영진과 함께 연회석 제일 앞줄에 앉았다. 모두 보라색 옷을 입어 낯모르는 이가 봐서는 누가 두목인지 분간할 수 없었다. 로물루스가 준비한 신호는 간단했다. 자리에서 일어나 어깨 위로 옷을 집어 던지는 것이다. 드디어 로물루스가 자리에서 일어섰다. 이제나 저제나 명령을 기다리던 무장 군인들이 일제히 달려 나왔다. 그들은 칼을 뽑아 닥치는 대로 여자들을 붙잡았다. 특히 젊고 예쁜 여자일수록 표적이 됐다.

흥청망청 술에 취한 사비니의 남자들은 저항 한번 제대로 못 하고 여인들을 뺏겨 버렸다. 풍악 대신 여자들의 비명 소리가 거리를 뒤덮었다. 사비니의 여인들이 로마에 대해 가장 좋게 말한다 하더라도 그것은 고작 로마인들이 몽골인이나 아메리카온라인 AOL 임원들과는 달리, 최소한 자신들을 죽이지는 않았다는 것 정도일 것이다.

이 비극적인 축제에서 몇 명의 사비니 여인들이 납치됐는지에 대해서는 저마다 기록이 다르다. 어떤 곳에서는 30명이라고 하는

가 하면, 다른 기록에서는 527명이라고 추정한다. 683명이라고 기록한 책도 있다.

분명한 것은, 이때 붙잡힌 여자들은 모두 처녀였는데 오직 한 사람, 헤르실리아Hersilia라는 이름의 불운한 여인만이 유부녀였다고 전하고 있는 것뿐이다. 로물루스는 이미 결혼한 여성을 납치한 것은 명백한 실수였음을 인정하고 있다. 따라서 로마가 원했던 것은 단순한 성 욕구 분출이 아니라 이 여인들을 통해 로마를 건설하고, 궁극적으로는 이웃 나라와의 협조 관계에서도 도움을 얻기 위해서였다는 것을 알 수 있다.

한편 사비니는 일대 혼란에 빠졌다. 사비니의 딸들은 더 이상 처녀가 아니었고, 그들은 로마인에게 붙들려 있는 신세였다. 하는 수 없이 사비니의 고위 경영자들은 자존심을 억누르고 외교 협상을 벌이기 위해 로마로 찾아왔다. 이들은 사태에 대한 공정한 해결책을 제안하였다. 로마와 사비니 사이의 상호 호혜적인 협약을 통해 여인들을 돌려보내라고 요청한 것이다.

물론 로물루스는 이 제의를 거절하였다. 하지만 그 외 다른 부분에서는 사비니와 거래하는 것을 반대하지 않았다. 두 나라는 오랜 시간 동안 논의를 했다.

그 와중에 로물루스를 축출하려는 반란이 일어나기도 했다. 주동자는 아크론Acron이라는 로마 장군이었다. 그는 납득할 만한 이유도 듣지 못한 채 계급이 강등된 자였다. 로물루스와 아크론 장군의 군대가 서로 대치하였다. 만약 전쟁이 벌어진다면 로마 전체에 커다란 손실을 가져올 것이 분명하였다.

로물루스가 아크론에게 제안을 했다.

"이 많은 사람들을 다 죽일 셈인가? 내가 일대일로 상대해 주겠다. 이기는 자가 로마를 다스리기로 하자."

아크론은 흔쾌히 동의하였다. 로물루스는 결투에 앞서 신에게 도움을 청하였다. 그는 신의 후손답게(로물루스의 선조 아이네이아스는 미의 여신 비너스의 아들로 알려져 있다. - 역자 주) 매사 기도하기를 좋아했다. 신을 등에 업은 로물루스는 손쉽게 아크론을 해치울 수 있었다. 그리고 곧장 사비니로 쳐들어갔다. 하지만 민간인들은 거의 죽이지 않았다. 다만 건물을 파괴하여 그들을 오갈 데 없는 떠돌이 신세로 만들었을 뿐이다. 생계 터전을 잃은 사람이 갈 곳이라곤 어디겠는가? 그들은 자연스럽게 로마로 발길을 돌렸다.

이로써 세계적인 수준의 기업, 로마가 만들어졌다.

로물루스에게 배우는 합병의 법칙

사비니와의 합병이 순탄하기만 했던 것은 아니다. 도시를 점령당한 사비니인들은 각처에서 독립운동을 펼쳤다. 그러나 로마는 나날이 인구가 늘어나고 있었다. 인구 규모는 전쟁에서 매우 중요하다. 인수 합병을 발전 수단으로 삼은 로마로서는 환영할 만한 일이었다.

사비니 기업의 피데나이Fidenae 지사, 크루스투메리아Crustumerium 지사, 안템나Antemna 지사가 로마의 침략에 대항하여 싸웠으나 패퇴하였다. 결국 이들 지사는 로마에 흡수되고 말았다. 말하자면 로마인이 된 것이다. 사비니인들은 처음에는 로마인이 되는 것을 굴욕적으로 받아들였다. 그러나 얼마 지나지 않아 이들은 강대한 로마 시민이 된 것을 자랑스럽게 생각하게 되었다.

사비니인은 로물루스가 악랄한 약탈자이기만 한 것이 아니라는 것을 곧 알아차렸다. 로물루스는 사비니에게서 뺏은 토지와 재물을 정복지 시민들에게 공평하게 배분하였다. 피정복지 시민들은 당연히 이를 반겼다. 뿐만 아니었다. 비우호적 합병 과정에서 딸을 빼앗긴 부모에게는 예외적인 조치가 시행되었다. 땅과 재산을 예전처럼 그대로 소유토록 해준 것이다.

그러나 나라와 재산을 빼긴 데 화가 난 일부 사비니인은 종종 군대를 조직하여 반란을 일으켰다. 그들은 카피톨리노 언덕을 손아귀에 넣으려고 호시탐탐 기회를 엿보았다. 로물루스에게 적대적인 여론을 조성하는가 하면 본부 깊숙이 스파이를 잠입시키기도 했다. 로물루스로서는 그냥 보고 넘어갈 수가 없었다. 향후 분쟁의 근원을 없애버려야 했다.

그는 본보기 삼아 10명에 1명꼴로 사비니인을 처형하였다. 그러나 반란은 좀처럼 수그러들지 않았다. 급기야 로물루스가 사비니인이 던진 돌멩이에 뒤통수를 얻어맞는 일까지 생겼다. 자칫하면 로마 왕의 생명이 위태로울 뻔했던 것이다. 로물루스는 언덕 아래로 도망치는 사비니인들을 보면서 기도를 올렸다.

"주피터 신이시여, 로마 군대가 패배하지 않도록 해주소서. 당신의 약속대로 로마의 영광이 영원하도록 해주소서."

결국 로마와 사비니인 사이에 협정이 이루어졌다. 양측은 한 발 물러서서 일단 휴전한 뒤 그 다음의 일을 준비하기로 합의하였다. '다음의 일'이란 별다른 게 아니다. 더 많은 사람들을 죽이기 위해 전열을 가다듬고, 신이 관심을 갖거나 말거나 이기게 해달라고 열심히 비는 일이다.

그런데 재미있는 일이 벌어졌다. 현대의 기업 환경에서는 지극히 통상적인 일이지만, 어쨌거나 '최초의 기업 합병'으로 기록될 만한 일이다. 당시 사비니 여인들은 야만적인 방법에 의해 로마에 붙들려 있는 상황이었다. 그녀들의 아버지와 오빠는 딸과 여동생을 되찾기 위해 로마군과 싸우고 있었다. 그러나 이유야 어찌되었든 이제 그녀들에게 로마군은 지아비이자 사랑하는 아이들의 아버지였다. 결국 그녀들 입장에서 본다면 친정 식구와 남편이 싸우고 있는 형국이었다. 그녀들은 오빠와 아버지뿐만 아니라 남편 또한 싸움에서 다치는 것을 원하지 않았다. 여자들은 울며불며 전쟁을 그만두라고 애원하였다.

사비니 여인들의 활약으로 전쟁은 끝났다. 로물루스와 티투스 Titus로 불리는 사비니의 우두머리가 공동대표가 되어 회사를 운영하기로 합의하였다. 그러나 티투스는 이내 수상쩍은 싸움에 휘말리더니 살해되고 말았다. 물론 이는 오늘날 친한 친구 사이에서도 종종 벌어지는 일이다.

사비니 여인 납치사건은 오늘날 비우호적 합병의 특징을 고스란히 드러내고 있다. 대부분의 비우호적인 합병은 병합이 이루어진 뒤에도 당사자 간의 싸움이 끝나지 않는다. 이러한 만성적인 부작용으로 실패한 합병도 비일비재하다. ITT가 대표적인 예이다. ITT의 천재적인 경영자 해럴드 제닌Harold Geneen은 적대적인 합병을 통하여 프랑켄슈타인과 같은 거대하고 기괴한 회사를 만드는 데 성공하였으나 이내 불명예스럽게 분해되고 말았다.

하지만 사비니와 로마의 합병은 대다수 실패한 비우호적 합병과는 달리 매우 성공적인 사례로 꼽을 수 있다. 분명 합병 과정에서 다른 무언가가 있었을 것이다. 사비니 합병을 모델로 삼아 면밀히 따져보자.

첫 번째 단계 : 납치

기업이 합병을 시도하는 이유는 무엇일까? 만약 자신들에게 이득이 되지 않는다면 막대한 자본금을 들여 합병을 할 까닭이 없다. 합병을 한 뒤에는 곧장 피인수기업이 쌓아올린 모든 공력을 일시에 집어삼킨다.

예를 들어 보자. HP는 컴팩을 인수하였다. 그 결과 HP는 컴팩의 생산 시설을 이용하여 조그맣고 귀여운 초급자용 컴퓨터를 만들어낼 수 있었다. 만일 그 설비가 없었다면 HP는 곤란한 지경에 빠졌을 것이다. HP는 컴팩을 통해 기업 주가를 계속해서 끌어올릴 수 있었고, 화려한 로마 서체로 신문의 헤드라인을 장식할 수 있었다. 물론 HP가 컴팩의 직원들에게 취했던 조치는 로마가 사비니인들에게 했던 것보다 덜 인간적이었다.

두 번째 단계 : 수많은 전투

컴팩을 인수한 HP 내부에서는 불화가 끊이지 않았다. 회사가 두 동강 날 지경의 반목이 계속 이어졌다. 내가 이전에 근무했던 회사도 이와 비슷한 일을 겪었다. 우리 회사는 1980년대 초반, 난쟁이 집단에게 삼켜지는 비극적인 운명을 맞이하였다. 우리는 그들을 싫어하였다. 맥킨지 컨설팅의 엉터리 같은 조언을 따르는 그들에게 협조하기가 못내 자존심 상했다. 하지만 이에 따른 결과는 곧 명백해졌다. 점령군과는 말조차 섞기 거부했던 직원들은 결국 제대로 일할 기회조차 얻지 못했다.

세 번째 단계 : 접촉

이 단계에 이르러 우리는 사비니의 여인들과 마찬가지로 점령군과 사랑에 빠졌다. 아주 빠른 시일 내에 그들의 사내 문화에 적응한 것이다. 우리는 그들이 제공한 휴가지로 몰려갔으며, 최우수 사원을 뽑는 그들의 얼빠진 회의에도 참석하였다. 우리는 그들의 조직도를 면밀하게 살펴보았으며, 더 이상 '우리'와 '그들'이라는 말로 편을 나누지 않았다. 우리는 분단 상황에 진절머리를 냈으며, 합병 프로그램에 기꺼이 동참하였다.

네 번째 단계 : 결혼

마침내 결실을 맺었다. 우리가 이제까지 충성을 바쳤던 지도자가 새 회사에서 고위직을 맡은 것이다. 사비니의 티투스가 비록 짧은 기간이지만 로마의 공동 통치자가 된 것과 유사하다. 우리는 회사가 새롭게 탄생한 것을 기뻐하였다. 우리의 옛 지도자는 우리의 수입과 업무 활동을 장악하고 있었다. 물론 우리의 작고 예뻤던 사비니 마을은 사라져 버렸다. 하지만 세상의 모든 것은 결국 사라지기 마련 아닌가? 2000여 년 동안 지중해를 호령하던 로마 제국 역시 역사의 뒤안길로 사라진 것처럼 말이다.

티투스가 사망한 이후 로물루스는 홀로 로마를 통치하였다. 아무리 신들의 사랑을 받았더라도 그 역시 필멸의 존재였다. 그에게도 '마지막 날'이 다가왔다.

전해지는 이야기에 따르면 로물루스가 죽던 날, 폭풍우가 휘몰아쳤다고 한다. 예사롭지 않은 조짐 속에서 그는 하늘로 승천하였다. 그때부터 로물루스는 신의 반열에 올라서 경배의 대상이 되었다. 마치 오늘날 우리가 토머스 왓슨(Thomas Watson, 컴퓨터의 아버지로 불리는 IBM의 창설자 – 역자 주), 샘 월튼(Sam Walton, 월 마트의 창립자 – 역자 주), 월트 디즈니Walt Disney, 로널드 레이건Ronald Reagan 대통령 등을 숭배하는 것과 같다. 이들은 남다른 면모를 과시하며 그들이 이끌던 세계적인 조직에 영원히 지워지지 않을 흔적을 남겼다.

2장

공화정 시대를 열다

공화정, 탄탄대로를 달리는
기업에게 바치는 송시

로마 공화정의 탄생

로물루스가 죽은 후, 여러 명의 CEO가 뒤를 이었다. 그들은 영토를 확장하고 전 세계를 로마의 문화적 지배 아래에 두려고 했던 선임자의 정책을 충실히 따랐다.

후임 CEO 중에는 우수한 사람도 있었고, 그렇지 못한 사람도 있었다. 그러나 로물루스처럼 감히 그 누구도 넘보지 못할 만큼 강력한 통솔력을 자랑하던 인재는 없었다. 고위급 임원들은 중간 관리자들보다 회사를 운영하는 데 능숙하지 못했다. 그 결과 공화정이 탄생하였다.

로물루스의 뒤를 이은 CEO들은 마치 조지 워싱턴 대통령이나 스티브 로스(Steve Ross, 미디어 전문 대기업인 타임워너의 창립자 – 역자 주)

의 뒤를 잇던 사람들과 같았다. 그들은 많은 일을 해냈다. 때때로 중요한 결단을 내리기도 했다. 하지만 그들의 영광은 전적으로 전대前代 선임자의 업적에 힘입었다. 사실상 그들이 한 일이라고는 위대한 선임자가 일구어 놓은 브랜드 이미지를 연장하는 것에 불과했던 것이다.

로물루스의 후임은 매우 바빴다. 이 말에 오해가 없기 바란다. 로마인은 원래 항상 바쁘다. 그들은 신앙을 발명하기도 했다. 그 신앙은 다른 종족에게도 그럴싸하게 받아들여졌다. 또한 이들은 저작권 사용 허락도 받지 않고(요즘 중국인들이 하는 방식과 똑같다!) 그리스의 문화 콘텐츠를 무단으로 차용하여 마치 자기들 문화인 것처럼 홍보하였다.

심지어 로마인들은 신전에서 신을 모시는 수많은 처녀들을 제도적으로 양성하였는데 아마도 이는 스미스칼리지(미국의 유명한 여자대학 – 역자 주)가 설립되기 이전에 역사상 가장 큰 여성 교육 기관이었을 것이다.

로마 왕들은 국토 확장 사업을 멈추지 않았다. 항구를 건설하여 주변 나라와의 교역을 원활히 하는 동시에 전 세계로 뻗어나갈 발판을 마련하였다. 이 과정에서 라티움(Latium, 지금의 로마 동남쪽에 있던 나라 – 역자 주)이 로마에 복속되었다.

이후 잠시 동안 에트루리아인들이 로마를 다스리는 시기가 있었다. 에트루리아인들은 매우 뛰어난 능력을 발휘하였다. 사실 에트루리아인은 대단히 신비스러운 존재이다. 그 누구도 이들의 실체를 정확히 알지 못한다.

우리는 에트루리아인이 로마를 다스리던 당시 많은 왕들이 '타르퀴니우스Tarquinius'라는 이름을 사용했음을 발견할 수 있다. 이후 타르퀴니우스라는 이름은 더 이상 사용되지 않았지만, 당시에는 매우 보편적인 이름이었던 듯하다.

타르퀴니우스라는 이름을 사용한 첫 번째 왕은 '타르퀴니우스 프리스쿠스Tarquinius Priscus'였다. 그는 멋진 신전을 건축하였다. 그런데 가장 훌륭한 업적은 클로아카 막시마Cloaca Maxima, 즉 최초의 하수도를 건설했다는 점이다. 이미 로마에서는 원형극장이 세워져 대중에게 즐거움을 제공하고 있었다.

우리는 이를 통해 사회가 안정기에 접어들면 시민들이 무엇을 원하게 되는지를 엿볼 수 있다. 이는 현대 직장인에게도 마찬가지이다. 열심히 일한 뒤에는 휴식을 가져야 한다. 안락한 보금자리로 돌아와 쉬어야 하고, 주말이면 교외로 드라이브를 가거나 영화를 보는 등 문화생활도 누려야 한다. 로마는 이를 잘 이해하고 있었다.

상당 기간 에트루리아인이 로마를 지배한 이후 '세르비우스 툴리우스Servius Tullius'가 왕위에 올랐다. 그는 정통 로마인이었다. 생각해 보라. 이민족이 아닌 로마인이 왕이 됐다는 소식에 로마인 중간 관리자들은 얼마나 기뻐했을까!

툴리우스는 기대를 저버리지 않았다. 왕위에 오르자마자 에트루리아인들을 몰아내기 위해 높다란 성벽을 쌓았다. 이 조치는 마치 1980년대 테드 터너가 CBS를 합병하려 했을 때, CBS 사람들이 부채를 늘리고 자산의 가치를 떨어뜨려 인수를 방해하던 것과 비슷하다.

그러나 성벽을 쌓는 일은 효과를 거두지 못했다. 왜냐하면 기원전 534년경에 즉위한 그 다음 왕이 에트루리아인이었기 때문이다.

그의 이름은 '타르퀴니우스 슈페르부스Tarquinius Superbus'로 혈기왕성하고 야망 있는 위정자였다. 이는 그의 이름에서도 확인할 수 있다. 나는 극단적으로 자존심이 강한 사람들을 많이 만나 보았다. 그러나 그들 중 누구도 슈페르부스처럼 자신의 능력을 과시하는 단어 'super'를 이름에 넣지는 않았다.

그러나 애석하게도 슈페르부스에게는 커다란 불행이 있었으니, 이는 에트루리아 문명 전체의 불행이기도 했다. 불행의 씨앗은 바로 슈페르부스의 아들 타르퀴니우스 섹스투스Tarquinius Sextus였다. 그 이름처럼 끝없는 섹스투스의 욕정은 로마의 역사를 송두리째 바꾸어 버렸다.

루크레티아 강간 사건과 로마 왕정의 몰락

이제 섹스투스에 관한 흥미진진한 이야기를 들려 주겠다.

어느 날이었다. 로마의 에트루리아 출신 왕, 슈페르부스의 아들 섹스투스가 아르데아에서 어슬렁거리고 있었다. 아르데아에는 군대 요새가 자리 잡고 있었다. 알다시피 요새를 지키는 일은 매우 지루하기 마련이다. 병사들은 무료함을 달래기 위해 삼삼오오

무리를 이루어 잡담을 나누었다. 섹스투스도 이 자리에 끼어들었다. 신들의 시대에 활약하던 영웅들 이야기에서 근대 전쟁의 무용담까지 이야기꽃이 활짝 피었다.

이때 좌중의 흥을 돋우는 것이 또 술이다. 병사들은 술도 얼큰히 취했겠다, 저녁식사로 배도 불러오겠다, 온갖 잡담을 늘어놓으며 시간을 보냈다. 여자들이 모이면 으레 남편 자랑을 늘어놓듯, 병사들도 아내 자랑을 늘어놓기 시작했다. 정말 그렇게 생각했는지는 알 수 없지만, 병사들은 제각각 제 아내가 가장 예쁘고 정숙하다며 입씨름을 했다. 그때 병사들의 우두머리였던 젊은 장교 콜라티누스Conlatinus(그가 왕의 아들이 아니었음을 주목하자.)가 한 가지 제안을 했다.

"보아하니 자네들 아내는 모두 정숙하고 우아한가 보군. 그러나 내 아내를 따라올 여자는 아무도 없을 걸세. 의심스럽거든 당장 말을 타고 각자 집으로 달려가 보는 게 어떤가? 집을 깜짝 방문하면 아내가 지금 무엇을 하고 있는지 알 수 있을 테지. 그래서 누가 가장 정숙한지 판가름 내세나."

젊은 장교와 그의 부하들, 그리고 왕의 아들이 말을 몰아 우르르 달려갔다. 로마 언덕에 당도했을 즈음에 이르자 거리에는 해거름이 내려 어둑해져 있었다. 먼저 왕의 며느리들 집으로 가보았다. 그녀들은 외출 준비를 하고 있었다. 다 늦은 밤에 나가서 무엇을 하려던 것일까? 그녀들은 머리를 매만지고 외출복을 갈아입는 등 몸치장을 하느라 분주했다.

하지만 콜라티누스의 집은 달랐다. 그의 아내 루크레티아Lucretia

는 여느 부인들과는 달리 베틀에 앉아 옷감을 짜고 있었다. 베틀 짜기는 요리, 청소, 빨래처럼 당시 부녀자들이 집에서 해야 하는 중요한 의무사항이었다. 다른 부인들이 부유한 사내들과 몰려다니며 시시덕거릴 때 그녀는 하녀들과 함께 일을 하고 있었던 것이다.

모두들 콜라티누스의 정숙한 아내에게서 깊은 감명을 받았다. 당연히 그는 게임의 승자가 되었다. 어깨가 으쓱해진 콜라티누스는 술판을 벌였다. 왕의 아들도 그 술자리에 참석하였다. 루크레티아는 남편의 갑작스런 방문에 어리둥절했지만 곧 차분하게 손님들을 대접하였다.

콜라티누스와 섹스투스, 그리고 병사들은 카드 놀이나 고리 던지기 혹은 비디오게임이 발명되기 이전에 젊은이들이 즐겼을 법한 놀이를 하면서 밤을 보냈다. 술자리가 끝나자 병사들은 다시 막사로 돌아왔고, 이내 쓰러져 잠들었다.

이때 쉽사리 잠들지 못한 자가 있었으니 그는 바로 섹스투스였다. 섹스투스는 콜라티누스의 정숙한 아내 루크레티아가 눈앞에서 어른거려 좀체 잠을 이룰 수 없었다. 그는 이리저리 뒤척거리며 조용히 중얼거렸다.

'반드시 손아귀에 넣고 말리라.'

며칠 뒤였다. 이 호색한 왕자는 홀로 콜라티누스의 집을 방문하였다. 그는 뻔뻔스러운 얼굴로 콜라티누스가 보고 싶어서 찾아왔다고 말했다. 루크레티아는 남편은 부재중이라며 콜라티누스 대신 왕자를 공손히 맞이하였다. 그녀는 왕자를 손님용 침실로 안내한 뒤 약간의 먹을거리를 대접하였다.

밤이 깊어지자 왕자는 슬그머니 침대에서 일어났다. 그는 하인들이 잠든 것을 확인한 뒤 몰래 안방으로 들어갔다. 안방에는 루크레티아가 남편도 없이 홀로 잠들어 있었다. 왕자는 루크레티아의 부드러운 젖가슴에 날카로운 단도를 가져갔다. 루크레티아는 가슴에 닿는 차가운 감촉에 화들짝 놀라 깼다. 그 뒤 어떤 대화가 오갔을지는 여러분도 어느 정도 예측할 수 있을 것이다. 남자는 여자를 으르면서 제 목적을 달성하려고 했고, 여자는 완강하게 버티며 제발 자신을 놓아달라고 애걸복걸했다. 옥신각신하며 제 뜻을 관철시키려고 했지만 둘 다 쉽지 않았다. 그때 왕자가 결정적인 한마디를 날렸다.

"계속 나를 거부할 테요? 당신을 갖지 못한다면 차라리 아무도 갖지 못하게 죽이고 말겠소. 그리고 벌거벗은 당신 시체 옆에 역시 벌거벗은 하인의 시체를 놓아두지. 사람들이 당신을 보고 뭐라고 말할까? 앞에서는 그토록 정숙한 척 굴더니 뒤에서는 음탕하기 짝이 없었다며 혀를 차겠지. 그 광경을 목격한 콜라티누스의 표정이 눈에 선하군."

루크레티아는 얼굴이 새하얗게 질렸다. 그녀는 더 이상 저항하지 않았다. 왕자는 마음껏 그녀를 유린한 뒤 유유히 떠났다.

홀로 남겨진 루크레티아는 분노와 수치심으로 부들부들 떨었다. 그녀는 울먹이며 남편과 친정아버지에게 전갈을 보냈다. 이들이 집에 당도하였을 때 그녀는 안방에서 흐느껴 울고 있었다. 그녀는 왕자의 악행을 낱낱이 고해바쳤다.

그녀는 분노로 일그러진 콜라티누스를 바라보며 말했다.

"내 몸은 더럽혀졌지만 마음은 여전히 정결합니다. 죽음으로써 그걸 증명해 보이겠어요. 만일 당신이 진정한 남자라면 이 슬픔이, 나를 짓밟은 파렴치한 악당의 슬픔이 되도록 해주세요."

루크레티아의 아버지와 콜라티누스는 자결을 하려는 그녀를 말렸다. 몸이 더럽혀졌다고 해서 영혼마저 더럽혀지는 것은 아니다. 당신의 의지가 아니었지 않느냐. 예나 지금이나 강간 피해자들에게 하는 말들을 그들도 똑같이 했다. 하지만 이런 위로로도 그들의 아픔을 달래기란 어려운 법이다. 루크레티아는 좀체 자신의 뜻을 굽히지 않았다.

"그렇다면 제 스스로 비난에서 벗어나도록 하겠습니다. 앞으로 어떤 여자도 루크레티아를 수치의 상징으로 쓰지 못하도록 하겠어요."

그녀는 당시 로마인이라면 누구나 손쉽게 하던 방식대로 단검을 가슴에 깊숙이 찔러 심장을 갈라버렸다. 이윽고 그녀의 영혼은 자신을 사랑하던 이들의 탄식과 울부짖음을 뒤로 하며 뜨거운 육신을 떠났다.

나는 여기서 잠시 다른 이야기를 해보려고 한다. 어떻게 당시 로마인들은 이처럼 쉽게 다른 사람은 물론 자신의 몸에도 단검 같은 날카로운 무기로 찌를 수 있었을까?

여러분은 어떨지 모르겠지만 나에게는 경이로운 일이다. 나는 면도를 하다가 턱을 베였을 때도 매우 화가 난다. 내 몸에 흐르는 피를 보면 소름이 끼친다.

그런데 과거 로마사를 살펴보면 어느 시대이든 반드시 최소한 한 명 이상의 사람이 날카로운 단검으로 자신의 갈비뼈 사이를 찌르거나 목을 그어 죽는 것을 볼 수 있다. 지금은 전해지지 않지만 혹시 로마인들 대대로 특별한 교육이라도 전수된 것일까? 내가 알기로는 요즘 사람들은 흔히 자살할 때 독극물을 마시거나, 목을 매달거나, 높은 빌딩에서 투신한다. 하지만 로마인들이 자신의 몸을 가해해서라도 기꺼이 자살하려는 의도, 달리 표현하면 로마인들의 이 같은 자살 성향은 이후 로마라는 기업이 성공을 거두는 데 결정적인 역할을 하였다.

다시 하던 이야기로 돌아오자. 루크레티아가 왕자에게 강간당해 자살한 일은 상징적인 사건이 되었다. 이 사건은 로마 사회를 송두리째 뒤흔들었으며 '공화정'이라는 새로운 사회 구조를 태동시켰다.

콜라티누스를 따라온 그의 절친한 친구가 있었으니, 그가 바로 루키우스 유니우스 브루투스Lucius Junius Brutus이다. 그는 격분하여 루크레티아의 가슴에서 단검을 뺐다. 그는 여전히 뜨거운 피가 뚝뚝 떨어지는 칼을 쳐들고서 외쳤다.

"왕자가 범죄를 저지르기 전에는 순결하기 그지없던 이 피와, 그리고 여러분 앞에서 나는 맹세하노라. 오, 신이시여. 나는 지금부터 왕과 그의 범죄자 왕자를 뒤쫓아 처단할 것이다. 로마의 왕을 절대로 용서하지 않겠다. 그의 가족 또한 내 손에서 무사하지 못하리라."

이 사건으로 인해 나라 전체가 개혁의 소용돌이에 휩싸였다. 어쩌면 사람들은 이와 같은 일이 타이코Tyco나 뉴욕 증권거래소, 심지어 제너럴 일렉트릭GE 같은 회사에서도 생기기를 바랄지 모르겠다.

예전만 하더라도 이 회사들은 카리스마 있는 리더가 효율적으로 경영하고 있었다. 그러나 현재는 전임자보다 뛰어나기는커녕 잘해야 비슷한 수준의 관료적인 리더로 교체된 지 오래이다.

루크레티아 강간 사건이 로마인에게 끼친 영향은, 보스턴 차 사건(미국 식민지 주민들이 영국으로부터 차 수입을 저지하기 위하여 일으켰던 사건. 미국 독립전쟁의 도화선이 되었다. ─ 역자 주)이 미국의 부르주아지 청년들에게 미친 영향만큼이나 강력하였다. 이 사건으로 말미암아 로마 시민들은 명예와 정의를 위해 폭군과 맞서 싸울 것을 결심하였다.

과거는 투쟁과 굴복으로 가득하다. 그 앞에 '인간'이 아닌 '법률'의 미래가 놓여 있으며, '피'가 아닌 '토론'의 미래가 자리 잡고 있다. 알아보기 쉬운 '보고 시스템'과 오해의 여지가 없는 뚜렷한 '가이드라인', 그리고 합리적이고 효율적인 정책을 보유한 조직을 구축할 때 우리의 운명은 나아질 것이다.

어쨌든 이로써 로마의 왕정은 끝났다. 그 결과 로마는 향후 500년간 합리적인 경영자들이 다스리는 황금시대로 진입하였다. 이 시기의 경영자들은 그야말로 유능하였다.

로물루스가 설립한 '원로원'은 로마의 새로운 운영 시스템에서 심장 역할을 하였다. '원로원'이라는 점잖은 뜻의 '세나투스Senatus'는 '늙다리'를 의미하는 라틴어 '세넥스senex'에서 유래하였다.

'상원Senate'도 마찬가지이다. 말 그대로 해석한다면 상원이란 '늙다리의 모임'쯤이 되겠다. 내가 다니는 회사의 이사회 임원들을 설명하기에는 더할 나위 없이 적절한 표현이다. 혹시 여러분의 회사도 그러한가?

평민의 권리를 지키는 호민관 등장

앞서 말했듯 원로원은 100명의 귀족들로 구성되어 있다. 지배 계급을 끌어들여 자발적이면서도 지역에 적합한 고위직 임원으로 활용하기에는 더할 나위 없이 뛰어난 방법이다. 좀 더 시간이 흐르면서 임원은 귀족 계급뿐만 아니라 평민 계급에서도 선임되었다. 이들이 바로 '호민관'이다. 오늘날 기업에서 유능한 직원 몇몇을 선발하여 이사회에 참석하도록 하는 것과 비슷하다. 이때 경력이 오래되고 머리가 희끗희끗하다는 이유만으로 뽑지는 않는다. 호민관은 무지하고 불결한 하층민의 입장을 대변하였다. 하층민이 성난 폭도로 변하면 호민관은 종종 이들의 손아귀에 놓이기도 하였다.

원로원의 역할에서 주목해야 할 것이 있다. 원로원은 전쟁이나 그밖의 비상사태 시 강력한 권한을 가지는 독재관으로 임명할 수 있는 권한이 있었다. 이는 로마의 위기 대응 능력을 높여 주었다. 사실 수백 년간의 공화정 시대에 전쟁은 늘 일어나던 일상적인 일이었다.

　로마인은 부자, 가난한 자 가릴 것 없이 모두가 원로원을 존경하였다. 원로원을 보호하는 일이라면 목숨까지 기꺼이 내놓았다. 그들은 원로원이 무너지면 로마 전체가 타격받을 것이라는 사실을 잘 알고 있었다. 특히 상인 계층과 부유한 사업가들은 나라가 망해 이민족에게 복종해야 하는 사태를 맞기 싫었으므로 더더욱 지배층을 충성스럽게 떠받들었다.

　물론 모든 로마인이 주름진 커튼을 등지고 앉아 거들먹거리는 권력자 앞에 납작 엎드린 것은 아니다. 기름진 뱃살을 자랑하는 이들의 권력을 빼앗으려고 시도한 사람들도 많았다. 왕이 존재하지 않는 새로운 사회 질서를 어떻게 다스려야 할지 각계에서 고심하는 가운데, 권력 내부에서 원로원의 지배구조에 도전장을 내미는 일이 벌어졌다.

　우선 당면한 문제는 어려운 경제 상황이었다. 경기 악화가 계속되어 대부분의 평민들이 부자에게 빚을 졌다. 현대에는 빚을 지면 집이나 자동차를 팔거나 하다못해 파산 신고라도 하면 된다. 그러나 당시는 달랐다. 빚을 갚지 못하면 노예로 팔려 갔다. 권력층과 연줄이 닿지 않거나, 보잘 것 없는 신분 출신의 평민들은 아무도 보호해 주지 않았다. 강력한 중앙 집권적 통치자가 없는 상황에서 평민들은 이전의 통치자와 별다를 것 없는 새로운 집권자들로부터 자신들을 보호해 줄 이가 절실했다.

　'평민 계급plebeian'이라는 말은, 이를테면 시골 여인숙 마당의 여기저기 긁힌 나무 의자에 걸터앉아 양고기를 뜯어먹고 포크로 이빨을 쑤시는 사내 이미지를 연상시킨다. 그러나 이 단어가 전달

하는 진정한 의미는 '사회적으로 상위 그룹에 속하지 못한 가문의 사람들'이다.

만일 당신이 귀족으로 태어나지 못했다면 당신은 죽을 때까지 평민 계급으로 살아야 한다. 불공평하다고 발버둥 쳐보아도 소용없다. 당신이 아무리 돈을 많이 벌더라도 평민 계급이라는 사실은 바뀌지 않는다. 더군다나 로마가 아닌 봄베이에서 평민 계급으로 태어났다면 두둑한 지폐다발도 다 소용없다. 당신은 결코 신분을 사지 못한다. 여왕에게 양탄자를 공급하는 부유한 상인의 딸이라 해도 마찬가지이다. 그녀는 무도회에 나갈 자격이 없다. 신분제 사회에서는 아무리 금은보화를 창고에 그득히 쌓아 놓았더라도 절대 정치권력을 사들일 수 없었다. 따라서 토지를 소유하고 있는 부유한 평민이나 군인 또는 상인들은, 다시 말해서 당신이나 나 같은 사람들은 보다 더 잘살고 권리를 보장받을 수 있는 방법이 없을까 궁리하기 시작했다.

평민 계급 노동자들이 사용한 수단은, 결국 그들이 항상, 그리고 어디에서나 하는 자신들의 '일'이었다. 주식회사 로마제국이 유지될 수 있었던 까닭은 군인, 선원, 상인, 솜씨 좋은 기술자들처럼 각 분야에서 열심히 살아온 시민들 덕분이다. 만약 자신들을 대신해서 노동력을 제공할 사람들이 사라진다면 귀족 계급은 두 팔과 두 다리가 잘린 것과 비슷한 처지에 놓이게 된다.

반면 수많은 평민들은 귀족만큼이나 부유하였다. 그들은 자신의 부를 활용하였다. 그때로부터 수천 년이 흐른 뒤의 미국 독립전쟁 당시 시대배경과 비슷하다. 이는 떠돌이 실업자들의 반란이 아니었다. 그러나 이러한 상황 전개를 두고 로마에서 자본의 민주주의를 발견할 수 있다고 말하는 것은 성급한 결론이다. 만일 민주주의였다면 평민들은 원한다면 언제든지 하는 일을 그만둘 수 있어야 했다.

또한 주식회사 로마제국의 고위 경영진들은 현재 진행 중인 합병 프로젝트가 중단될까 봐 노심초사하며 평민들, 즉 직원들을 조심스럽게 다루었을 것이다. 그런데 만일 실제로 귀족들이 그리했다면 어땠을까? 로마 주식회사는 번성하지 못했을 것이다.

여하튼 로마에서는 종종 한바탕 소동이 벌어졌으며, 그와 같은 소용돌이를 거쳐 성장을 거듭하였다.

주식회사 로마제국의 첫 파업

기원전 500~300년경 사이, 공화정은 다섯 차례에 걸쳐 중간 관리자 집단의 파업 사태를 겪었다. 처음 파업이 일어났을 때는 파업이라고 해봤자 평민들 떼거지가 작업장을 떠나 본사로부터 몇 마일 떨어진 언덕에 천막을 치고 농성하는 정도였다.

하지만 지배계층에게 미친 영향은 심각하였다. 만일 이들과 타협하지 않고 현 상황을 유지한다면 이들의 소득은 현저히 감소할 것이었다. 귀족 계급의 생활수준이 낮아질 것은 말할 것도 없다. 이러한 사태를 맞지 않으려면 파업 중인 노동자들과 협상을 벌여서 그들을 다시 복귀시켜야 했다. 하지만 이는 자칫 귀족의 입지를 좁힐 우려가 있었다.

다시 말해 로마는 다국적 기업을 발명한 것 외에도 기존의 사회 구조를 개혁하는 방법으로 '파업'이라는 수단도 발명한 것이다.

평민 계급의 지도자들은 완강하고 노련했다. 이들은 대부분 로마 남성들이 그러하듯 군대 경험을 가지고 있었다. 이들은 언제 어떻게 집단행동을 해야 할지 잘 알고 있었다. 또한 파업 자금도 풍부하였으므로 일을 하지 않아도 굶거나 곤경에 처하지 않았다. 어떤 의미에서 주식회사 로마제국의 노동자들은 경영진보다 힘이 막강했다. 평민 계급이야말로 지배 계급에게 있어서 그 어느 적대국 못지않은 무시무시한 적대세력이었던 셈이다.

결국 주식회사 로마제국은 지배계층의 우위를 심각하게 훼손하지 않는 범위에서 시민들에게 변화의 환상을 심어주는 몇 가지 개혁방안을 발표하였다.

- 평민들이 모임을 갖고, 리더를 선출할 수 있는 권리를 보장하였다. 이 리더는 원로원의 이사회 임원들과 문제를 논의하고, 중간 관리자들의 상황과 이들의 요구에 맞도록 지배층과 협상할 수 있었다.

- 주식회사 로마제국의 회사 정관을 명문화하여 이를 공식 문서로 작성하였다.

- 평민들은 자신들의 권리를 대변할 우두머리를 직접 선출할

수 있었다. 바로 '호민관tribune'이다. 이들은 오랜 기간 동안 '풀 먹인 **빳빳한** 셔츠를 입은 사내들의 모임(원로원 – 역자 주)'이 평민에게 위협을 가할 때마다 견제력을 발휘하였다.

- 호민관은 평민 계급의 옴부즈맨 역할을 하였다. 이들은 평민 계급을 대표하는 사람들이었으므로 이들의 고충을 해결해야 할 책임이 있었다.

- 호민관은 원로원이 제정한 법률에 대한 거부권을 행사할 수 있었다. 이는 경영자의 전횡을 견제하는 역할을 했다. 이는 현대의 사원협의회 의장이나 노동위원장의 역할에 비유할 수 있다.

오늘날 대중의 영향력은 로마에서 그러했듯 회사 내부에만 머물러 있지 않다. 오히려 주주들의 집단행동이나, 주주를 대신하는 떠들썩한 대표자의 적극적인 행동으로 표출된다. 이들은 이사회의 귀족들이 정도正道에서 벗어나고 있다고 판단되는 즉시, 자진하여 〈월 스트리트 저널〉과 같은 신문에 투고하거나 유머라고는 손톱만큼도 없는 검사에게 제보해 버린다. 이런 식의 영향력 행사는 직접 몽둥이를 들고 떼 지어 거리를 누비는 것보다 성에 덜 찰지는 모른다. 하지만 현대처럼 언론의 영향력이 막강한 시대에는 직접 행동하기보다 언론을 활용하여 영향력을 행사하는 것이 훨씬 효율적이다.

평민의 요구로 12표법이 성문화되다

로마의 호민관은 자신보다 계급이 낮은 사람들, 즉 하층민들과 밀접한 관계를 맺으며 이들이 필요로 하면 언제든 달려가 고충을 해결해 주고자 노력했다. 하층민 역시 언제 어느 때나 호민관을 통해 민원을 넣을 수 있었다.

로마인은 귀족이 다스리는 사회체제를 좋아하였다. 따라서 상당 기간 동안 엘리트 권력집단에 감히 뛰어들 생각을 하지 않았다. 그들은 단지 주식회사 로마제국의 경영에 극히 일부분만 참여하고자 했다. 평민은 귀족보다 권력이 훨씬 작았다. 하지만 그것만으로도 충분히 사회적 균형을 이룰 수 있었다. 로마인은 평화 시에는 전 세계를 자신들과 하나로 이루어진 통일체로 간주하면서도 필요하다면 세계 어느 나라와도 기꺼이 전쟁을 벌일 태세를 갖추고 있었다.

기원전 451년, 주식회사 로마제국의 정관 작업을 진행하기 위하여 원로원은 10명을 선정하여 로마 시민을 위한 법 조항을 만들게 하였다. 이들은 모두 10개 조항으로 구성된 법률을 만들어 왔다. 사실 로마인은 '10'이라는 숫자를 무척 좋아한다. 으레 조직은 10명으로 구성되었고, 어디에서나 '10'이라는 숫자가 들어간다.

귀족과 평민이 각각 5명씩 구성된 10명의 정관 위원회는 법률 조항을 하나씩 검토하였다. 이들은 기존 법률에다 2개의 조문을 추가하였다. 이로써 '12표법The Twelve Tables'이라 불리는 기업 역사상 최초의 명문규정이 완성되었다. 10이라는 숫자로 구성된 법이 아니므로 당시 로마의 관습으로는 우아해 보이지 않았을지도 모르겠다. 위원회 의원들은 법률 조항을 새긴 동판을 내걸어 시민들에게 공표하였다. 그래서 12표법을 다른 말로 12동판법이라고도 한다.

법률 제정 작업이 이처럼 진행되자 경영자들의 생각이 어떠한지 이해하려고 끊임없이 노력하는 사람들로서는 놀랍고도 교훈적인 일이 벌어졌다. 공화국의 윤리강령을 제정할 책무를 부여받았던 위대한 10명의 입법위원들은 자신들이 로마를 이전의 공화정보다 더 잘 다스릴 수 있으리라고 생각하였다. 그야말로 스스로 지옥으로 걸어 들어간 셈이다.

여하간 이들은 적법한 방법으로 선출된 집정관을 대신하여 막강한 권한을 가진 딕타토르(dictator, 독재관)로 로마를 다스리게 되었다. 결국 기원전 449년에 평민들은 재차 전면 파업을 벌이지 않을 수 없었으며, 그 결과 모든 정치적인 일이 중단되었다. 그리고 오래지 않아 로마는 다시 이전의 합리적인 체제로 복귀하였다.

'12표법'은 강력하고도 아름다운 '함무라비 법전'과는 달랐다. 더불어 미국의 독립전쟁 당시 건국의 아버지들이 '이것만으로 충분하다' 라고 여긴 '합중국 연합규약Articles of Confederation' 만큼 잘 만들어지지도 않았다.

오늘날의 관점에서 보면 12표법은 대단히 이상하고 편협한 법률이다. 그러나 우리의 관점에서나 그럴 뿐이다. 12표법은 로마인에게 적절한 행동규범을 제공하는 데에 있어서 매우 뛰어났다. 덕택에 로마 사회는 오늘날 평화주의자나 국회의원이 사회에 기여

한 것보다 훨씬 더 오랫동안 평화롭게 지낼 수 있었다.

다음은 '12표법'의 주요 내용이다. 미국의 서부 개척시대 분위기가 느껴지지 않는가?

- 적법한 재판정에서만 죄인에게 사형을 선고할 수 있다. 사적인 형 집행은 금한다.

- 똑같은 살인 행위일지라도 의도에 따라 형량이 구분된다. 경우에 따라서는 살인범에게 식량 도둑보다 약한 형벌이 내려지기도 하였다. 마치 1875년 미국에서는 인디언을 총으로 쏘아 죽이는 것보다 이웃의 말을 훔치는 것이 더 중범죄였던 것과 같다.

- 법정 최고 이자율이 정해져 있다. 채권자는 빚을 상환하지 않는다는 이유만으로 채무자를 죽일 수 없다. 재판정에서 채무액이 확인되면 채무자는 30일 안에 갚아야 한다. 만일 기한 내에 갚지 못하면 노예로 팔린다. 노예 매매 대금은 채권자에게 건네진다.

- 도둑질을 하다가 잡힌 자는 두 종류의 형벌을 받았다. 노예 신분일 경우에는 잔뜩 매를 때린 후 '타르페이안 바위Tarpeian Rock'로 불리는 낭떠러지에 떨어뜨려 죽인다. 자유민일 경우에는 역시 매를 맞지만 죽이지는 않는다. 대신 피해액을 갚아

야 했으며, 여의치 않을 경우에는 노동으로 대신 갚는다.

- 식량을 훔친 자는 때려죽인다. 타인의 명예를 훼손한 자 역시 때려죽인다.

- 도시 성벽 안에서는 어느 누구의 사체도 매장해서는 안 된다. 공중위생을 개선하기 위한 조치였다.

- 땅을 소유한 자는 자신의 땅 주변의 도로를 유지, 관리할 의무가 있다.

- 귀족과 평민 간에는 서로 결혼할 수 없다.

- 타인을 폭행하였을 시 귀족은 평민보다 약한 처벌을 받는다. 단, 노예를 때리는 것은 죄가 아니다.

- 타인을 저주해서는 안 된다. 스스로를 저주하는 것 또한 불법이다.

- 타인이 소유한 나뭇가지가 자신의 땅 위에 드리워져 있다면 그 가지를 잘라버릴 수 있다.

12표법은 사회정의에 대한 시각과 접근 방법이 거칠고 구시대적이지만 기업적인 사고방식을 잘 보여주고 있다. 현대를 살아가는 우리와도 미묘한 차이는 있지만 모두 익숙한 사항들이다. 특히 2500년 전에도 나무와 같은 조경 문제를 둘러싸고 이웃과 다퉜다는 점은 참으로 흥미롭다.

본격적인 합병에 나서다

경영자와 종업원을 하나의 법 조직으로 통일하여 기업 체제 안으로 끌어들이면서 로마는 보다 강력한 힘을 갖게 되었다. 로마는 자신들에게 마땅히 권리가 있다고 생각하는 여타 유명 회사들을 합병하여 그들을 더 효율적으로 경영할 태세를 갖추었다.

주식회사 로마제국의 모든 계층은 다른 경쟁회사를 지배하는 것이 정의로운 행동이라고 생각했다. 마치 선진화된 다국적 기업이 보다 넓은 시장을 향하여 방향을 잡는 것처럼, 강대한 로마제국은 자신들에게 타국을 점령할 고유 권한이 있다고 믿었다. 또한 당시 세상 사람들은 마이크로소프트와는 달리 노력하지 않은 것은 아니지만 로마제국의 침략을 막을 만한 능력이 없었다.

공화정 시대의 로마는 단결력이 강했다. 그리고 조국에 대한 긍지 또한 높았다. 따라서 자신들의 지배 체제와 우수한 문화를 외국에 전수하는 것이 당연한 권리라고 생각했다. 로마는 주변 나라들을 정복한 뒤 자신들의 입맛에 맞춰 새롭게 국가를 건설했다. 이 작업은 로마에게 점령당한 지역 주민들이 로마의 조직 체제에 맞춰 일을 처리하고 보고하게 될 때까지 계속되었다.

로마는 에트루리아 정복을 시작으로 해서 라티움 전체를 지배하였다. 로마는 수없이 많은 선제 전쟁을 치렀다. 베이Veii에 사는 불쌍한 에트루리아인을 짓밟은 다음, 산악 지대의 볼스키족Volscis, 셰익스피어의 연극으로 유명한 코린트Corinth, 그리고 아이퀴족 Aequian을 공격하였다. 물론 이웃나라 라틴족을 쳐들어간 것은 말할 것도 없다.

그런데 이들 중 극소수만이 로마에 항복하였을 뿐, 대부분 민족은 재산을 빼앗긴 뒤 학살당하고 말았다. 당시 역사 기록에서 '학살'이라는 단어가 몇 번 나오는지 세어보면 흥미로울 정도로 그 수가 많다. 이는 로마가 다른 나라를 일단 침공하면 뒤처리까지 깔끔했다는 것을 의미한다.

주식회사 로마제국의 도시 확장 프로젝트가 궤도에 오르자 선동가들이 활개를 쳤다. 사실 기업 입장에서 본다면 이들은 과거나 현대에나 대단히 유익한 존재들이다. 이들은 평화롭고 부지런한 로마 시민을 집과 가족을 등지고 전쟁에 몰두하도록 이끌었다.

기원전 457년, 로마는 알기두스 산Mount Algidus에 있는 아이퀴족의 본거지를 공격하기 위해 진격하였다. 그러나 불행히도 함정에 빠지고 말았다. 로마인은 자신들이 정복하고자 마음먹었던 산악 부족들에게 오히려 학살당하고 말았다.

살아남은 몇몇 로마인은 바위에 묶여 구조를 기다려야 하는 신세가 되고 말았다. 이 소식을 듣고 루키우스 퀸크티우스 킨킨나투스Lucius Quinctius Cincinnatus가 나섰다. 그는 정직하고 성실한 사람이었으나 직업 군인은 아니었다. 킨킨나투스는 들고 있던 쟁기를 집어던지고 대신 칼을 들었다. 그는 '딕타토르'의 권력까지 손에 쥐었다. 이는 로마가 공격을 당했을 시에 군대 사령관에게 부여되는 직위이다.

그는 알기두스 산 적진으로 한달음에 달려갔다. 그리고 킨킨나투스의 활약 덕분에 포로로 잡힌 로마인들은 무사히 탈출할 수 있었다.

킨킨나투스는 임무를 완수한 뒤 주식회사 로마제국의 본사로 귀환하였다. 그는 딕타토르의 권력을 내놓고 본업인 자영농으로 돌아갔다. 그러나 그의 명성은 수십 세대에 걸쳐 대대손손 오르내렸다. 미국 오하이오 주의 한 아름다운 도시(신시내티Cincinnati — 역자 주)는 그의 이름을 따서 도시 이름을 지었다.

갈리아인의 침범으로 초토화되다

로마 공화정은 끊임없이 다른 나라를 정복하는 와중에서도 로마를 평화롭고 정감 넘치는 도시로 만들어갔다. 기업은 항상 이와 같은 일을 한다. 예를 들어 엑슨Exxon이나 웨이스트 매니지먼트(Waste Management, 북아메리카 전역에서 상업시설 · 공업시설 · 주거시설 등의 폐기물 관리 서비스를 제공하는 회사 — 역자 주), 하다못해 나무를 마구 베는 제지 회사들조차도 자신들이 지구 환경을 위해 큰 역할을 하고 있다고 생각한다.

기원전 400년경, 본거지인 도시 베이Veii가 파괴되면서 에트루리아인은 거의 사라졌지만 새롭고 강력한 적이 북쪽 지방에서 나타났다. 이들은 이탈리아 반도에 있는 로마의 식민지 국가들과 연합하여 로마에게 심각한 위협을 가했다. 이들은 갈리아인Gaul이었다. 갈리아는 알리아 전투Battle of the Allia에서 로마에게 치명적인 패배를 안겨 주었다. 주식회사 로마제국은 자칫 멸망의 길로 치달을 뻔했다.

갈리아인Gaul은 오늘날 그들의 영광을 기리기 위해 명명된 그 지독한 담배를 벅벅 피우는 사내(프랑스인. Gaul에는 프랑스 사람이라는 뜻도 있다. 또한 프랑스에는 'Gauloie'라는 담배 상표가 있다. - 역자 주)들의 선조는 아니다. 그들은 켈트족Celts이었다. 그러니 오히려 얼굴을 푸르게 칠한 멜 깁슨(Mel Gibson, 미국의 영화배우이자 감독. 영화 《브레이브 하트》에서 감독과 주연을 맡았다. - 역자 주)에 더 가깝다.

갈리아인은 먼저 다뉴브 강 부근의 중부 유럽에서부터 남쪽으로 이동하여 에트루리아인을 몰아냈다. 여러분은 아마도 에트루리아인을 불쌍하게 여길지도 모르겠다. 그러나 사실 그들은 남에게 동정을 살 만큼 처참한 삶은 아니었다. 에트루리아인은 감정을 잘 드러내지 않으며, 난폭하지 않았고, 예술을 사랑했으며, 인간미가 넘치는 민족이었다.

어쨌거나 갈리아인은 이탈리아 반도로 내려왔다. 그들은 그곳에서 시기적절한 작전을 펼쳤다. 당시 이탈리아 반도에는 로마인이 되고 싶어 하지 않는 사람들이 많았다. 갈리아인은 로마에 적대 감정을 품은 사람들을 끌어 모았다. 개개인은 나약하기 짝이 없지만 힘을 뭉치자 골목대장과 맞설 정도의 전력을 갖추게 되었다.

3만 명의 갈리아 전사들이 주식회사 로마제국의 본사를 치기 위해 남쪽으로 진격하였다. 로마 군대는 본사에 물을 공급하는 테베레 강과 이어진 알리아 강에서 갈리아군과 대치하였다. 로마는 적군을 과소평가하였다. 로마군은 기병대를 포함한 1만 명 정도의 두 개 군단이 출전했을 뿐이었다. 로마군은 잘 싸웠다. 그러나 이들은 정복이 아니라 적을 박살내 초토화시키는 것이 목적인 '미친 군대'와는 대적한 경험이 없었다. 급기야 로마군은 베이로 후퇴하고 말았다. 이제 로마제국 본부로 향하는 길은 뻥 뚫려 버렸다.

갈리아의 전사들이 로마의 성문에 다다랐을 때, 로마에는 성을 지키는 군대가 없었다. 모두들 피신하여 로마 시내는 텅 비어 있었다. 갈리아인은 마을을 헤집고 다니며 마음껏 약탈하였다. 본부에 남아 있는 로마인이라고는 이사회 회의실에 말없이 앉아 있는, 위엄 있어 보이는 늙은 원로들뿐이었다. 이들과 맞닥뜨린 침략자들은 순간 어리둥절하여 밖으로 빠져나왔다. 그러나 곧장 다시 회의실로 돌아갔다. 그리고 눈에 보이는 대로 살해하고, 이제까지 했던 것처럼 약탈을 계속했다.

여기서 주목해야 할 것이 있다. 갈리아인은 로마를 약탈하기는 했지만 자기 것으로 접수하지는 않았다. 다만 그들은 값나가는 것이라면 무엇이건 송두리째 쓸어갔을 뿐이다.

당연한 이야기지만 값나가는 물건을 뺏겼다고 해서 로마가 와

해되는 것은 아니다. 만일 침략자들이 로마 경영에 조금이라도 관심이 있었다면 상황은 180도 달라졌을 것이다. 그러나 갈리아인은 합병에는 눈곱만큼도 관심이 없었다. 그들은 금, 은, 값비싼 가재도구와 같은 귀중품을 부지런히 날랐을 뿐이다. 때문에 로마의 정신과 주식회사 로마제국을 운영하는 고위 경영자의 권리는 침범되지 않았다.

본사 대부분이 파괴되었지만 의사당은 무사하였다. 그러나 7개월 동안 갈리아인의 습격은 계속됐다. 결국 로마는 1,000파운드의 금을 내놓았고, 갈리아인은 순순히 물러났다. 이 얼마나 어리석은 짓인가! 갈리아인은 역사상 가장 위대한 회사를 손아귀에 넣을 수도 있었다. 하지만 그들이 선택한 것은 고작 배 한 척에 실린 금 덩어리였다!

주식회사 로마제국이 예전처럼 복구되기까지는 100년 이상의 세월이 걸렸다. 그나마 다행인 것은 이탈리아 반도가 잔인하고 어리석은 갈리아인의 지배에서 벗어났다는 것이다. 지금까지 모기업인 로마의 편을 들어야 할지 말아야 할지 주저하던 각 지점들은 힘을 합쳐 '나쁜 녀석들'을 프랑스로 몰아냈다.

기원전 380년, 로마와 거래 관계가 있던 독립 기업들의 '라틴동맹'이 다시 결성되었다. 그 결과 이들은 전보다 더 끈끈하게 모기업 로마와 의기투합하였다. 나아가 로마의 가장 강력한 전초기지 역할을 하던 투스쿨룸Tusculum은 로마와 합병하여 주민들 모두가 로마인이 되어 버렸다. 물론 그들은 로마인이 누리는 모든 특혜를 받게 되었다.

이 일은 주식회사 로마제국에게 많은 교훈을 주었다. 이후 로마는 수비에 주력하여 다시는 적군의 침략을 받지 않으려고 노력하였다. 2001년에 있었던 '9.11 테러 사건'과 마찬가지로 로마는 항상 다른 나라의 공격에 대비하여 주의를 기울였다. 이는 가만히 앉아서 다른 나라의 공격에 대응하는 수준이 아니었다. 오히려 적극적으로 선제공격을 시작하였다. 이때부터 로마는 유례없이 호전적으로 변모하였다.

마지막은 아니겠지만 작고 민첩한 기업 조직이 크게 성공을 거둬 거인으로 성장한 사례는 로마가 처음이다. 1990년대에 멍청한 당나귀 같은 월 스트리트와 비굴한 언론의 협조로 수많은 인터넷 기업이 과대평가되었다.

당시 그들은 언제든 자신들을 집어삼킬 수 있는 대기업 조직에 맞서기 위해 온갖 수단을 다해 힘을 겨뤘다. 그 결과로 이제는 기억에서 거의 사라진 인터넷 포털사이트가 한때나마 매출액이 수천 배에 이르는 대기업을 지배한 적도 있었다. 로마 시대에도 이후 수십 년 동안 막강한 로마에 맞서 싸우려던 소규모 국가의 노력이 있어 왔다. 이들은 한때나마 공화정의 압제를 완화할 수도 있었다. 그러나 이들 국가의 운명은 명백하였다. 로마와의 합병은 필연이었던 것이다.

합병에는 당사자뿐만 아니라 다른 여러 기업의 이해관계에도 영향을 미친다. 따라서 이들 기업 간의 충돌은 피할 수 없다. 처칠과 스탈린이 각자 자신의 영향력이 미치는 지정된 범위에서 살아가는 데 만족했던 것처럼 로마와 카르타고Carthago도 처음에는 나

란히 공존하는 데 만족하고 있었다. 왜냐하면 아직 나누어 먹을
먹잇감이 많았기 때문이다. 그러나 이 두 나라가 영토를 점차 확
장하자 더 이상 공존이 어렵게 되었다. 두 나라 사이에서 전쟁이
일어나는 것은 필연적이었다.

　로마가 자신의 목표를 달성하려면, 이 세상에 카르타고라는 나
라가 존재해서는 안 됐다.

전쟁, 전쟁, 그리고 또 전쟁

두 마리의 호랑이가 시칠리아에서 만나다

우리는 이 제한된 지면에 로마와 카르타고 사이에서 일어났던 전쟁들을 모두 다룰 수는 없다. 그 수많은 전쟁을 어떻게 공평하게 다룬단 말인가? 그것은 불가능한 일이다. 그러므로 나는 그것은 포기하겠다.

로마는 카르타고와 수백 차례 있었던 전쟁 외에도 수없이 많은 전쟁을 벌였다. 그리스, 스페인은 물론이고, 지금은 지구상에서 찾아볼 수 없는 나라들, 그리고 우리와 전혀 관계없는 사람들과 벌인 전쟁도 있었다. 그들은 마치 텔레프롬프터(TelePrompTer, 테이프가 돌면서 출연자에게 대사 등을 보이게 하는 장치의 상표명 – 역자 주)나 음료수가 꽤 유명했지만 이제는 사라지고 없는 목시Moxie처럼 오래

전에 망해 더 이상 우리의 관심을 끌지 못하는 회사들과 같다.

전쟁을 좋아하는 젊은 회사의 역사 속에서 우리는 자칫 중심을 잃기 쉽다. 왜냐하면 로마제국은 자신을 둘러싼 전 세계를 지배하려고 했으며, 역사 또한 순전히 승자인 자신들의 시각으로 기록하였기 때문이다. 우리는 그러지 않으려고 한다. 나는 리비우스(Titus Livius, BC 59년~AD 17년. 로마의 역사가 – 역자 주)가 아니기 때문이다. 그는 2000년 전에 죽었지만 역사에 있어서는 나보다 훨씬 뛰어나다.

시장 점유율을 높이기 위한 길고 지난한 싸움을 연구하는 학자들이라면 포에니 전쟁의 조감도를 쓱 한 번 훑어보는 것도 좋겠다. 이 지루한 전쟁은 인류 역사상 최초의 다국적 기업의 운명을 좌우하고, 스스로 역사를 창조해가는 이 회사의 성장과정에 지대한 영향을 미쳤다.

본격적인 이야기에 앞서 딱 한마디만 하자. 로마와 세계 시장을 놓고 피비린내 나는 포에니 전쟁을 수차례 벌였던 용감한 이들은, 그 이름도 영광스런 카르타고인이다. 그 외에 다른 무슨 말이 필요할까? 카르타고는 원래 페니키아의 식민지였다. 페니키아어로 카르타고를 '포에누스Phoenus'라고 한다. '이유를 아는 사람'이라는 뜻이다. 그런데 어디서 잘못됐는지 카르타고라는 뜻의 영어 'punic'에는 '신의가 없는, 배신하는'이라는 뜻도 함께 포함하고 있다. 애석한 일이지만 이제 와서 바로잡기에는 너무 늦어버렸다.

거의 100년에 걸쳐 세 차례의 포에니 전쟁이 있었다. 이 전쟁에서 주식회사 카르타고는 놀라울 만큼 용기 있게 싸웠다. 이들은 수많은 전투에서 승리를 거두었다. 주식회사 로마제국은 막대한 피해를 입었다. 그러나 카르타고는 전쟁에서 지고 말았다. 왜냐하면 로마인이 자부심은 하늘을 찌르는 데다 어떤 의미에서는 미련하기 짝이 없어 도무지 '항복'을 몰랐기 때문이다. 결국 우직한 로마인은 북아프리카에 있는 적군의 본부를 쑥대밭으로 만들었다. 로마는 인부들을 오마하의 야전 사령부로 보내 적군의 본거지를 쟁기로 갈아엎었다. 그리고 소금을 뿌려 향후 수천 년 동안 어떠한 식물도 자라나지 못하게 만들었다.

패자는 마지막 순간에 이르러서야 자신이 창을 거꾸로 들었다는 사실을 깨달았다. 기원전 348년, 주식회사 카르타고가 아직 한창 활동하던 중이었다. 잘하면 로마와 어깨를 나란히 할 수도 있을 거라는 믿음을 가졌다.

카르타고의 몇몇 젊은이들은 파트너십을 맺어 항구적인 평화를 누리고자 했다. 이들은 상호 불가침 조약에 서명하고, 도넛 모양의 케이크와 함께 서약서를 로마에 보냈다. 이 조약에 따르면 로마인은 카르타고와 아프리카 항구, 시칠리아, 그리고 사르디니아Sardinia에서 영업하는 것이 허용되었다. 다만 그 지역의 다른 회사를 인수하는 것은 금지되었다.

로마와 카르타고는 어느 한 바보를 처리하는 데에 있어서 사이좋게 협력하였다. 그 바보는 적극적인 데다가 앞날을 내다보는 선견지명을 가진 자였다. 그래서 그는 전략적 요충지를 선점하려고 갖은 애를 쓰고 있었다. 그는 그리스의 왕 피로스Pyrrhus였다. 하지만 그는 자신의 군대를 전멸시킨 끝에야 승리한 최고경영자로 역사에 남았으니 그 이름은 영원하리라.

전쟁은 로마와 카르타고의 중간 지점인 시칠리아 섬에서 벌어졌다. 로마와 카르타고는 공통의 합병 대상인 시칠리아의 분배를 놓고서 대립하였다. 이 일이 시발점이 되어 결국 두 나라는 첫 번째 전쟁을 치르게 되었다.

그러나 두 나라는 여전히 거리를 둔 채 공존하려고 애를 썼다. 이유는 쉽게 짐작할 수 있다. 말하자면 이렇다. 나는 강하다. 분명한 사실이다. 하지만 상대도 강하다. 나와 어깨를 견줄 만하다. 상대는 나와 대적하기 위해 만반의 준비를 갖추고 있다. 상대방과 함께 힘을 뭉친다면 나의 힘은 두 배로 커질 것이다. 물론 내가 상대방을 지배해야 한다. 무슨 좋은 방법이 없을까?

시칠리아와 사르디니아에서 있었던 몇몇 사건은 너무 복잡하게 얽혀 있어서 '주의력 결핍 과잉 행동 장애(ADHD, 주의가 산만하며 지나치게 충동적이고 폭력적인 행동을 하는 소아 정신질환 – 역자 주)'를 앓는 환자라면 도무지 뭐가 뭔지 도통 알 수 없을 정도이다.

이 사건들 이후, 이제는 더 이상 엉터리 같은 데탕트(Detente, 적대 관계에 있는 국가들 사이에 지속되던 긴장이 풀려 화해의 분위기가 조성되는 상태. 또는 그것을 지향하는 정책 – 역자 주) 체제를 유지할 수 없었다. 어쩌면 시라쿠사(Siracusa, 이탈리아 시칠리아 섬 남동부의 항구 도시. 고대 카르타고 사람이 BC 734년에 건설하였다. – 역자 주)에서의 전쟁과 상호 간의 몇 가지 오해가 원인이었을 수도 있다.

그러나 두 나라의 주된 사업은 다른 나라를 침략하여 강제 합병하는 것이다. 두 경쟁자가 공존하기에는 서부 지중해 지역이 너무 좁았다. 데탕트 체제가 무너진 진정한 이유이다.

제1차 포에니 전쟁

제1차 포에니 전쟁은 기원전 264년에 일어나 241년까지 계속되었다. 23년이나 되는 긴 시간이었다. 사실 21세기를 사는 우리는 당시를 이해할 만한 준거 기준을 가지고 있지 못하다. 당시에는 모든 것들이 느릿느릿 움직였다. 분쟁이 발발하더라도 재빠르게 대항하지 못했다. 전투 결과도 천천히 전해졌다.

예를 들어 보자. 로마 본사의 임원이 적의 침략을 걱정하고 있다. 적군이 당도할 시간을 예측해 본다. 그는 6개월 뒤쯤이라고 추리할 것이다. 선전포고가 무섭게 미사일이 지구 반대편으로 날아가는 오늘날에는 이해하기 힘든 일일지도 모른다. 그러나 이는 이상한 일이 아니다. 하루살이의 '하루'와 장수하기로 유명한 거북이의 '하루'는 결코 같지 않다.

그러나 로마가 10년, 15년, 혹은 20년에 걸쳐 차근차근 계단을 밟아가며 성장한 방식은, 오늘날 기업의 전략 기획 담당자가 회사의 중장기 전망과 씨름하는 방식과 다르지 않다. 내가 다니는 회사에서는 어느 시점에 이르면 휴대폰이 현존하는 모든 오락 수단을 대체할 것이라고 걱정하는 사람들이 많다. 로마 역시 살아남기 위한 해결책으로 '합병'을 선택했다. 그러다 보면 결국 미래에는 같은 회사 내부에서 경쟁이 이루어지지 않겠느냐고 말이다. 즉, 경쟁에서 이길 수 없으면 사들여서 자기 것으로 만들라는 뜻이다! 그리고 사들일 수 없다면 차라리 부숴버리는 것이 정답이다.

1차 포에니 전쟁의 초반 3년 동안, 즉 기원전 260년대 초에는 로마군이 시칠리아 섬에서 시라쿠사에 이어 둘째로 큰 비즈니스 센터를 장악하였다. 원래 지명은 아크라가스Akragas였는데 로마인이 아그리겐툼Agrigentum으로 바꾸었다. 그다지 독창적인 이름 같지는 않다. 여하간 이로 말미암아 카르타고인은 육지전에서 어려움을 겪게 되었다.

그러나 긍정적인 측면도 있었다. 카르타고인은 이제 해상전에 전적으로 의존할 수밖에 없었다. 카르타고의 해군은 막강한 전력을 자랑하고 있었다. 그러나 로마 해군은 그렇지 못했다. 로마는 번변한 항구조차 없었던 것이다. 기술력의 차이는 명백했다. 주식회사 로마제국은 이 문제를 오늘날 주식회사 미국의 강력한 경쟁자로 부상한 주식회사 일본의 방식대로 해결하였다. 상대의 기술을 모방하는 것이다.

물론 모방이 해결책의 전부는 아니다. 로마는 실력 있는 과학자와 발명가를 고용하여(나는 그들 중 최고의 기술자는 그리스인과 페니키아 노예였다고 확신한다.) 해상 전투력을 키웠다. 게임의 양상은 180도 바뀌었다. 마이클 밀컨(Michael Milken, 1970년대 정크본드의 황제로 불린 채권 중개업자. 증권사기, 내부자거래로 투옥되는 등 숱한 화제를 뿌렸다. – 역자 주)이 '정크본드(투자 부적격 등급의 고위험, 고수익 채권 – 역자 주)'라는 막강한 무기를 발명함으로써 투자자들을 탐욕의 구렁텅이로 떠밀었듯, 인류 최초의 다국적 기업 로마는 배와 배 사이를 연결하는 '코르부스(corvus, 배와 배 사이를 연결해서 병사들이 적군의 배로 건너게 하는 일종의 다리. 갈고리가 까마귀의 날카로운 부리와 닮아서 '코르부스(까마귀)'로 불린 것이라 추측된다. – 역자 주)'를 발명하였다.

로마군은 자신들의 발명품을 이용하여 적의 배를 무력화시켰다. 이로써 해상 전투도 지상 전투와 같은 조건에 놓이게 됐다. 로마군은 움직이지 않는 단단한 바닥을 딛고 있다면 어느 누구보다도 막강한 전사가 될 수 있었다. 그들은 예전부터 익숙한 전투 방식, 즉 적군을 칼로 베고 찌른 후 약탈하였다.

기원전 256년, 이와 같은 방법으로 로마는 카르타고의 함정을 거의 섬멸하다시피 했다. 로마는 해상 전투에서 물러서지 않고 카르타고의 본거지인 아프리카로 진격하였다. 지상전에서는 더욱 실력 발휘를 할 수 있었다. 도무지 전투의 끝이 보이지 않았다. 결국 로마군은 한발 물러서서 로마로 귀환하였다.

한동안 두 나라 사이에서는 전쟁이 없었다. 시칠리아 섬의 90퍼센트가 로마 수중으로 넘어갔다. 그러나 여전히 복종을 거부하는 일부 성가신 카르타고 주민이 남아 있었다. 이들은 몇 가지 이유를 들면서 카르타고인도 로마인과 마찬가지로 세계 시장에서 장사를 할 권리가 있다고 주장하였다.

카르타고인이 원한 것은 평화와 공정함이었다. 그러나 이는 로마가 원하는 바가 아니었다. 로마는 시장 점유율 높이기를 원했다. 그리고 무엇보다 적들에게 굴욕적인 패배를 안겨주고 싶어 했다.

로마인의 가슴속에 자리한 명예와 용기, 조국을 위해서라면 목숨마저 기꺼이 바치는 희생정신은, 로마가 초창기에 두 자리 숫자의 고속 성장을 할 수 있도록 해준 동력이었다.

예를 들어 레굴루스Regulus를 생각해 보자. 그는 로마의 집정관이었는데, 아프리카에서 벌어진 전쟁 중에 포로가 되고 말았다. 그는 카르타고의 본부 어딘가에 있는 감옥에 갇혀 고통스런 나날을 보냈다. 그러던 어느 날, 적군의 한 고위 간부가 찾아와 제안을 했다.

"이국땅에서 고생이 많군. 자, 로마로 돌아가거라. 그러나 조건이 있다. 가서 카르타고를 대신하여 평화를 요청해라. 만일 요청이 수락되면 당신은 자유다. 그러나 받아들여지지 않으면 다시 카르타고로 돌아오겠다고 로마의 명예를 걸고 맹세하라. 그대가 돌아오면 우리는 즉시 그대를 죽일 것이다. 어떻게 죽일지는 아직 생각하지 않았다. 그건 그대가 돌아온 뒤 생각해도 늦지 않겠지."

레굴루스는 흔쾌히 동의했다. 그는 로마로 돌아갔다. 즉시 원로원을 찾아가 상황을 알렸다. 그러나 그는 자신의 목숨 따위는 전혀 고려하지 않았다.

"카르타고는 평화를 원하고 있습니다. 그러나 그들의 요청을 받아들이지 마십시오. 그들은 지쳤습니다. 조금만 애쓰면 승리는 우리의 것입니다."

원로원은 동의하며 그의 애국심에 경의를 표했고, 레굴루스는 약속대로 카르타고로 되돌아갔다. 그는 이제 카르타고의 사신이 아니라 로마의 사신으로 갔다. 그는 로마는 결코 전쟁을 그만둘 생각이 없으며, 이 전쟁에서 반드시 이겨 세계를 장악할 것이라고 전했다.

사실 레굴루스는 직접 가지 않고 편지를 보내거나, 아예 아무런 소식을 전하지 않아 적을 우롱할 수도 있었다. 그러나 그는 카르타고로 돌아갔다. 로마에 대한 긍지 때문이었다. 결국 그는 적군의 손에 갈기갈기 찢겨 죽었다.

희대의 명장, 한니발이 등장하다

이후 카르타고인은 바르카Barca 가문에서 지도자를 뽑곤 했다. 이 가문 출신은 대단히 적극적이고, 난폭하였으며, 그만큼 결단력도 강하였다. 이들은 오랜 세월 동안 로마와 치열하게 싸웠다.

바르카 가문 출신의 첫 번째 지도자는 기원전 247년에 군 통솔자로 출전한 하밀카르Hamilcar이다. 그는 시칠리아 섬 서쪽에 새로운 항구를 건설하였다. 카르타고는 그곳을 근거지로 삼아, 자신들의 피해는 최소화시키면서도 로마군을 효과적으로 괴롭힐 수 있었다. 이에 로마군 수뇌부는 격분하였다. 이들은 기부금을 모아 새로운 해군 함정(이전의 해군 함정들은 카르타고 해군의 손에 모두 파괴됐다.)을 만들었다. 결국 하밀카르는 아프리카로 쫓겨났다.

패배한 하밀카르는 로마군과 맞서기 위해 준비하던 막강한 전투력을 지닌 군대 양성을 포기해야 했다. 성정이 거칠고 잔인한 외국인 용병들은 임금을 받지 못하자 누구에게도 충성심을 갖지 않았다. 이 용병은 이후 100여 년에 걸쳐 카르타고의 가장 큰 골칫거리가 되었다. 결국 카르타고가 로마에게 패배한 주요 원인 중 하나가 되었다.

반면 로마군은 자국 시민으로 구성되어 있어 카르타고와 같은 문제가 없었다. 로마군이 주식회사 로마제국의 '정규직'이라면, 카르타고의 용병은 일종의 '비정규 일용직'이다. 당연히 카르타고는 퇴직금을 비롯한 갖가지 복리후생 제도를 누리는 정규직들로 구성된 로마 기업과 싸우는 데 불리할 수밖에 없었다.

다만 카르타고에게는 스페인이 있었다. 카르타고는 로마로부터 스페인을 지켜 황금 시장으로 개발하고자 했다. 그러나 스페인 역시 만만하지 않았다. 워낙 원주민 기질이 드셌을 뿐만 아니라 그리스와 로마 출신의 개발업자들이 한몫 잡을 심사로 우글거렸기 때문이다.

바르카 가문 출신의 후임 지도자는 하스드루발(Hasdrubal, 한니발의 동생 하스드루발과는 다른 사람이다. – 역자 주)이었다. 그는 신규 개척지인 이베리아 반도를 잘 운영하였다. 로마도 그를 인정하여 더 이상 공격하지 않았다.

기원전 226년에 로마와 카르타고 사이에 경계선이 설정되었고, 이후 몇 년 동안 에브로 강Ebro River 남쪽의 작은 지역을 제외하고는 전부 카르타고의 관할이 되었다.

그러나 하스드루발은 내부의 어느 비열한 정적에게 살해당하고 말았다. 그 후임으로 바르카 가문 출신인 하밀카르의 아들 한니발Hannibal 장군이 스페인 담당 지역본부장으로 임명되었다. 한니발은 어린 시절 로마인을 평생 증오하겠노라는 맹세를 강제로 한 바 있다. 그는 그 맹세를 지켰다. 주식회사 로마는 한니발이 살아 있는 동안 그에게 끊임없이 시달려야 했다.

한니발은 행동 지향적인 간부로 군인들이 좋아하는 스타일이었다. 그의 가슴에는 카르타고에 대한 원대한 꿈이 꿈틀거렸다. 그는 거만한 정복자 로마로부터 받은 모욕을 되갚아 주고 싶어 했다.

로마가 점령지에서 군사를 감축하자 한니발은 더욱 공격적이 되었다. 그는 스페인에서 유일하게 로마의 관할구역인 사군툼 Saguntum을 공격하였다. 로마가 이에 대해 외교 협상을 벌이자 아예 도시를 접수해 버렸다. 그 결과 제2차 포에니 전쟁이 발발하였다.

제2차 포에니 전쟁

카르타고인은 호전적이고 자신만만한 한니발의 결정을 따를 수밖에 없었다. 독선적이고 야망에 가득 찬 지도자가 적뿐만 아니라 자기 편마저 쑥대밭으로 만드는 사례가 이번이 마지막은 아닐 것이다. 사실 정부나 군대를 포함한 모든 사업에서 '야망'과 '광기'를 명백히 구분하기란 쉽지 않다. 야망은 단기적인 즐거움을 줄지는 모른다. 그러나 장기적인 관점에서 보면 그 조직은 상처 입고 멍들기 쉽다.

한니발 바르카는 분명 위대한 지도자이자 전략가였다. 하지만 동시에 광기로 가득한 군인이기도 했다. 그는 카르타고의 고위 간부들이 등 돌리기 직전까지 로마를 향한 공격을 한시도 멈추지 않았다. 이 과정에서 로마군뿐만 아니라 카르타고에서도 수많은 생명이 희생되었다.

한니발의 계획은 로마군을 아프리카에 묶어둔 채, 로마를 증오하는 프랑스 남부와 이탈리아 북부의 중소규모 국가와 연합하여 로마제국 본부로 쳐들어가는 것이었다. 그래서 그는 로마 성문 바로 앞에 보란 듯이 점포를 차린 뒤, 로마인을 깜짝 놀라게 하는 동시에 적의 본부 심장을 단칼에 베고 싶어 했다.

어떻게 하면 로마로 진격할 수 있을까? 대단히 힘들고 위험천만하지만 한 가지 가능한 길이 있었다. 알프스 산맥을 넘는 것이다! 그것도 한겨울에! 이는 아무리 미친 경영자라 할지라도 쉽사리 생각 못할 일이었다. 그는 여기에서 그치지 않았다. 원정길에 로마 시민들이 한번도 보지 못한 기이한 동물을 데리고 갔다. 바로 코끼리였다. 로마인들이 보기에 코끼리만큼 거대하고 무시무시하고 괴상한 짐승은 없었다. 이런 계획이라면 충분히 세상을 뒤흔들고도 남지 않을까? 한니발은 분명 그렇게 생각했던 것이 틀림없다.

한니발은 이탈리아로 입성하면서 두 가지를 기대하였다. 하나는 로마가 점령한 지역 부족민의 협조였다. 또 하나는 본국 카르타고의 고위 간부들로부터의 지원이었다. 그는 카르타고 본부에서 지원군을 파견할 것이라고 기대했다.

그러나 실제로 이루어진 것은 아무것도 없었다. 로마 점령지의 경우에는 한니발 군대에 협조할 만한 세력이 거의 남아 있지 않았다. 그들은 이미 로마의 막강한 세력과 문화에 경도되어 스스로 로마 시민이 되기를 자청하고 있었다.

카르타고 본부의 입장은 어땠을까? 그들은 한니발을 잘난 체하기 좋아하고, 통제 불가능하며, 카르타고의 안전을 위협하는 위험인물로 간주하고 있었다. 그것은 정확한 판단이었다.

한니발은 이탈리아 반도에 주둔지를 세웠다. 그는 그곳에서 시라쿠사와 마케도니아 등을 공격할 작정이었다. 그러나 실제로는 어디도 공략하지 못했다. 그는 쉬지 않고 부지런히 일했다. 그러나 장기 영업전망은 결코 밝지 않았다. 그는 기운 넘치는 활동가였다. 그러나 기업 환경에 따라서는 그러한 인력이 불필요하기도 한 법이다. TWA항공은 초창기였을 때는 하워드 휴즈Howard Hughes와 대단히 잘 어울렸다. 그때는 정력과 영감으로 가득한 경영자가 필요했기 때문이다. 그러나 사업이 궤도에 오르면서 TWA는 더 이상 하워드 휴즈를 필요로 하지 않았다. 회사는 정장을 말쑥하게 차려입은 사람을 원했지 손톱을 6인치나 기르고 괴상한 가방을 들고 다니는 미치광이는 성가실 뿐이었다.

그래도 전쟁은 계속되었다. 로마는 본부와 고립된 지휘관을 다루는 요령을 잘 알고 있었다. 지구전(Fabian tactics, 지구전으로 적의 자멸을 기다리는 전략을 쓴 고대 로마의 장군 파비우스Fabius의 이름에서 유래한다. ─역자 주), 즉 아무것도 하지 않는 것이 전략이다. 적이 스스로 나가떨어질 때까지 기다리는 게 능사이다.

물론 한니발은 계속해서 전쟁을 벌였으며, 수많은 전투에서 승리를 거두었다. 그러나 로마와 카르타고 본국은 아무런 반응을 보이지 않았다. 한니발은 아프리카 본부로부터 아무런 지원을 받지 못하자 점점 힘들어졌다. 그는 자신의 편이 한 명도 없다는 사실을 인식하였다. 그는 사람을 보내 동생 하스드루발(Hasdrubal, 스페인을 통치하다가 살해된 하스드루발과는 다른 사람 – 역자 주)을 불러오도록 했다. 그러나 그는 스페인을 떠나 이탈리아에 도착했을 즈음 살해당하고 만다.

한니발이 이탈리아에서 고군분투하는 동안, 로마의 위대한 장군 스키피오Scipio는 스페인에 대한 한니발의 관심이 멀어진 것을 틈타 카르타고인을 스페인에서 내쫓아 버렸다. 아울러 누미디아(Numidia, 아프리카 북부에 있던 고대 왕국 – 역자 주)와 동맹을 맺어 협력을 이끌어 냈다. 이는 훌륭한 전략이었다. 로마제국이 지중해를 지배하는 데 누미디아는 혁혁한 공을 세웠다. 친구가 너무 많을 필요는 없는 법이다.

기원전 202년, 한니발과 그의 동생 마고Mago는 아프리카로 귀환하여 본부를 방어하라는 명령을 받았다. 그러나 애석하게도 카르타고의 군복을 입은 어리석은 장군(한니발)은 자마Zama 전투에서 대패하고 만다. 이에 따라 로마와 카르타고는 평화조약을 맺었다. 명칭은 '평화조약'이었지만 내용은 가혹하였다.

- 카르타고는 스페인을 떠난다.
- 아프리카 지역의 모든 야전 사령부는 철수한다.
- 로마의 승낙 없이는 어떤 인수 합병도 없다. 잠자코 들어라!

- 카르타고는 10척의 배를 보유할 수 있다. 그러나 그게 전부
  다. 나머지 배는 로마가 전부 갖는다. 아참, 코끼리도 로마가
  갖겠다. 보면 볼수록 멋진 동물이야!
- 돈 문제도 빠질 수 없지. 향후 50년간 카르타고는 매년 1만 달
  란트를 로마에게 바쳐야 한다. 그렇다. 너희는 앞으로 우리
  로마를 위해 일해야 한다.
- 또 한번만 우리에게 대적한다면 그때는 네 놈들을 모두 산 채
  로 묻어 버리겠다.

한니발은 한동안 카르타고에 머물렀다. 그러나 상황이 좋지 않
았다. 그에게는 무엇 하나 남지 않았다. 그는 이제 경영자가 아니
었다. 상부 지시에 따라 움직이는 병사일 뿐이었고, 더 이상 카르
타고에 남아 굴욕적인 삶을 살 필요가 없었다. 그는 임시직이라도
좋으니 자신을 고용해 줄 곳을 찾아 떠났다. 한니발은 그곳에서
로마의 지속적인 골칫거리가 될 심산이었다.

인수 합병으로 시리아를 장악하다

자, 이제 다시 주의를 환기해 로마로 가보자. 로마에서는 무슨
일이 벌어지고 있을까? 로마는 이탈리아 반도뿐만 아니라 그리
스, 스페인, 마케도니아, 갈리아까지 통제구역에 포함시켰다. 물
론 대부분 비우호적 인수 합병이었다. 그러나 이로써 진정한 의미

의 다국적 기업이 역사에서 태동하게 되었다.

그런데 마케도니아의 필리포스 5세는 자신이 조금만 더 노력하면 그리스로 진출할 수 있으리라고 생각한 것 같다. 그는 이를 바탕으로 기존 사업을 크게 확장할 계획이었다. 로마는 마케도니아를 적극 밀어 주었다. 결과적으로 어느 편 선택이 옳았는지는 곧 밝혀졌다. 왜냐하면 필리포스 5세는 로마의 그리스 사업을 인수하면서 디즈니, IBM, 제너럴 일렉트릭 등을 인수한 경영자와 똑같은 조치를 취했기 때문이다. 알다시피 이 회사들은 인수 과정에서 경험이 풍부하고 능력 있던 직원은 모두 쫓겨나고 인수회사의 패거리로 교체되었다.

반면 로마는 비우호적 합병으로 다른 나라를 점령하면서도, 그 나라의 기존 중간 관리자들을 존중하였다. 로마는 그들에게 많은 혜택을 제공하였다. 로마 시민권 획득, 지위 보장, 여기에 더해 '주식회사 로마제국'이 새겨진 멋진 명함까지 생겼으니 얼마나 기뻤겠는가. 사실 중간 관리자 입장에서는 나라가 합병되었더라도 나쁠 것이 없었다.

결국 필리포스 5세는 이후의 결정적인 전투에서 패배하고 만다. 여러분은 로마와 필리포스 5세의 전투가 벌어진 곳의 이름을 굳이 알 필요는 없다. 중요한 것은, 로마인은 그리스에서도 일 처리를 훌륭히 했다는 것이다. 로마인은 경쟁관계에 놓여 있던 그리스의 다른 고위 임원들까지도 무력화시킬 수 있었다.

이때부터 그리스의 반反로마 세력은 시리아의 안티오크Antiochus에 있던, 악당으로 이름 높던 한 장수와 공동전선을 펼쳤다. 그는 누구였을까? 그렇다. 바로 한니발이었다! 여기에서 우리는 한니 발이 어떤 역경에서도 굴복하지 않는 '집념의 사나이'였다는 사 실은 인정해야 할 것이다. 나는 이것이 어린 시절 그가 한 맹세 때 문이라고 생각한다. 나는 같은 이유로 어른이 되어서도 간 요리는 입에도 대지 않는 사람들을 많이 보았다.

한니발의 감상주의와는 반대로 현실주의적인 입장도 있었다. 시리아를 비롯한 로마의 적대 세력들은 한때 자신들의 피비린내 나는 적군이었던 마케도니아의 필리포스 5세와 동맹전선을 펼쳤 다. 이들은 로마든 마케도니아든 누구라도 상관없었다. 대기업은 자신들에게 기회를 제공할 따름이지 일일이 간섭하지는 않을 거 라고 생각했다.

로마군은 안티오크를 공격하여 마그네시아Magnesia 근처까지 진격하였다. 이는 로마군이 한창 성장 중인 아시아 지역까지 진출 한 첫 번째 사례이다. 상황은 시리아에게 유리하지 않았다. 전설 에 따르면 시리아는 5,000명 이상의 병사를 잃은 반면, 로마군의 병력 손실은 고작 500명 미만이라고 한다.

그런데 많은 학자들은 이 숫자의 신빙성에 대해 이의를 제기한 다. 이들은 분명 동등한 두 회사 간의 합병에서 피인수기업의 위치 에 서 본 경험이 없었던 것이 분명하다. 만일 그런 경험이 있었다 면 이 수치에 대해 한 치의 의구심도 갖지 않았을 것이다. 로마는 이 전쟁에서 또 한번 막대한 재물과 코끼리 부대를 손아귀에 넣었 다. 그리고 꼴 보기 싫던 시리아의 모든 국토를 차지하였다. 로마 는 동맹군에게 시리아 땅을 전쟁 공훈에 따라 전부 나누어 주었다.

카르타고의 멸망

시간이 흘러 기원전 200년이 되었다. 로마 공화정은 말기에 이르렀다. 그런데 잊지 말아야 할 사실이 있다. 로마 공화정이 시작한 이래 계속하여 다른 나라와 전쟁을 벌여 왔다는 사실이다. 당시 로마는 세계 각국에서 사업을 벌였으므로 다른 나라와의 분쟁은 불가피한 일이었다.

여러분은 이쯤에서 전쟁 이야기에 싫증이 날지도 모르겠다. 여러분이 그러한데 당사자인 로마 시민들은 오죽했을까? 예컨대 그들은 모피 장사가 아주 잘되더라도, 혹은 집에서 편히 와인 잔이나 기울이고 싶어도, 나라가 부르면 전쟁터로 나가 목숨을 바쳐야 했다. 주식회사 로마제국이라는 아이디어가 필수불가결하게 된 배경이 여기에 있다. 소파에 편히 누운 사람을 억지로 군대에 끌고 오지 않는다는 것은, 이제 더 이상 민족국가를 건설하는 데 무력이 필요하지 않다는 것을 뜻한다.

이후에도 남부 프랑스, 스페인, 그리스, 마케도니아 등지에서 많은 전쟁이 있기는 했다. 그러나 그 전쟁에 대해서는 이 책에서 더 이상 다루지 않겠다.

다시 북아프리카로 돌아가 보자. 성가시지만 용감한 카르타고인은 결코 얌전히 지내지 않았다. 정말 놀라운 녀석들이다! 그들은 장사를 하고 싶어 했고, 실제로 사업 수완도 있었다. 카르타고인은 로마와 동업자가 되고 싶었다. 또 다시 큰 개와 싸우느라 자신들의 아까운 자본을 허비하고 싶지 않았기 때문이다.

그러나 불행히도 카르타고인에게는 기회가 없었다. 지금도 그렇지만 당시에도 대형 합병이 빈번하게 이뤄지던 시절이라 한 분야 사업에 집중하는 아담한 기업을 운영하기란 힘들었다. 예컨대 요즘 같은 시대에 조그만 광고 회사를 하나 운영한다고 생각해 보자. 얼마나 힘들지 충분히 짐작되지 않는가?

카르타고 남쪽에는 로마의 동맹국인 누미디아가 버티고 있었다. 이들은 카르타고로 이어지는 길목을 지키고 있다가 교역 물품을 족족 빼앗았다. 카르타고인은 로마에 호소하는 한편 자구책을 강구하였다. 로마는 사태를 파악하기 위해 마르쿠스 카토Marcus Cato를 조사관으로 파견하였다. 그런데 이 카토라는 자는 상대가 누구든 간에 항상 말끝마다 "카르타고를 쳐부수자!"라고 외치던 작자였다. 그는 당연히 누미디아를 편들었다.

간신히 명맥을 유지하던 카르타고의 다른 사업들도 결국 위기에 봉착하고 말았다. 카르타고는 로마에게 도움을 구하지 않고 누미디아에 맞서 싸웠다. 그러나 사태는 카르타고에게 불리하게 돌아갔다. 로마의 원로원은 다른 나라 간의 경쟁에 신물이 났다. 마을에는 한 사람의 보안관만 있어도 충분했던 것이다.

결국 로마는 카르타고로 8,000명의 보병과 4,000명의 기병으로 이뤄진 대규모 군대를 파병하였다. 파견군에게 하달된 명령은, 카르타고와 직접적인 전투는 벌이지 말되 그들을 완전히 무력화시키라는 것이었다. 이후 2년 동안 로마군은 카르타고를 포위하여 꼼짝 못 하게 만들었다. 그 사이 카르타고는 전열을 정비할 시간을 벌었지만 로마군은 옴짝달싹못하는 상황이 지루했다.

그때 스키피오Scipio가 카르타고로 부임하였다. 그는 북아프리카에서 거둔 승전을 보상받아 '아프리카누스Africanus'라는 칭호를 얻었다. 그는 도착하자마자 사태를 파악한 뒤 군대 조직을 재정비하였다. 카르타고의 외곽을 장악한 뒤 항구를 봉쇄하여 보급로를 끊어 버렸다. 그리고 카르타고 본부로 진격하여 총 공세를 퍼부었다.

카르타고는 변변한 저항도 못 해보고 성문을 열었다. 로마군은 성안으로 들어가 집집마다 불을 질렀다. 그리고 눈에 띄는 사람을 모두 살해했다. 간신히 목숨을 건진 5,000명의 카르타고 시민들은 노예로 팔려 갔다. 로마군은 여기에서 그치지 않았다. 그들은 카르타고 평야에 독약을 풀어 어떤 식물도 자라지 못하게 만들었다. 스키피오는 승전의 영광을 한 몸에 받았다. 그는 군사적 리더십을 인정받아 집정관으로 선출되었다. 기원전 148년의 일이다.

참으로 많은 전쟁이 있었다. 그러나 전쟁은 다국적 기업에게 있어서 혼란만을 뜻하지는 않는다. 오히려 전쟁이야말로 다국적 기업의 본연의 사업이다. 2만 명의 노예가 십자가에 매달려 처형당하는 것으로 끝난 시칠리아 섬 전쟁을 비롯하여 스페인 전쟁 등 허다한 전쟁이 치러졌다. 그러나 기원전 100년 무렵에 이르러 기업 세계는 대부분 정리되었다. 세상은 로마의 수중으로 들어갔다. 로마인이 아닌 사람들도 모두 로마에게 지배받으며 살아가야 했다.

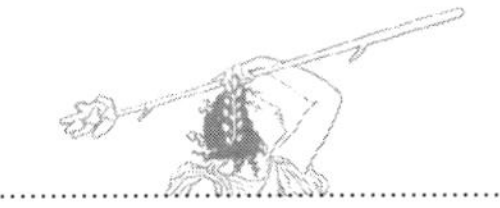

미친 공화정

많은 물을 담으려면 큰 그릇을 준비하라

1959년, 아이젠하워 미 대통령은 대통령직 퇴임 연설에서 '군산복합체military-industrial complex'라는 용어를 처음 썼다. 그러나 예수 그리스도가 태어나기 백여 년 전부터 이미 군부 정치권력과 대기업은 공동 이익을 위하여 협력하고 있었다.

로마와 같은 민족국가의 통제권은 다음 그림처럼 세 집단의 권력을 모두 쥔 사람의 손에 달려 있었다. 군부와 정부, 기업은 경계가 불분명하며 서로 넘나들 수 있다.

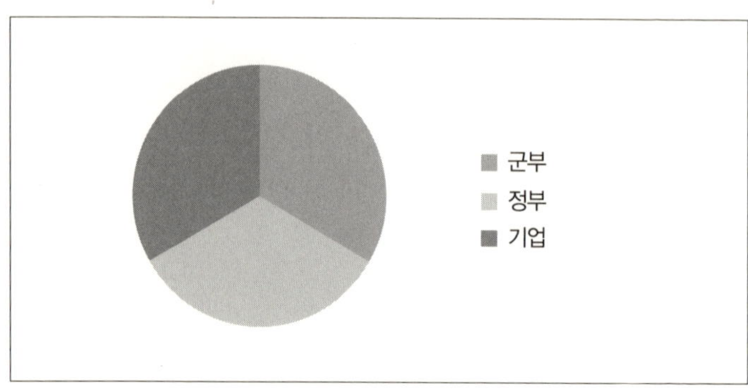

세 집단 중 어느 한 분야에서 권력을 장악한 사람은 이후 나머지 두 분야에서도 힘을 발휘할 수 있다. 그렇게만 된다면 그는 꽤 유능한 경영자가 될 것이다.

지금은 존재하지 않는 어느 다국적 기업에서 근무했을 때다. 우리 회사 이사회는 모두 닉슨 행정부의 전직 관료들로 채워져 있었다. 그들은 정부가 미사일 전자유도 시스템을 선정하거나, 잠수함을 포함한 군수용으로 사용될 핵 원자로의 유지 보수 전담회사와 계약하는 과정에서 내부적으로 어떤 기준을 평가 지침으로 삼는지 잘 가르쳐 주었다.

이 같은 우아한 협조 관계는 이미 로마 시절에 개발된 것이다. 왜냐하면 그 이전에도, 이후에도 기업이 그처럼 다재다능한 르네상스형 인간을 내놓은 적이 없기 때문이다. 실제로 르네상스 시대의 도래는 그로부터 1000년 후의 일이다. 따라서 투스카니Tuscany라는 이름의 다재다능한 인물이 로마에서 탄생한 것은 결코 우연이 아니다.

기원전 100년에만 하더라도 각 분야별로 위대한 장군이나 정치가, 사업가들이 있어 왔다. 간간히 두 가지, 혹은 세 가지 능력을 고루 갖춘 위대한 인물이 등장하기도 했다.

그런데 갑자기 로마가 이탈리아 반도를 지배하고, 아울러 그리스와 마케도니아, 에트루리아와 카르타고마저 정복하자, 주식회사 로마제국은 보다 위대한 인물을 필요로 하게 되었다. 유능한 인재가 로마를 이끌지 않으면 다른 기업과의 합병을 통한 고도성장을 계속 이어가지 못할 지경에 이른 것이다.

참으로 적절한 시기에 로마가 필요로 하는 비범한 인재 집단이 탄생하였다. 이들은 권력을 지녔으며, 결단력이 있었고, 재능 또한 출중하였다. 전쟁터에서의 용기와 사업에서의 총명함, 정치에서의 교묘함까지 두루 갖추었다. 심지어 시를 쓰는 자까지 있었다.

이 같은 인재가 필요하게 된 까닭은 무엇일까? 왜 로마는 아름답고 우아하게 중간 규모의 회사에서 머물지 못했을까? 오래 전 영웅 킨킨나투스가 그러하였듯 왜 자신들 땅과 새로운 정복지를 관리하는 정도에서 그치지 못했을까? 만일 그랬다면 로마는 '멸망의 운명'에서 벗어날 수 있었을 것이다. 로마의 남자들도(분명 이들도 다른 나라를 침략하고 학살하는 데 넌덜머리가 났을 것이다.) 주변 국가와 더불어 평화롭고 안락하게 살아갈 수 있었을 것이다.

여기에서 주식회사 로마제국이 당면한 치명적인 전략상의 문제점이 드러난다.

전쟁을 계속하지 않는 한 로마는 평화를 얻을 수 없다는 사실이다. 스코틀랜드에서 인도, 심지어 몽골에 이르기까지 주식회사 로마제국이 영업활동을 하던 시장은, 이를테면 유동적인 시장이며 뚜렷한 국가 경계선이 존재하지 않았다. 치열한 생존경쟁 시장에서 살아남으려면 상대가 덤벼들기 전에 선제공격을 날려 쓰러뜨려야만 한다. 법보다 주먹이 앞서는 상황이었다.

세계 시장에는 아리아족, 갈리아족, 몽골족, 켈트족, 픽트족(영국 북부에 살았으나 스코트족에 의해 멸망한 고대 민족 – 역자 주), 페르시아족, 이집트족의 상인들이 우글거렸다.

이들은 시장을 선점하기 위해 혈안이 되어 있었다. 필요하다면 무력을 사용하는 일도 망설이지 않았다. 반달족이나 그들의 선조 같은 인간쓰레기는 다른 나라를 공격하여 닥치는 대로 강간하고, 살육하고, 약탈하는 것을 즐겼다. 위기에 빠진 사람들도 많았다. 다른 나라에 붙잡히거나 자국에서 쫓겨난 사람들은 말리부, 그로스 포인트, 새그 하버(Malibu · Grosse Pointe · Sag Harbor, 미국 서부지역 태평양 연안에 있는 곳으로 초호화 별장과 고급 주택이 밀집해 있다. – 역자 주)에 있던 그림 같은 집을 빼앗겼을 뿐만 아니라 당장 끼니조차 연명하기 힘들었다.

그러나 로마는 이처럼 끝없는 전쟁에 괘념하지 않았다. 오히려 전쟁을 즐겼다.

로마인 누구도 갈리아나 이집트, 메소포타미아 지역을 식민지로 만들지 않으면 평화가 찾아올 것이라고 생각하지 않았다. 전쟁을 하지 않으면 시장 점유율이 줄어 궁극적으로는 자신들이 비우호적 합병을 당하리라고 믿고 있었다.

가진 자와 못 가진 자

이처럼 잔인하고 끝없는 전쟁은 경영자들의 사고에 영향을 끼치면서 문제를 일으켰다. 만일 여러분이 이러한 사회 분위기에서 출세를 꿈꾼다면 당장 미치광이가 되어야 한다. 생각해 보라. 당시 로마 사회에서 고위 경영자로 출세하려면 다음과 같은 능력이 필요했다.

- 전쟁이 일어나기 직전까지도 작은 마을에서 부지런히 일하던 주민을 죽이거나 노예로 삼을 수 있어야 한다.

- 당신의 적을 닥치는 대로 붙잡아서 십자가에 매달아 버릴 수 있어야 한다.

- 당신의 친구를 조만간 암살하기로 마음먹었더라도 필요하다면 악수하고 타협할 수 있어야 한다.

- 정치적인 목적 때문에 사랑하지 않는 여자와 결혼하거나, 반대로 사랑하는 여자와도 이혼할 수 있어야 한다.

- 당신의 지위가 결국 자살이나 피살을 불러올지라도 지금 당장은 그것을 맹렬히 갈망할 수 있어야 한다.

- 스키넥터디(Schenectady, 미국 뉴욕 주 동부 모호크 강 유역에 있는 작은 도시 – 역자 주)를 로마와 비슷하게 만들기 위해서라면 엄청나게 많은 시간을 출장길에 쏟아 붓는 것을 마다하지 않아야 한다.

- 당신은 이집트나 시리아, 혹은 그와 비슷하게 오랜 역사를 지닌 나라를 전혀 알지도 못할 뿐더러 그 나라를 통치할 어떤 정당한 권리가 없더라도 그 나라의 총독을 꿈꿀 수 있어야 한다.

- 대중에게 당신의 동상을 세우라고 명령할 수 있는 뻔뻔함을 지녀야 한다.

하지만 이는 초보적인 수준에 불과하다. 기원전 100년 이전만 하더라도 로마의 고위 경영자 중에서는 이처럼 의기양양하고 병적이며 제멋대로인, 현대적인 의미에서 이처럼 완벽한 바보는 드물었다. 그보다는 나라를 위해 헌신하는, 고귀한 로마인의 예를 더 많이 찾을 수 있다.

그러나 기원전 100년 이후부터 소위 거물급 인사들이 등장하기 시작했다. 로마 공화정은 부패하였고, 이를 통제할 만한 강력한 중심세력도 없었다. 더 많은 권력을 쥐기 위한 피비린내 나는 내부 알력이 끊이지 않았다. 일시적으로 권력의 왕좌에 앉기도 했지만 영구적이지는 못했다.

그 외에도 공화정의 몰락을 부채질한 요인이 또 있다. 가장 놀라운 것은 사상 처음으로 로마 내부에서 좌익 세력과 우익 세력 간의 살벌한 증오심이 감돌기 시작했다는 점이다. 이는 현대를 연상시키기도 한다.

우익 세력으로는 부패하고 이기적인 원로원이 있다. 이들은 자신의 지위와 특권을 자랑스러워했으며, 현 체제를 유지할 수만 있다면 무슨 짓이든 해치울 용의가 있었다.

귀족들은 자연스럽게 우익 세력에 가담했다. 이때쯤 그들의 명칭은 우리야 알 수 없는 이유지만 옵티마테스(optimates, 원로원파)로 바뀌어 있었다. 좌익 세력은 평민 출신들로 이루어졌다. 이들은 조상으로부터 부와 권력을 물려받은 것이 아니라 온전히 제 땀과 피로 쟁취한 것이다. 이들의 명칭은 포풀라레스(populares, 평민파)이다.

여기에서 우리는 좌익 세력과 우익 세력이 모두 지배 계급이었다는 사실을 기억해야 한다. 그러나 당시 좌익 세력은 지금과 달리 하층계급의 중요성을 인식하고 있었다. 따라서 그들에게 공화정이 누리고 있는 권력의 일부를 넘겨 주었다.

원로원파나 평민파나 그리 착한 친구들은 아니었다. 평민파 역시 비리와 부패로 얼룩진 것은 원로원파와 다를 바 없었다. 그들은 뇌물을 건넸고, 투표지를 훔쳤으며, 사사로운 사익을 위하여 정부의 정책을 바꾸었다. 야전 사령관이라는 지위를 이용하여 상습적으로 전사자의 몸에서 금화를 훔쳐 내었다. 그리고 그들은 다른 로마인과 마찬가지로 사람을 죽이는 데 거리낌이 없었다. 평민

파는 세월이 흐르면서, 거추장스러운 반대세력이라면 어린아이든 노예든 가리지 않고 죽인 것으로 유명하다.

로마 공화정의 말기, 즉 로마가 제국으로 거듭나는 순간이 가까워질수록 거물들은 기회를 봐 좌익이건 우익이건 한 정파에 들러붙었다. 이러한 상황에서 로마가 제국으로 변모한 것은, 면전에서는 아첨하고 등 뒤에서는 칼을 꽂는 간신배들로 가득 찬 관료적인 기업조직으로서는 엄청난 발전인 셈이다.

그리고 키케로Cicero나 카토Cato 같은 사람을 제외한다면 몽상가는 존재하지 않았다. 이들은 자신의 머릿속에 있는 이상적인 도시, 즉 로마 공화정의 종말을 보느니 차라리 자살을 택할 정도로 미친 극우보수파 정치인들이었다. 그런 의미에서 율리우스 카이사르Julius Caesar 역시 몽상가라고 할 수 있겠다. 그는 당시 로마 고위층으로서는 보기 드물게 유능했다. 하지만 결국 그 점 때문에 암살당하고 만다.

좌우익 세력의 다툼은 '가진 자'와 '더 가진 자'의 싸움이었지, '부자'와 '가난한 자'의 싸움은 아니었다. 그러나 가난한 사람들은 자신들이 어느 편에 서야 할지 잘 알고 있었다. 당연히 평민파였다. 물론 이들은 그들과 흔쾌히 대화할 용의가 있었다.

흥미로운 사실은 100여 년 이어져 왔던 공화정이 말기에 이르면서, 우리가 지금 알고 있는 지도자와 비슷한 성격의 인물들이 만들어지기 시작했다는 것이다.

비록 오늘날보다는 원시적이지만 규모는 훨씬 컸다. 지금의 우리는 당시의 거물급 인사들이 손쉽게 해치우던 일을 대부분 할 수 없다. 그러나 이들의 성격상 특징은 대단히 친숙하다.

그들 중에는 미친 공화당원들도 많지는 않았지만 존재하였다. 재미있는 것은 이들이 대부분 두 사람씩 짝을 지어 등장했다는 것이다. 그들은 탐욕스럽고 무서울 정도로 자기중심적인 미치광이들이었다. 그러나 이 점은 당대 사회 분위기와 잘 맞아 떨어져 위대한 인물로 간주되었다. 물론 정말 그랬을 수도 있다.

그들은 괴물이었다. 흥밋거리로 손색이 없다. 그러나 가이우스 마리우스Caius Marius만은 예외이다. 그는 로마의 매력과 한탄, 찬사를 한 몸에 지녔다. 만약 여러분이, 고위 경영자가 심각한 망상에 빠지기 십상인 유명 기업에 다닌다면, 마리우스가 어떤 인물인지 쉽게 알아차릴 수 있을 것이다.

3장

난세는 영웅을 낳는다

로마 최초의 거물
마리우스

위대한 거물 마리우스의 등장

가이우스 마리우스는 가진 것 없는 농민 출신으로 태어났다. 그는 태어난 순간부터 죽을 때까지 모두 제 힘으로 출세한 전형적인 자수성가형 인물이다. 신분제가 존재하던 고대에 자수성가란 거의 불가능한 일이었다. 다행히 주식회사 로마제국은 역사상의 다른 어떤 나라보다도 계급 간의 이동이 활발한 편이었다. 도시의 악취 풍기는 슬럼가에서 태어났더라도 능력이 있으면 집정관이 될 수 있었다.

설령 마리우스가 집정관을 일곱 차례나 지낼 만큼 유능한 건 아니었더라도, 집정관 자리를 거의 도둑질한 것과 매한가지더라도, 농민 출신으로 태어나 로마 최고위까지 올랐다는 것은 인상적이다.

마리우스는 술을 좋아하는 다혈질 우두머리였다. 그는 어디에 서든 한시도 가만히 앉아 있지 못했다. 이탈리아 북부의 라벤나 Ravenna라는 작고 아름다운 도시에 마리우스의 동상이 세워져 있다. 이 도시는 주식회사 로마제국이 멸망하기 직전 마지막 숨을 몰아쉬던 곳이다.

여하간 라벤나의 마리우스 동상을 두고 플루타르크(Plutarch, 그리스의 철학자이자 작가로 《영웅전》을 썼다. – 역자 주)는 "거칠고 난폭한 그의 성격상 특징이 완벽히 살아 있다."라고 묘사했다.

그는 마리우스에 대해 "천성적으로 용맹하고 호전적인데다가 도시에서 통용되는 원칙보다 전쟁터에서 통용되는 법칙에 더 친숙하여 권력을 잡자마자 자신의 치밀어 오르는 열정을 주체할 수 없었다."라고 말했다.

나는 여러분이 이 같은 표현에 대해 어떻게 생각하는지는 잘 모르겠다. 하지만 내 경우에는 전율을 느꼈다. 플루타르크는 마리우스의 특성을 정확히 집어내고 있었다.

마리우스는 안하무인이었다. 어느 날 자신이 거둔 승리를 기념하는 연회가 열렸다. 그는 얼굴을 내밀기가 무섭게 자리를 떠버렸다. 여흥으로 올린 공연이 그리스어로 진행되어 자신은 전혀 알아들을 수 없다는 것이 이유였다. 그는 그리스어를 배우려는 시도조차 하지 않았다. 왜냐하면 노예들이 그리스어를 가르쳤는데, 그는 노예를 경멸했기 때문이다.

이에 대해 역사가들은 마리우스가 그리스어를 몇 마디 할 수 있었더라면 좋았을 것이라고 말한다. 만일 그랬더라면 그는 '잔인함과 복수심, 열정, 때를 잘못 만난 야망과 지칠 줄 모르는 탐욕으로 가득 차서, 전쟁 중이거나 평화로울 때나 가리지 않고 아무 가치 없는 결과를 초래하도록 행동하지 않았을 것이며, 그리하여 결국은 자신마저 파멸로 몰아넣지 않았을 것'이기 때문이다.

열정과 시기를 잘못 만난 야망, 지칠 줄 모르는 탐욕, 이것은 여러분에게도 해당되는 단어가 아닌가?

입지전적 군인 마리우스

마리우스는 로마 변두리의 작은 시골 마을에서 성장하였다. 그곳은 비록 척박했지만 로마의 미덕으로 간주되는 단순함과 근면, 그리고 가족애가 넘쳐났다. 그는 어린 시절부터 주식회사 로마제국의 군인으로 근무하였다. 내 생각에 그 자리는 영업부 임시직과 비슷한 성격이 아니었나 짐작된다. 그러나 현재 몇 천만 달러, 몇 억 달러 단위의 보수를 받는 고위 간부들도 처음에는 다들 그런 식으로 출발하였다.

영업사원들은 매일 적들과 전투를 벌였다. 그들은 오랫동안 쌓아올린 경력이 아니라 그날그날 실적에 따라 평가받는다. 그들은 술에 취했을 때도 싸워야 했고, 정해진 출퇴근 시간이 따로 있는 것도 아니었다. 그들은 자기 구역을 책임지고 지켜야 했으며, 더 많은 땅을 차지하기 위해 죽음도 불사해야 했다. 그들은 잔인하였으며, 필요에 따라 거짓말을 밥 먹듯이 하였다.

이러한 특징을 모두 갖춘 동시에 호전적이고 성과 지상주의적인 사람이야말로 주식회사 로마제국의 고위직에 어울릴 만했다.

마리우스는 스키피오 아프리카누스 장군의 휘하에서 보병으로 직장생활을 시작하였다. 여러분도 기억하다시피 스키피오는 카르타고를 초토화하여 아예 '주차장'으로 만들어 버린 인물이다. 이후 스키피오는 카르타고의 남쪽에 위치한 누만티아를 포위하였다. 누만티아는 이제 지상에서 사라지고 없다.

이 전쟁은 당시 주식회사 로마제국의 공격 · 학살 부서가 맡아 추진하던 10여 건의 전쟁 중 하나에 불과했다.

하지만 이 전쟁에서 마리우스는 임시직 중에서 가장 용감하고 유능한 직원임을 입증하였다. 덕택에 그는 야전군 담당 수석 부사장이었던 스키피오의 눈에 들었다. 그는 사치와 낭비에 빠져 군기가 무너진 군대 질서를 바로잡는 데 탁월한 솜씨를 발휘하였다.

이는 우리에게도 익숙한 이야기이다. 얼마나 많은 중간 간부들이 야전에서 고생하는 보병의 월급을 줄이고, 그들이 근무 중 사용하는 비용을 매서운 눈초리로 감시하여 최고위 경영자들로부터 총애를 받는지 아는가?

거물이 될 운명을 타고나서일까. 마리우스가 백병전에서 적과 일대일로 붙어 맨주먹으로 때려눕히는 것을 마침 스키피오가 목격하였다.

전투가 끝나고 잔치가 열렸다. 마리우스의 선임병들은 공짜 스카치위스키와 돼지고기를 게걸스럽게 먹어댔다. 흥청망청 취해 저마다 자신의 사내다움을 과시하며 힘자랑을 했다.

어느덧 화제는 스키피오의 후계자 이야기로 흘러갔다. 이때 늙은 스키피오가 젊은 마리우스의 어깨를 다독였다.

"자네, 내 사람이 되는 게 어떤가?"

순간 마리우스는 빛나는 영광으로 둘러싸인 장밋빛 미래를 보았다. 이제 그는 일개 영업부 임시직원이 아니었다. 두 사람의 비서가 대기하고 있는 부속실과 전용 목욕탕이 딸린 호화로운 사무실에서 일하는 자신의 모습이 눈에 선했다.

전쟁터에서 돌아온 마리우스는 활기차고 힘이 넘쳤다. 야망만큼이나 강한 자의식이 가슴속에 자리 잡았다. 마리우스는 자신의 모든 정력을 정치에 쏟아 부었다. 가족, 친지, 친구 등 가능한 한 모든 연줄을 이용하여 드디어 호민관의 자리에 올랐다. 왜냐하면 호민관은 주식회사 로마제국의 일반 사원들로부터 직접 위임받았기 때문이다. 따라서 그들과 얼마나 빈번히 접촉하느냐에 따라 권력의 강도가 정해졌다.

호민관이 되자마자 마리우스는 몇 가지 법률안을 만들어 사법부 재판관의 권력을 제한하려고 했다. 마리우스는 자신의 운명을 평민들에게 걸었다. 그는 평민파에 가담하였다.

하지만 당시 집정관이었던 카토는 이를 참을 수가 없었다. 그는 원로원을 충동질하여 마리우스의 법안을 맹렬히 비난하도록 했다. 당시에는 상황이 이렇게 되면 되돌릴 방법이 없었다.

정치판에서 알력 다툼을 벌이다가 진 자는 감옥에 갇혔다. 눈썹이 휘날리도록 줄행랑을 쳐야 하는 경우도 있었다. 반대편 정치세력이 고용한 폭도들이 무기를 들고 달려들었기 때문이다. 원로원이나 귀족들은 주기적으로 용역 깡패를 고용해 보기 싫은 경쟁자를 해치웠다. 반대파가 귀족이 아닌 경우에는 특히 심하였다.

그런데 마리우스는 그런 일을 두려워하는 사람이었을까? 과연 겁을 집어먹었을까? 혹시 경험이 풍부한 원로들에게 자신의 뒤를 봐달라고 애원하지는 않았을까? 무엇보다 자신의 법안을 철회하였을까?

단도직입적으로 말하겠다. 그는 눈곱만큼도 두려워하지 않았으며, 법안 역시 철회하지 않았다.

그는 어떤 기업의 이사회 회의실보다 아름답게 꾸며진 원로원 의사당으로 돌진하였다. 그리고 카토에게 큰 소리로 외쳤다.

"지금 당장 물러나지 않으면 너를 감옥에 처넣어 버리겠다!"

그야말로 뻔뻔하기 그지없었다. 그러나 그런 철면피야말로 '거물이 될 자'와 평범하기 짝이 없는 '일반 관리자'를 구분해 주는 요소이다.

철면피를 다르게 표현하면 '배짱'이라고 할 수도 있겠다. 그러나 그것만으로는 부족하다. 용기, 담력, 오만방자함, 여기에 불합리하고 자기중심적인 기질까지 더해져야 한다.

이쯤에서 현대의 몇몇 거물들의 철면피 사례를 살펴보자.

그러면 당시 그들이 어떤 위치에 있었는지 쉽게 이해할 수 있을 것이다.

거물들의 철면피 행위

거 물	철면피 행위
월트 디즈니	웅장한 테마 파크를 건설한다는 이유로 플로리다의 엄청난 대지를 사들였다.
빌 게이츠	경쟁자를 압박하여 인터넷 웹브라우저 시장을 독점하려고 시도하였다.
밥 피트먼	타임워너를 인수하였다.
제리 레빈	피트먼이 타임워너를 인수할 수 있도록 허용하였다.
베리 딜러	상사이자 은행가인 브라이언 로버츠에게 상의하기도 전에 CBS를 인수 합병한다고 발표했다.
브라이언 로버츠	베리 딜러에게 자신은 CBS를 인수할 수 없다고 통보하였다.
마사 스튜어트	증권거래위원회에 거짓말을 하였다.
잭 웰치	제너럴 일렉트릭에 자신의 골프 경기 비용을 청구하였다.
도널드 트럼프	그의 머리 스타일.

〈역자 주〉

• 밥 피트먼Bod Pitman : 아메리카온라인AOL의 전임 총 운영책임자COO이자 사장. 타임워너를 성공적으로 인수하여 당시 불안정하던 아메리카온라인을 안정궤도에 올려 놓았다.
• 제리 레빈Jerry Levin : 타임워너의 회장. 인터넷의 가능성과 아메리카온라인의 가치를 믿어 두 회사가 합병할 수 있도록 하였다.
• 베리 딜러Barry Diller : USA 네트워크의 회장이자 CEO.
• 브라이언 로버츠Brian Roberts : 케이블TV 회사 콤캐스트의 회장.
• 마사 스튜어트Martha Stewart : '살림의 여왕'으로 뽑힌 미국의 여성기업인. 평범한 가정주부였으나 미국 여성의 필독서인 〈마사 스튜어트 매거진〉을 창간하며 일약 미디어업계의 정상에 올랐다.

자, 다시 원래 이야기로 돌아오자. 마리우스가 감옥에 처넣겠다고 협박하자 카토는 입만 벌린 채 아무 말도 하지 못했다. 마리우스는 공격의 화살을 메텔루스Metellus에게 돌렸다. 그 역시 고위직 인사였다. 마리우스는 즉각 경비병을 불러 메텔루스를 쇠사슬로 결박했다. 의사당은 쥐죽은 듯 조용해졌다. 마리우스는 이 틈을 타서 대중의 인기에 영합하는 새 법안을 얼른 통과시켜 버렸다.

마리우스가 승리하자 의사당 뜰에 몰려 있던 군중들은 기쁨의 환호성을 내질렀다. 그들은 마리우스가 자신들을 위해 훌륭한 일을 해줄 것이라고 믿었다.

이 이야기에서 중요한 사실은 마리우스가 성공가도를 달렸다는 점이다. 보잘 것 없는 집안에서 태어난 일개 사병에 불과했던 마이너리그 고집불통 바보가 이제는 고급 레스토랑에서 식사하고, 누구를 상대하든 고개를 빳빳이 들고 눈 아래로 흘겨보는 지위에 오른 것이다. 이렇게 되면 대다수 거물들은 자신이 세상을 쥐락펴락할 수 있다고 믿는다. 그들은 자기야말로 가장 성공한 고위직 핵심인물이라고 믿어 의심치 않는 미친 사람들이었다.

아울러 마리우스가 원로원에 쳐들어갔을 때 카토의 목을 베지 않았다는 점을 유의하자. 마리우스는 기존의 체제 안에서 활동하였다. 그저 자신의 난폭한 성격으로 그 체제를 지배하였을 따름이다.

요즘의 거물들도 마찬가지이다. 수많은 사람들이 데이브 토마스(Dave Thomas, 미국에서 세 번째로 큰 햄버거 체인인 웬디스Wendy's의 설립자. 가난한 집안에서 태어나 억만장자가 된 뒤 많은 돈을 빈민층을 위해 기부하였

다. – 역자 주)에게 웬디스보다 훨씬 더 좋은 사업이 있다고 제안했
다. 그때마다 그는 "알았어, 그만해!"라고 손사래를 쳤다. 그는 햄
버거 가게를 운영했으며 앞으로도 쭉 그럴 작정이었다.

그런데 마리우스는 좌익 세력의 신망을 독차지한 직후 이번에
는 우익 세력에 붙었다. 옥수수 배분을 놓고 벌어진 토론에서 원
로원의 편을 든 것이다. 그는 우익 세력으로부터도 신임을 얻을
수 있었다. 그는 '위대한 거물'의 특징을 유감없이 발휘하였다. 이
로써 우리는 그가 결코 우둔한 자가 아니라는 사실을 알 수 있다.
그는 그야말로 현명한 기회주의자였다.

거물은 패배를 모른다

호민관으로서 성공하자 마리우스는 자신의 계획을 착착 실행
에 옮겼다. 그는 호민관보다 더 높은 자리를 노렸다. 그러나 이 일
은 애석하게도 뜻대로 되지 않았다. 자신이 그 자리를 차지하지
못할 것이라는 사실이 명백해지자 그는 그보다 약간 낮은 지위를
노렸다. 그러나 그것마저 경쟁이 치열해져 놓치고 말았다. 계란
노른자 직위는 모두 날아가 버린 것이다. 하는 수 없이 마리우스
는 법무관praetor이라도 차지하려고 뇌물을 썼다. 부패한 고위 관
리들에게는 늘 있는 일이었다.

그런데 이번에도 문제가 생겨 버렸다. 마리우스가 뇌물 혐의로
재판정에 서게 된 것이다. 판세가 불리하게 돌아가는가 싶더니 결

국 운이 좋아 무죄 선고를 받고 풀려났다. 이 사건을 통해 마리우스는 '거물은 어떤 난관에 부딪치더라도 끝끝내 이겨 장미 향기를 풍긴다.'는 거역할 수 없는 진실을 또 한번 증명하였다.

거물들은 재주가 남다르기도 하지만, 무엇보다 결코 패배하지 않는다는, 설사 패배했더라도 그것을 패배라고 생각하지 않는 자기 확신이 있다. 그러므로 그들은 절대로 패배하지 않으며, 패배할 수도 없다. 패배를 패배로 인정하지 않으니 무슨 수로 패배한단 말인가?

마리우스는 특별히 뛰어난 법무관은 아니었다. 그래도 그는 스페인에서 강도를 몰아내는 등 나름의 업적을 쌓았다. 최소한 한 사람 이상의 역사학자가 주장하는 바에 따르면, 당시 스페인에서 도둑질은 꽤 괜찮은 직업군으로 인정받았다고 한다.

마리우스는 부자도 아니었으며, 언변이 뛰어난 것도 아니었다. 당시 로마에서는 돈이 많거나 하다못해 말주변이라도 좋아야지 권력을 잡을 수 있었다. 그러나 마리우스는 타고난 단순함과 성실함으로 그 지위까지 오를 수 있었다.

그는 결코 잘생기지도 않았으며, 성정이 온화한 것도 아니었다. 그러나 분명 그에게는 거부할 수 없는 어떤 매력이 있었을 것이다. 왜냐하면 누구라도 부러워할 만한 훌륭한 아내감을 얻었기 때문이다. 그녀의 이름은 율리아Julia. 장차 역사에 길이길이 남을 율리우스 카이사르의 숙모이기도 하다. 실제로 카이사르는 마리우스로부터 많은 영향을 받았노라고 술회한 바 있다.

오래지 않아 로마는 아프리카에서 다시 한 번 큰 전쟁을 치렀다. 아프리카 왕 유구르타(Jugurtha, 누미디아의 왕과 그의 자식들을 죽이고 왕위에 올랐다. 유구르타 전쟁에서 패하여 옥사하였다. – 역자 주)와 맞서 싸운 것이다. 전력은 막상막하였다. 누가 승리할지 아무도 장담하지 못했다. 이에 당시 집정관이던 메텔루스는 마리우스를 참모로 임명하여 전쟁터에 데리고 갔다. 이 젊은이가 정치적으로는 밉살스럽기 그지없었지만 싸움 하나만큼은 기가 막히게 잘했기 때문이다.

그러나 마리우스는 전투 전문가였지만 다른 부하들과 마찬가지로 상사의 그늘에 숨었다. 그는 자신의 성공으로 말미암은 권력 다툼의 소용돌이에 휘말리지 않으려고 했다. 그는 자신의 성공을 행운의 여신 덕으로 돌렸다. 전쟁터에서 그는 매우 용맹하게 싸웠다. 주어진 임무가 크든 작든 최선을 다했다. 그는 일반병사들과 함께 싸웠고, 술에 취해 있지도 않았다. 당시 군대의 고위 지휘관들과는 다른 점이었다.

여기에 대해 플루타르크는 이렇게 쓰고 있다.

"로마 병사의 관점에서 볼 때, 그들의 지휘관이 자신들과 똑같은 빵을 먹고, 똑같은 침대에서 누워 자며, 부하들이 참호를 파고 성곽을 쌓을 때 함께 한다는 것은 매우 놀라운 일이었다. 왜냐하면 병사들은 자신에게 명예로운 훈장을 수여하고 부를 안겨주는 지휘관보다 차라리 자신들과 '같은 일'을 하고 '같은 위험'을 감수하는 지휘관을 더 존경하기 때문이다. 병사들은 게으름을 꾸짖는 지휘관보다 병사들의 일에 선뜻 참여하는 지휘관을 훨씬 더 사랑한다."

덕분에 마리우스는 유명해졌다. 제2차 세계대전 당시 조지 S 패튼 장군(롬멜이 이끄는 독일의 전차군단을 아프리카 전선에서 격파한 미국 제2기갑병단의 장군 – 역자 주)이 미국의 보병정신을 직접 구현하였던 것과 같은 방식이었다.

마리우스의 명성이 점점 높아가자 일부 병사들은 마리우스가 집정관이 되지 않는다면 유구르타를 격파하지 못할 거라는 내용의 편지를 본국에 보냈다. 마리우스의 상사인 메텔루스 집정관으로서는 화가 머리끝까지 치솟을 만했다.

두 사람 사이에는 또 다른 알력이 있었다. 메텔루스 집정관의 친구인 투르필리우스Turpillius가 바가라라는 중소도시에서 벌어진 전투에 지휘관으로 참전하고 있었다.

그는 온화한 성품으로 지역주민을 공평하고 친절하게 대하였다. 그러나 이 일이 빌미가 되어 적에게 사로잡혔고, 적군은 도시를 접수한 뒤 그를 풀어 주었다. 그를 죽일 이유가 없었기 때문이다.

그런데 당시 마리우스는 군사재판 위원회의 중요위원이었다. 그는 집정관의 친구를 처벌하고자 했으며, 실제로 엄벌을 내렸다. 투르필리우스는 반역죄로 몰려 사형을 당했다. 그러나 얼마 후 그의 누명은 벗겨졌다. 이 일로 메텔루스는 격분하였다. 하지만 마리우스는 한 치의 동요도 없이 침착하였다. 그는 오히려 자신이 집정관의 친구를 사형시킨 사실을 널리 알렸다.

마리우스의 천적 술라의 등장

이제 우리의 영웅은 로마 본사로 귀환하여 상사의 자리를 뺏을 만반의 준비를 갖추었다. 그는 자신이 계획한 바를 정확히 이루었다. 예나 지금이나 대중은 항상 새 장난감을 좋아하는 법이다. 로마 시민은 새 지도자에게 열광하였다. 무엇보다 마리우스에게는 유권자들이 좋아할 만한 특출한 면이 있었다. 그는 말보다는 행동이 앞서는 사람이었다. 강인했으며 야망이 컸다.

로마 시민은 마리우스의 카리스마에 매혹당했다. 주식회사 로마제국의 기업 문화에 빠져 있는 로마인이라면 이 거칠고 못생긴 들창코 사내야말로 진정한 로마의 지도자라는 사실을 믿어 의심치 않았다.

마리우스는 7번의 시도 끝에 나라에서 가장 높은 지위에 선출되었다. 그는 취임하자마자 즉시 모든 계급의 하층민이 군대에 입대할 수 있도록 허용하였다.

이전까지 로마에서는 군인이 되려면 그에 합당한 신분 계급과 어느 정도의 재산이 있어야 했다. 이제 로마에서는 가난뱅이는 물론 노예도 군인이 될 수 있었다.

그는 이어서 좌익에 기울어진 자신의 정책을 보다 높은 단계로 끌어 올렸다. 그는 귀족 계급은 몽땅 겁쟁이라 자신이 집정관에 오를 수 있었다는 오만한 내용의 연설을 하기도 했다. 이는 캘리포니아 주지사로 당선된 위대한 선동가 아놀드 슈왈제네거의 최근 발언과 별반 차이가 없다.

마리우스는 아프리카로 건너가 예전 상사가 맡았던 군 지휘권을 획득했다.

그는 본부에 승전보를 전하기 위해 무진 애를 썼다. 사실 승리에 대한 실질적인 공은 메텔루스에게 있는데도 말이다. 이제 남은 것은 유구르타를 체포하는 일뿐이다.

그런데 흥미진진한 사건이 일어났다. 이 일은 마리우스의 공적에 흠집을 남길 법한 중대한 사건이었다. 또한 앞으로 일어날 일련의 사건들에 대한 전조이기도 했다.

마리우스가 전쟁을 대승으로 이끈 주인공이 되어 모든 신문의 헤드라인을 막 장식하려는 찰나, 술라Sulla라는 젊은 장교가 한 발 앞서 유구르타를 체포했다.

탐욕스러운 마리우스는 단독 주연이었다가 졸지에 술라와 공동 주연이 된 것이다. 술라가 적의 왕을 사로잡는 순간을 기념하는 동상이 세워졌고, 동전에도 술라의 모습이 아로새겨졌다. 마리우스로서는 그야말로 약이 오르고 분통 터지는 일이었다.

우리가 익히 알고 있듯, 역사상의 거물에게는(워렌 버핏 같은 사람은 예외지만) 항상 천적이 있기 마련이다. 그 천적은 거물의 면상으로 곧장 날아들어 완벽하기만 한 그의 신화에 흠집을 남긴다.

거 물	반대파 거물
마리우스	술라
폼페이우스	카이사르
안토니우스	옥타비아누스
하워드 휴즈	하워드 휴즈
휴 해프너	래리 플린트
루퍼트 머독	래클런 머독
빌 게이츠	스티브 잡스
마이클 아이즈너	마이클 오비츠/제프리 카젠버그/ 로이 디즈니 등등

〈역자 주〉

- 휴 해프너Hugh Hefner : 남성용 섹스잡지 〈플레이보이〉의 창업자
- 래리 플린트Larry Flynt : 플레이보이의 경쟁지인 〈허슬러〉의 창업자
- 루퍼트 머독Rupert Murdoch : 호주 출신의 세계적인 언론재벌. 신문사 28개, 방송사 19개에다 20세기폭스를 소유하고 있다. 최근 경제지 〈월 스트리트 저널〉을 인수하였다.
- 래클런 머독Lachlan Murdoch : 세 번 결혼한 루퍼트 머독이 그의 두 번째 부인과의 사이에서 낳은 장남. 머독이 사랑하여 뉴스 코퍼레이션의 COO와 〈뉴욕 포스트〉 발행인을 시켰으나, 계모와의 알력 탓으로 2005년 경영일선에서 물러났다.
- 마이클 아이즈너Michael Eisner : 디즈니의 전임 CEO. 1966년 창업주 월트 디즈니가 사망하면서 디즈니는 위기에 빠진 디즈니를 부임한 지 10년 만에 6배 규모의 초일류 회사로 탈바꿈시켰다.
- 마이클 오비츠Michael Ovitz : 세계 최대의 쇼 비즈니스 대행사인 CAACreative Artist Agency의 회장. 할리우드의 유명 배우들이나 감독들은 예외 없이 그에게

출연 교섭, 영화 제작비 조달, 광고 출연, 이미지 관리, 홍보 등을 의뢰하고 있을 만큼 할리우드에서 그의 영향력은 절대적이다.

• 제프리 카젠버그Jeffrey Katzenberg : 드림웍스 SKG의 CEO이자 세계 최고의 애니메이션 제작자. 디즈니에서 근무할 때는《라이언 킹》등의 애니메이션을 성공시켰고, 1995년 드림웍스 SKG를 설립한 이후에는《슈렉》시리즈로 대성공을 거두었다.
• 로이 디즈니Roy Disney : 월트 디즈니의 조카. 디즈니의 부회장을 역임하였다.

이후 마리우스는 업적을 달성할 때마다 술라와 맞섰다. 다툼이 시작된 지 얼마 되지 않아 둘 다 '괴물'이 되어 버렸으므로 최후의 승자를 판가름하기란 쉽지 않다.

그러나 나는 어떤 이유에서인지 모르지만 마리우스가 위기에 처할 때마다 그를 응원하게 된다. 술라의 경우에는 정반대로 긴장하게 된다. 그것은 마치 내가 데니스 코즐로스키(Dennis Kozlowski, 미국 전자제품업체 타이코Tyco의 전직 CEO. 회계부정과 탈세 등으로 수억 달러를 횡령한 혐의로 기소, 유죄판결을 받았다. – 역자 주)와 같은 직권 남용의 도사에게 관심을 가질 때, 혹은 엔론의 최고경영자였던 케니 보이 레이(Kenny Boy Lay, 회계부정 파문으로 파산하여 금융시장에 큰 파장을 던진 엔론의 창업주이자 전 회장인 케니 레이Kenneth Lay의 별명 – 역자 주) 같은 자기밖에 모르는 욕심쟁이에게 분노를 느낄 때, 혹은 현존하는 몇몇 거물들에게 두려움을 느낄 때와 같은 기분이 든다. 그들이 누구인지는 여러분도 잘 알 것이다.

세월이 흐르면서 어떤 이는 마리우스를 사랑하였고, 어떤 이는 미워하였다. 그는 평민파와 하층민으로부터는 열렬한 지지를 받았으나, 원로원파나 어느 세력에도 속하지 않는 이들에게는 미움을 샀다. 특히 그가 살해했거나 공개적으로 모욕을 준 이의 가족, 친지들이 그를 증오하였다.

그러나 주식회사 로마제국은 종종 경영상의 위기에 처했고, 그러한 위기는 우리가 충분히 짐작할 수 있듯 주기적으로 찾아왔다. 그럴 때마다 시민은 내부 다툼을 멈추고 가장 논란이 적고 실적이 우수한 야전군 사령관을 성원하였다. 이것이 마리우스가 일곱 차례나 집정관이 될 수 있었던 이유이다. 그는 부하 다루는 솜씨가 빼어났을 뿐만 아니라 전쟁 중에는 그 누구도 넘볼 수 없는 탁월한 실력을 자랑했다.

여러분은 마리우스가 승진하는 과정에서 그의 옛 상사 메텔루스를 짓밟고 올라섰음을 기억할 것이다. 마리우스는 메텔루스와 같은 고위직 관리를 죽이는 것은 좋지 못하다고 판단했다. 그는 메텔루스를 펜탈루마Pentaluma의 야전 사령부로 내쫓으려고 원로원들과 접촉하였다.

세월이 어느 정도 흐른 뒤, 메텔루스의 친구들은 그를 본부로 다시 불러 올리는 데 성공했다. 그러나 메텔루스는 이미 늙어 버렸다. 로마로 다시 돌아온다 하더라도 그것은 편히 죽음을 맞이하러 온다는 것을 의미했다. 그러나 마리우스는 이 소식을 듣고 불같이 성을 냈다. 메텔루스가 로마로 입성할 즈음에 이르러 힐튼Hilton으로 장기 휴가를 갔을 정도이다.

초심을 잃은 마리우스

마리우스가 일곱 차례나 집정관에 올랐던 만큼 로마에서는 무수한 전쟁이 있었다. 특히 흥미로운 점은 그가 로마의 최고 정치 지도자요, 군 통수권자의 지위를 유지하기 위해 수많은 방법을 동원했다는 것이다. 최소한 한 차례 이상은 그 지위를 돈으로 매수하였다.

그는 테우토니아인(Teuton, 엘베 강 북쪽에 살던 게르만족의 하나. 지금은 독일, 네덜란드, 스칸디나비아 등 북유럽에 사는 사람이 되었다. ─ 역자 주), 킴브리족(Cimbri, 게르만족의 하나. BC 2세기 말부터 유틀란트 반도 북부에서 남하하여, 테우토니아인과 함께 갈리아를 침입하였다. BC 101년, 북부 이탈리아의 베르켈라이 전투에서 마리우스에게 크게 패하였다. 킴브리족의 남하는 게르만족 대이동의 계기가 되었다. ─ 역자 주)과 싸워 이겼으며, 그 외에도 허다한 전투에서 승전보를 울렸다. 무수한 전쟁을 통해 로마는 하루가 다르게 성장하였다. 마리우스의 명성도 함께 올라간 것은 물론이다. 그러나 그와 함께 그를 두려워하는 이들도 늘어갔다.

술라 역시 마리우스와 비견될 정도로 잔인하고 똑똑하며 활동적이었다. 얼굴도 마리우스보다 못생겼으면 못생겼지 잘생기지는 않았다. 그러나 마리우스와는 달리 그는 자신에게 따르는 행운이 어디까지인지 잘 알고 있었다. 실제로 그는 자신의 이름을 '술라 페릭스Sulla Felix'라고 지었다. 현대적으로 풀이하면 '재수 좋은 놈 술라Sulla the Lucky Guy' 정도가 된다.

마리우스가 어떤 식으로 포장하든 그는 태어날 때부터 행운아였던 것은 아니다. 진정한 행운아였다면 그가 일종의 피해망상에 사로잡혀 자신에게 도전장을 내미는 자를 물리치기 위해 끝없이 노력할 필요는 없었을 것이다.

마리우스는 늙어갈수록 자신이 합병 프로젝트에서 소외되고 있다는 것을 느꼈다. 그는 초조해졌다. 다른 이들이 공적을 쌓아갈수록 마리우스 역시 자신의 힘을 드러내기 위해 갖은 애를 썼다. 예컨대 카젠버그가 디즈니 제작의 애니메이션 영화가 1, 2주 동안 흥행 1위를 달릴 때처럼, 자신의 경쟁자가 승승장구할 때 얼간이들이 하는 행동과 같았다.

그러나 마리우스의 경우에는 권좌에 있으면서 느끼는 고통이 너무 컸던 나머지, 그의 정적들은 그가 무슨 짓을 벌일지 몰라 벌벌 떨었다. 그러나 황혼기를 맞은 사자와 티라노사우루스 공룡은 다를 수밖에 없다.

첫 번째 거물이 막을 내릴 순간이 서서히 다가오고 있었다. 그동안 마리우스는 로마의 적과 싸우는 동시에 자신의 적과도 맞섰다. 그러나 그의 늙은 몸은 주인의 말을 잘 듣지 않았다. 그는 어느 누구라도 맨손으로 때려눕힐 수 있노라고 자부하곤 했었다. 그러나 그는 그 정도의 바보는 아니었다. 어느 날 전쟁터에서 적군이 마리우스를 향해 큰소리로 외쳤다.

"네 놈이 진정 위대한 마리우스라면 나와서 증명해 보아라!"

평소의 마리우스라면 "네 이놈, 잠자코 거기 섰거라!" 하며 득달같이 달려갔을 것이다. 그러나 상황은 달라졌다. 프랭크 밀러

(Frank Miller, 미국의 만화가. 대표작으로 《씬시티Sin City》, 《300》 등이 있다. – 역자

주)가 말했듯이, 이제 그는 한달음에 적군의 목을 베어 '페즈 사탕 통(PEZ dispenser, 원통형의 깡통 위에 유명 연예인의 얼굴 모습을 올려놓은 사탕 통 – 역자 주)'으로 만드는 일에 흥미를 잃었다.

현 시점에서 가장 중요한 일은 동쪽의 미트라다테스 왕과 벌이는 전쟁이었다. 대부분 사람들은 미결 상태로 남아 있는 비우호적 인수 합병 프로젝트를 수립하는 데 술라가 적임자라고 생각하였다. 그러나 호민관 술피키우스Sulpicius처럼 정치적인 이유로 마리우스를 지지하는 사람들도 많았다. 대중의 의견은 나뉘었다. 현명한 여러분이라면 마리우스가 부적격하다는 사실을 쉽게 알아차릴 것이다.

무엇보다 그는 나이가 많았다. 그래서 어떤 이들은 마리우스에게 전쟁 따위는 잊고 바이아에Baiae에 있는 온천에서 싸우느라 멍든 몸이나 보살피라고 빈정댔다.

또한 그는 허다한 거물들과 마찬가지로 몸과 마음이 쇠약해지면서 사치에 빠져 버렸다. 그는 미세눔Misenum에 호화로운 집을 지었다. 플루타르크의 표현에 따르면 '너무 호화롭고 여성스럽게 장식되어 있어 오랫동안 전쟁터를 누비고 온 장수의 집이라고는 믿어지지 않을' 정도였다.

그는 이어서 재산의 가치에 대해 말했다. 〈뉴욕 옵저버New York Observer〉에서 쉽게 보는 기사처럼, 당신의 소유 부동산이 몇 년 동안 얼마나 올랐는지 설명하는 방식으로 흥미를 안겨 주고 있다.

마리우스는 오랫동안 전쟁터를 전전하던 거물이지만, 어느 정도 만족스러운 지위에 오르자 전쟁 말고도 다른 것에 관심을 기울이기 시작했다. 나는 기업의 경영자들이 팜 비치나 말리부, 햄프턴 등지에 있는 자신의 별장에 대해 떠들기 시작했다는 것은 그가 조만간 회사에서 퇴출될 날이 얼마 남지 않았다는 것을 뜻한다는 걸 경험상 잘 알고 있다.

물론 마리우스가 더 이상 전쟁터에 출전하지 않았다는 말은 아니다. 현대의 노인 문제를 연상케 해 눈시울이 붉어지지만 어쨌거나 늙고 뚱뚱하고 시대에 뒤떨어진 영웅 마리우스도 전쟁터로 나갔다. 그는 자신도 여느 젊은 병사와 다름없이 무거운 갑옷과 무기를 채비하고 군대를 지휘할 수 있다는 사실을 보여 주기 위해 무척 애를 썼다.

그러나 세상 사람들은 마리우스가 마르스 전쟁터에 거드름을 피우며 나타나는 꼴을 우스꽝스럽게 여겼다. 하지만 마리우스로서는 달리 선택의 여지가 없었다. 지금의 지위를 탄탄히 굳혀 놓으려면 카파도키아로 가서 미트라다테스 왕과 전투를 벌여야만 했다. 하지만 이는 달리 생각해 볼 문제이다. 자신의 야욕 때문에 '가짜 젊은이'인 노쇠한 장군이 군을 지휘한다는 것은 자칫 로마를 위험에 빠뜨릴 수도 있는 문제이다.

그럼에도 불구하고 그는 끈질기게 참전하였다. 게다가 몇 년 전부터 궁정에서는 쿠데타가 빈발하여 고위 경영자들 사이에서 죽고 죽이는 일이 비일비재했다. 마치 1990년대에 제록스 내부에서 벌어진 일과 유사하다.

마리우스의 위기

주식회사 로마제국의 본사가 취약해지자 술피키우스(알다시피 마리우스를 맨 처음으로 강력하게 지지한 자이다.)는 상류층 자제 중에서 600명을 뽑아 '안티 세나토르', 즉 반反원로원 그룹을 만들었다.

그는 이들을 자신의 경호원으로 삼아 회의장으로 나갔다. 귀족들은 회의장에서 쁘띠뿌르(Petits Fours, 작은 케이크의 일종 – 역자 주)를 먹기도 하고, 다른 귀족들과 이런저런 문제를 논의하기도 했다. 그러다가 수가 틀리면 상대를 공격하거나, 달아난 귀족의 아들을 잡아다가 죽이기도 했다.

술피키우스는 의사당으로 가자마자 술라를 지목했다. 그는 무모할 정도로 용감한 자는 아니었으므로 즉각 도망쳤다. 그리고 그 뒤를 군인들이 쫓았다.

여기에서 우리가 왜 한때나마 마리우스에게 열광하였는지 그 이유를 알 수 있다. 술라가 도망친 곳은 과연 어디였을까? 놀랍게도 그는 곧장 마리우스의 집 앞으로 달려가 대문을 두드렸다. 그리고 그를 집 안으로 안내한 이는 누구였을까?

그렇다. 마리우스이다. 그는 술라를 집 안으로 데려와 변장을 시켰다. 그리고 조용히 뒷문을 통해 달아날 수 있도록 도와 주었다. 덕분에 술라는 무사히 도망칠 수 있었으며 훗날 로마의 역사를 바꾸게 된다. 물론 로마를 위해서는 아니었다. 다만 그 상황에서는 도망치는 것 말고는 달리 할 수 있는 일이 없었다.

그러나 술라는 이 모든 사실을 부인하였다. 그는 다르게 이야기

했다. 마리우스의 집에 칼을 빼고 들어갔는데, 마리우스가 있었고, 그래서 그와 대화를 나누다가…… 어쩌고 저쩌고……. 물론 우리는 그의 말을 믿을 수 없다. 그는 아첨꾼이었다.

반면 로마인 마리우스였기에 그런 역할은 꼭 들어맞았다. 그는 자신의 신화를 사랑하였다. 그리고 그것을 주식회사 로마제국의 이상과 어떻게 결합시킬지에 대해서도 잘 알고 있었다. 설사 그로 인하여 개인적인 이득이 주어질지라도 그는 자신의 정적政敵이 공범들의 손에 끌려 함부로 다루어지는 것을 원하지 않았다. 만일 술라가 누군가를 죽이려고 하였다면 그가 공범들의 손에 넘어가더라도 그건 공평한 일이었다. 그게 로마의 '방식'이다.

하지만 당시는 술피키우스가 호민관을 맡고 있었다. 비록 일시적이었지만 어쨌든 그는 로마를 통치하고 있었다. 그는 자신의 좌익 친구, 늙은 장군 마리우스에게 군 통수권을 주었다. 하지만 마리우스는 다시 군 통수권을 잡는 일에 대해 크게 염려하지 않을 수 없었다.

그의 정적들이 술라에게 사람을 보내 로마로 돌아오라고 전했다. 당시 술라는 제대군인과 시민으로 구성된 3만 5,000명 규모의 완전무장한 군대를 통솔하고 있었다. 술라는 '바보들!' 하고 외치며 로마로 진군하여 돌아왔다.

이 일로 인해 술라는 자신의 군대를 '사적인 기업'으로 간주한, 군대를 자신의 사리사욕을 달성하기 위한 무기로 사용하는 것을 당연하게 생각한 최초의 로마 장군이 되고 말았다. 사실 이는 예전에 마리우스가 그에게 자행한 일이기도 했다. 그러니 누구도 이

두 사람이 좋은 사람이라고는 말할 수 없을 것이다.

마리우스와 그의 아들 마리우스 2세는 한동안 술라의 군대에 대항하여 싸웠다. 그러나 이내 버틸 수 없는 지경에 이르렀다. 마리우스는 사위와 함께 로마를 빠져나가 도망쳤다. 먼저 그는 로마 교외에 있는 자신의 시골 땅에 들렀고, 다음에는 오스티아Ostia 항구에 들렀다. 그는 자신이 몰고 온 지프차에서 급히 내려 집에 얼른 들어가 작별인사를 나누고는 점심 도시락을 챙겨 아프리카로 향하는 배에 올랐다. 그의 아들도 충직한 하인의 도움을 받아 콩수레에 숨어서 탈출할 수 있었다.

이제부터가 마리우스 전설 중에서 가장 재미있는 장면이다. 여러분은 통상 거물들이 지닌 엄청날 정도로 쓸데없는 에너지에 놀라고 말 것이다. 이토록 힘이 넘쳐나니 자신들이 통치하지 못할 세상은 없다고 믿을 수밖에 없었나 보다.

마리우스가 바다를 건너 도망치자 술라는 덜컥 겁이 났다. 배가 테라치나Terracina를 지나고 있을 때는 깊은 밤이었다. 풍랑이 거세게 몰아쳐 사람들은 배 멀미에 시달렸다. 바람은 배를 해안으로 밀어내 버렸다. 거센 파도와 암초가 위협했지만 다행히 배는 안전하게 해안에 닿았다. 그러나 불행히도 그곳은 마리우스가 꿈속에서도 가고 싶은 않은 곳이었다.

풍랑은 수그러들 줄 몰랐고, 가져온 식량도 바닥이 났다. 해안에 머무는 것도 위험했지만 뭍으로 올라가는 것은 더더욱 위험천만했다. 물과 식량을 구하려면 사람을 만나야 하는데 자칫 잘못했다가는 살해당할 수도 있었기 때문이다.

마리우스 일행은 한참 동안 해안가 근처 언덕에 숨어 있었다. 그때 몇 명의 양치기들이 지나가다가 이들을 발견하였다. 양치기들은 이들이 누구인지 곧 알아보았다. 당시는 신문이나 사진, TV가 발명되기 전인데도 촌 양치기들이 그들을 알아볼 수 있었다는 사실은 무척 재미있다.

연유야 어찌되었든 그들은 발각되었다. 마리우스는 바다에 빠져 흠뻑 젖어 있었다. 춥고 배가 고파 로마인이건, 문명인이건, 미개인이건 상관없이 무기를 들었으면 무조건 도망부터 치는 기진맥진한 늙은 군인이었다. 하지만 그는 여전히 위엄을 풍기고 있었다. 그렇기에 양치기들이 그를 알아본 것이다.

양치기들은 친절했다. 그들은 마리우스에게 일행과 따로 떨어져 있는 것이 좋겠다고 조언했다. 그를 잡으려고 눈에 불을 켜고 돌아다니는 자들이 아직 많았기 때문이다. 일행은 마리우스만 떼놓고 저마다 먹을거리를 찾아 뿔뿔이 흩어졌다. 혼자가 된 마리우스는 두려운 나머지 나무가 울창한 깊은 숲 속으로 내달았다. 그는 숲에서 긴 밤을 홀로 보내야만 했다.

다음날 아침, 절망감과 허기로 기진맥진한 마리우스는 젖 먹던 힘까지 짜내 일행을 찾아 나섰다. 그는 일행들의 인간성에 호소하였다. 그는 제발 자신과 함께 있어 달라고 애걸복걸했다. 상황이 이쯤 되면 사람들은 상대가 아무리 거물이라 한들 포기하기 마련이다. 그러나 그들이 목숨까지 잃을지 모르는 위험천만한 일을 받아들인 까닭은 무엇일까? 그것은 마리우스가 사람들에게 이렇게 말했기 때문이다.

어린 시절 마리우스는 독수리 둥지를 건드려 7마리의 독수리 새끼를 죽인 적이 있다. 점쟁이는 이 이야기를 듣고서 마리우스가 로마의 집정관 자리에 일곱 차례 오를 것이라고 예언했다. 하지만 폭풍우가 몰아치는 들판에서 생사가 오락가락하는 위험한 상황에 처한 당시의 마리우스는 집정관 자리에 6번밖에 오르지 않았다.

하여간 마리우스의 설명에 의하면 그랬다. 당신이라면 눈앞에 있는 정신 나간 늙은이가 자신이 조만간 또 다시 로마의 집정관이 될 거라고 떠드는 소리를 믿겠는가? 그런데 무슨 일이 일어났는지 아는가? 사람들은 마리우스의 말을 진실이라고 믿었다. 그러므로 사람들은 그를 함부로 다룰 수가 없었다. Q.E.D(라틴어 Quod Erat Demonstrandum의 약자. 영어로는 Which was to be demonstrated. 수학에서 정리의 증명을 마쳤음을 의미한다. – 역자 주) 증명은 끝났다.

이것이 바로 경영이다.

오케이! 좋아! 그들은 결정을 내렸다. 그들은 얼마 떨어지지 않은 곳에서 사람들이 말을 타고 달려오는 것을 발견했다. 그들은 재빨리 바다로 도망쳤다. 이들은 배 두 척을 몰래 염탐하였다. 물론 이들은 목적지도 없었고 뚜렷하게 할 일도 없었다. 그러나 마리우스 일행은 젖 먹은 힘까지 다하여 바다로 뛰어들었다. 몇몇 사람들이 배에 무사히 올라타 배를 탈취했다. 그러나 마리우스는 뚱뚱한데다 늙고 지쳤다. 그는 역사에는 이름을 남기지 못한 두 하인의 도움을 받아 간신히 가라앉지 않을 수 있었다.

하인들에 대해서는 알려진 바가 거의 없다. 그러나 두 가지 사실은 알 수 있다. 첫째, 이들은 주인을 구했다. 둘째, 그럼에도 불구하고 이들이 스톡옵션을 받지 못한 것이 확실하다.

마리우스는 헤엄쳐서 간신히 두 번째 배에 올라탔다. 그는 마치 커다란 물고기처럼 갑판에 드러누워 숨을 헐떡였다. 바로 이때, 마리우스를 체포하기 위해 달려오던 사람들이 해안에 도착하였다. 이들은 배를 향하여 마리우스를 내놓으라고 소리쳤다. 마리우스는 살려달라고 애원하였다. 배의 선장은 마리우스와 해안의 사람들을 번갈아 쳐다보았다. 선장은 한참 망설인 끝에 해안에 서 있는 사람들에게 '당장 꺼져 버려!' 하고 외쳤다. 그들은 욕설을 퍼부으며 화를 내면서 떠났다.

하지만 선장은 겁이 나서 마리우스를 계속 배에 태우고 있을 수 없었다. 그는 가까운 육지에 배를 댄 뒤 바다가 잔잔해질 때까지 기다려야 한다는 등의 헛소리를 늘어놓았다. 그러고는 마리우스에게 물과 열매 등을 찾아보라고 육지로 내몰았다. 늙은 군인이 선장의 뜻대로 배에서 내리자마자 그는 재빨리 닻을 올려 출항했다. 결국 마리우스는 외톨이 신세가 되고 말았다.

누군가가 자신을 돌봐 주는 데 익숙해진 고위 경영자가 어느 날 혼자가 되어 버린다면 어떤 기분이 들까? 여러분은 짐작이라도 가는가? 내가 아는 어떤 최고위 경영자는 관절염이 심해서 그의 비서가 바지 지퍼를 내려 주어야만 오줌을 눌 수 있었다. 또 어떤 사람은 누가 부축해 주지 않으면 한 발짝도 움직이지 못했다.

마리우스가 그 꼴이었다. 그는 모래사장에 가만히 드러누웠다. 그는 절망감에 사로잡혔다. 그러나 곧 몸을 일으켜 뚜렷한 방향도 없이 걷기 시작했다. 가만히 누워만 있다가는 정말 죽을지도 모른다는 생각이 들었기 때문이다.

온갖 사치를 누리며 살아온 70살의 노장군은 이제 더러운 도랑과 개울을 헤치며 길을 헤맸다. 마침내 그는 울타리를 만들고 있는 어느 노인의 오두막집에 당도하였다. 물론 그는 울타리를 어떻게 만드는지 전혀 알지 못했다. 그러나 내 추측에는 지금과 마찬가지로 당시에도 진정 일하고자 하는 마음만 있다면 어렵지 않게 일자리를 구할 수 있었으리라고 믿는다.

마리우스는 노인에게 자신을 도와 달라고 부탁하였다. 만일 노인이 도와 준다면 훗날 크게 보답할 것이라고 약속하였다. 노인은 꼭 어떤 보답을 바라서라기보다는 자신처럼 늙고 지친 나그네가 불쌍하여 그를 도왔다. 노인은 사람들의 눈길이 닿지 않는 외진 곳으로 마리우스를 인도하였다. 그리고 약간의 먹을 것과 잠자리를 마련해 주었다.

하지만 얼마 지나지 않아 말을 탄 군사들이 오두막집으로 들이닥쳤다. 이들은 노인을 매질하며 마리우스의 행방을 추궁하였다. 결국 노인은 고통을 이기지 못해 마리우스의 은신처를 실토하고 말았다. 마리우스는 죽음의 그림자가 등 뒤까지 바싹 다가왔음을 본능적으로 느꼈다.

그는 자리에서 벌떡 일어나 입은 옷을 모두 벗어던졌다. 그는 진창에 몸을 숨겼다. 하지만 소용이 없었다. 그는 발각되어 끌려나왔다. 그러고는 벌거벗은 채로 적군의 사무실로 잡혀 갔다. 그곳은 로마의 동맹국으로 한때는 마리우스의 명령을 받기도 했으나 이제는 호랑이 굴이 되어 버린 곳이다.

거물을 견제하는 가장 현명한 방법은 죽여 버리는 것이다. 그러나 이들은 어리석게도 미치광이에 살인마인 괴짜 영감을 죽이지 않았다. 대신 처리 방안을 놓고 숙고에 숙고를 거듭하였다. 그러는 동안 마리우스는 파니아Fannia라는 이름의 여자 집에 감금되어 있었다.

그런데 이 파니아라는 여자는 일전에 마리우스가 집정관 자리에 여섯 번째 올랐을 때 그에게 재판을 받은 적이 있었다. 그녀는 재판 결과에 대하여 항상 마리우스에게 고맙게 생각하고 있었다. 더구나 그녀는 평소 영웅을 동경했던 데다가 동정심마저 많은 터였다. 그녀는 마리우스를 진심으로 위로하였다. 마리우스로부터 7마리의 독수리 새끼와 관련한 예언과 껑충껑충 뛰어 다니는 당나귀 이야기를 듣고 나서는 더욱 연민의 정을 느꼈다. 그녀는 문을 잠근 뒤 푹 쉬라고 말했다. 그녀는 조만간 자신이 마리우스의 생환을 환영하는 춤을 출 것만 같았다.

사실 이 이야기와 관련한 또 다른 종류의 이야기가 전해져 오고 있다. 그에 따르면 그녀는 포로 신세인 험상궂은 노장군이 잠에 빠져들기 전에 함께 사랑을 나누었다고 한다. 나는 그게 진실이라고 믿고 싶다.

사태는 점점 재미있는 양상으로 흘러갔다. 적군의 지휘관 회의가 소집되었다. 그들은 논란의 여지없이 즉각 마리우스를 죽이기로 결정하였다. 그런데 문제가 하나 있었다. 어느 누구도 선뜻 그 일을 맡으려고 하지 않았다. 여러분은 그 이유를 쉽게 이해할 수 있을 것이다. (점쟁이가 마리우스는 집정관 자리에 7번 오른다고 예언한 바 있다. 따라서 그를 죽였다가 신의 노여움을 받는 건 아닌지 두려웠기 때문이다. – 역자 주) 결국 갈리아인이나 킴브리인 중에서 자원자를 임시 채용하여 그를 죽이기로 결정하였다. 우선 그들은 마리우스의 칼을 없앤 뒤 암살 작전을 개시하였다.

방 안은 깜깜하였다. 마리우스가 누운 침대는 장막으로 둘러쳐져 있었다. 그런데 칠흑 같은 어둠 속에서 두 개의 눈동자가 활활 불타오르더니 장중한 목소리가 울려 퍼졌다.

"여보게 친구, 자네가 감히 가이우스 마리우스를 죽이려고 하는가?"

살인청부업자는 혼비백산하여 도망쳤다. 그리고 자기는 도저히 이 무서운 고위관리를 죽이지 못하겠다고 고함을 질러댔다.

위원회가 다시 소집되었다. 살인청부업자가 도망쳤다는 소문이 퍼져 더 이상 이 일을 맡으려는 사람이 없었다. 그들은 머리를 맞대고 고심했다. 도무지 해결 방안이 떠오르지 않았다. 그러자 이야기는 자연스럽게 마리우스의 업적에 대한 주제로 흘러갔다. 자리에 모인 사람들은 마리우스를 동정하기 시작했다. 자신의 행동을 후회하는 사람도 있었다. 결국 그들은 마리우스를 죽이지 않고 추방하기로 결정했다. 그리고 신에게 자신들이 이 같은 결정을 내릴 수밖에 없었던 것을 용서해 달라고 빌었다.

마리우스에 대한 깊은 감사와 동정심으로 사람들은 점차 호의를 갖게 되었다. 심지어 배에 오르는 마리우스를 배웅하는 자도 있었다. 마리우스는 암살의 손아귀에서 무사히 벗어날 수 있었

다. 그는 카르타고로 향하였다. 그러나 카르타고의 지역 행정장
관은 그를 반기지 않았다. 당장 떠나라고 소리치며, 다시 이 땅을
밟을 시에는 죽여 버리겠다고 으름장을 놓았다. 마리우스는 다시
항해를 나설 수밖에 없었다. 그는 지중해 연안을 이리저리 숨바
꼭질하다가 마침내 그의 아들을 만났다. 그는 무척 기뻤다. 그러
나 이 가련한 부자는 기쁨을 채 누리기도 전에 다시 유랑을 나서
야만 했다.

마리우스, 킨나와 손잡고 로마로 입성하다

마리우스가 정처 없이 떠도는 동안 로마 본부에서는 내분이 벌
어지고 있었다. 내부의 분열은 마리우스에게 큰 영향을 미쳤다.
아울러 내부 분쟁이 벌어질 때는, 특히 거물과 관련된 분쟁일 경
우에는, 기회를 잡은 쪽이 즉각 거물을 죽이는 편이 유리하다는
사실도 증명되었다.

술라가 미트라다테스 왕과 전쟁을 치르느라 보이오티아Boeotia
로 출정 중이었을 때다. 중간 관리자 계급이 일제히 싸우기 시작
하였다. 그 와중에 옥타비우스Octavius라는 이름의 중간 관리자가
전제정치 시도라는 죄목을 물어 킨나Cinna를 로마 밖으로 추방했
다. 우리는 킨나가 어떤 인물인지에 대해서는 자세히 알 필요가
없다. 다만 당시 로마는 강력한 철인 군주를 갈망하고 있었고, 킨
나는 거물에 의해 희생된 자라는 정도만 알면 충분하다.

로마에서 쫓겨난 킨나는 정적을 쓸어버리기 위해 군대를 모아 주식회사 로마제국의 본부로 쳐들어갔다. 그런데 이 대목에서 여러분은 누가 반전의 기회를 잡게 되었는지 로켓 엔지니어처럼 정확히 알아맞힐 필요는 없다. 사실 그 자는 예전부터 자신에게 행운이 찾아올 것이라고 믿고 있었다. 왜 거물이겠는가? 거물은 쉽사리 쓰러지지 않는다.

그렇다. 마리우스가 다시 돌아왔다!

그는 여독에 지쳤지만 여전히 투지로 불타는 눈빛을 하고서 로마로 돌아왔다. 그가 에트루리아 해안에 당도하자 수많은 군중이 몰려가 환영하였다. 그들은 대부분 늙은 장군의 놀라운 귀환 이야기를 사랑하는 젊은이들이었다. 이 용의주도한 거물은 돌아오자마자 즉각 그 지역의 노예들을 해방시켜 신문의 헤드라인을 화려하게 장식하였다.

그는 군중에게 간곡히 호소하였다.

"존경하는 로마 시민 여러분, 나는 당신들의 적이 아니오. 당신들은 엉뚱한 사람에게 칼을 겨눈 것이오. 우리의 적은 따로 있소."

그의 일장연설이 끝나자 우레와 같은 박수가 터져 나왔다. 그는 40척의 배를 다 채울 만큼 많은 군사들을 모았다. 플루타르크는 이에 대해 재미있는 해석을 달았다.

"마리우스는 옥타비우스가 걸출한 인재라는 사실을 알았다. 그러나 그의 패거리들을 처단해야만 했다. 반면 킨나는 술라가 그를 의

심했기 때문에 기존 정부에 대항하여 싸우는 중이었다. 마리우스는 전략적으로 킨나의 편에 붙을 수밖에 없었다. 마리우스는 킨나에게 편지를 보내 그를 집정관으로 받들고 복종할 것이라고 전했다."

킨나는 기뻤다. 그는 노장군을 집정관 및 최고 운영책임자로 임명하였다. 마리우스는 이제 자기 가치에 대한 재판매 마케팅 전략을 실행에 옮겼다.

첫째, 그는 사무실의 모든 인장과 지위를 나타내는 형식을 금했다. 현재 위치에서는 과분하다며 의복조차 평범한 군인 복장으로 갈아입었다.

둘째, 그는 머리를 이발하지 않았다. 마치 오랜 기간 유배를 떠났다 돌아온 사람처럼 보이도록 초라한 행색으로 대중 앞에 나타났다. 이는 대중에게 큰 감동을 주었다. 그리고 킨나와 계획한 대로 기존 체제와 원로원을 반대하는 연설을 하였다.

혹시 여러분도 로마 본부에서 쫓겨나 곤경을 겪고 있던 노장군에게 동정심을 느끼지 않았는가? 그렇다. 우리는 까맣게 속아 넘어갔다.

마리우스는 다시 군대를 손에 넣었으므로 더 이상 두려울 것이 없었다. 백발이 성성한 마리우스는 잃어버린 지난 세월을 되찾기 위해 고군분투하였다. 그는 에트루리아 인근을 지나가는 로마행 배를 공격하여 로마로 가는 물품을 빼앗았다. 그리고 오스티아 항구 근처까지 내려가며 그 일대를 싹쓸어 버렸다. 마리우스는 가는 곳마다 주민들을 학살했다. 추방당했을 때 그곳 주민들에게서 받은 모욕에 대한 앙갚음이었다. 그는 주식회사 로마제국의 본부로 당당하게 쳐들어갔다. 마침내 그는 높은 언덕 위에 서 있는 멋진 건물의 주인이 되었다.

주식회사 로마제국의 기존 경영자들은 도무지 승산이 없었다. 왜냐하면 그들은 그들의 집정관인 옥타비우스가 만든 영예로운 로마의 규칙을 철저하게 따랐기 때문이다. 무엇보다도 옥타비우스는 마리우스와 달리 노예 해방을 거부하였다. 따라서 절대 다수인데다가 막강한 힘을 지닌 종업원들과 사이가 벌어질 수밖에 없었다.

로마군은 메텔루스 2세에게 몰려갔다. 그의 아버지 메텔루스는 마리우스의 옛 상사였다. 그는 마리우스에게 배신당해 쫓겨난 터였다. 군인들은 메텔루스 2세에게 마리우스와의 전쟁에 앞장서 달라고 부탁했다. 하지만 그는 바보 같은 판단을 하고 말았다. 그는 옥타비우스에게 존경심을 표하며 군인들을 향해 불같이 화를 냈다. 당장 돌아가서 집정관으로 선출된 이를 위하여 싸우라고 말이다. 그리고 그는 재빨리 로마를 빠져나왔다.

이때 옥타비우스는 칼데아인 점성술가에게 자신의 운명을 물어 보았다. 점쟁이는 옥타비우스의 운이 매우 좋으므로 모든 일이 다 잘될 것이라고 예언했다. 엉터리 점성술가의 말에 고무된 옥타비우스는 도망을 가지 않았다. 그는 의사당에 있는 자기 자리를 지키고 앉았다가 결국 마리우스가 보낸 자객에게 살해되고 만다.

모든 일은 마리우스가 의도한 대로 돌아갔다. 그는 칼 한번 휘두르지 않고 전쟁에서 승리하였다. 사실 거물과 맞설 때 옥타비우.

스 같은 관료들은 불리할 수밖에 없다. 왜냐하면 관료들에게는 일의 과정이나 규칙을 결과보다 훨씬 중요하게 여기기 때문이다.

로마로서는 별 도리 없이 마리우스와 킨나를 최고위 경영자로 모셔 떠받들어야 했다. 킨나는 이 같은 추앙을 공손하게, 그리고 당연하게 받아들였다. 그러나 마리우스는 그렇지 않았다. 그는 골똘하게 생각한 뒤 기다리는 쪽을 택하였다. 그가 머릿속으로 무슨 궁리를 하고 있었는지는 물어볼 필요도 없이 곧 명백해졌다.

주식회사 로마제국의 본부 건물 입구에 다다르자 킨나는 조금도 지체하지 않고 안으로 들어갔다. 그러나 마리우스는 문 앞에 서서 꼼짝도 하지 않았다. 그는 당초 자신을 추방하기로 한 결정을 백지화하기 전까지는 들어갈 수 없노라고 버텼다. 자신은 로마의 법을 매우 존중하며, 따라서 법을 어길 수 없노라고 잘라 말했다.

하지만 이 안건에 대한 투표가 끝나기까지 마냥 기다릴 수만도 없는 일이었다. 결국 그는 못 이기는 척하며 의사당으로 행진할 수밖에 없었다. 그리고 자신의 손으로 해방시킨 노예들과 함께 귀족들을 해치웠다. 몇몇 중요한 사람들은 어떻게 처치하라고 직접 명령을 내렸지만, 대부분은 고개를 끄덕이느냐 가로젓느냐에 따라 그의 생사가 결정되었다. 마리우스를 면전에서 대하였는데도 그의 손과 뺨에 키스하며 경의를 표하지 않는 사람은 그 자리에서 즉각 살해되었다. 물론 마리우스에게 경의를 표했더라도 살아남는 확률은 반반이었다. 그러니 한때 마리우스와 친구였던 자들도 자신들의 운명이 어떻게 될지 알 수 없었다. 분명한 것은 잠자코 피비린내 나는 그곳에서 마리우스의 처분을 기다리는 수밖에 없었다는 것뿐이다.

어느 정도 숙청을 하고 나자 킨나는 무자비한 살육에 염증이 났다. 그는 뭔가 다른 일을 계획하고 싶었다. 그러나 용기 있고, 똑똑하며, 잔인한 그의 거물 친구는 이제 막 시작 단계에 들어섰을 뿐이다. 그는 역사상 최초로 기업 조직에 대한 합법적인 테러를 강행하였다.

그는 하루도 빠짐없이 자신, 그리고 자신이 아꼈던 사람들에게 해를 끼친 자들을 찾아내 처형했다. 심지어는 자신의 정원사나 미용사도 그의 무지막지한 복수의 칼날에서 벗어날 수 없었다. 거리는 온통 피난민들로 넘쳤다. 이들은 혹시라도 마리우스의 눈 밖에 나 죽임을 당할까 봐 겁이 나서 도망치는 것이었다. 마리우스에게 의심을 사는 순간 그들은 재판도 받지 못하고 눈 깜짝할 새에 죽고 말았다.

마리우스의 잔악한 복수전이 연이어지자 그의 친구는 물론 가족까지도 두려움에 떨었다. 조금이라도 그를 화나게 했다가는 언제 그가 돌변하여 칼을 휘두를지 몰랐기 때문이다. 형제끼리 배반하고, 과장은 부사장을 밀고하는 일이 비일비재하였다. 그런가 하면 마리우스의 측근이 그를 배반하고, 그에게 권력을 뺏긴 자들과 한 패거리를 이루는 일이 생기기도 했다. 이제 공화국은 존재하지 않았다. 온통 혼돈뿐이었다. 프롤레타리아에 의한 독재만이 횡행하였다. 거물 마리우스를 지지하는 사람은 이제 노동자 계급과 부랑자들뿐이었다.

연이은 숙청에 시달리던 로마 시민에게 반가운 소식이 전해졌다. 설령 사실이 아니더라도 그들은 좋은 소식이라고 믿었다. 술라가 용맹스러운 이탈리아의 대군을 이끌고 돌아오고 있다는 것이다. 그는 미트라다테스 왕을 바다에 처넣고 그의 영토를 장악하였다. 그 결과 주식회사 로마제국의 영업장은 멀리 소아시아 지역까지 확장되었다.

노군인은 고위 경영진 회의의 결정 사항을 기다리고 있었다. 모두들 마리우스의 지지자들이므로 당연히 내부의 적에 맞서 싸울 적임자는 마리우스라고 생각했다. 그는 또 한번 집정관으로 선출되어 무려 일곱 차례나 집정관에 오르는 영예를 얻었다. 이로써 예언이 현실로 이루어졌다. 이제 한 가지 사실은 분명해졌다. 예언대로라면 마리우스가 여덟 번째로 집정관에 선출될 일은 없었다. 이번이 마지막이었다. 물론 마리우스도 그 사실을 잘 알고 있었다.

그는 이제 지쳤다. 자신의 약점과 두려움으로 인하여 허약해질 대로 허약해져 있었다. 그는 마치 테드 터너(Ted Turner, 1980년 세계 최초로 24시간 뉴스 네트워크인 CNN을 설립하였다. 그는 조울증 증세가 있어 치료제로 리튬을 처방 받아서 복용하였다. – 역자 주)가 리튬을 복용하지 않은 상태와 같은 우울증에 빠졌다. 가장 나빴던 것은 그가 연륜으로 말미암아 앞으로 무슨 일이 벌어질지 잘 알고 있었으며, 또한 그것을 두려워했다는 점이다.

두려움, 과거에 그가 언제 두려움 따위를 느껴보기나 하였던가? 술라와 그의 패거리에게 추방당해 조그만 나무배를 타고 도망쳤을 때도 그는 두려움을 몰랐다. 추격자들의 눈을 피해 진흙으로 가득 찬 차가운 물웅덩이로 뛰어들 때도 그는 두려워하지 않았다. 킴브리족이나 튜턴인 용사와 맞서 싸울 때도 두렵지 않았다. 그런데 그런 그가 두려움에 떨고 있었다. 조금 전까지 그는 겁쟁이 귀족들과 그 추종자들을 싹쓸어 버렸다. 하지만 이제 그가 맞서야 하는 상대는 지금껏 상대했던 자들과는 차원이 달랐다. 마리우스는 이제 막강한 로마군을 상대로 싸워야 한다. 마리우스는 일이 터지기 전에 이미 결과를 예측했다. 그의 마음이 무너져 내렸다.

거물 마리우스의 별이 지다

오늘날은 모든 일이 수백만 분의 1초 단위로 움직인다. 선전포고가 내려지면 그 즉시 수백, 수천 발의 무인 미사일이 불을 뿜으며 조금 전까지 자유를 지키고 있던 왕국을 향해 날아간다. 그러나 고대에는 시간의 개념이 지금과는 현저히 다르다.

어느 한겨울, 갈리아족이 쳐들어온다는 전갈을 받았다고 치자. 언제쯤 갈리아군을 맞이할까? 6개월이 지난 초여름에 이르러서야 망원경으로 그들이 새까맣게 몰려오는 것을 볼 수 있었다.

'튜턴인이 라인강을 따라 올라오고 있다. 우리가 그들을 맞아야 해! 언제? 우리가 라인 강에 당도하는 그때에! 술라가 우리를 쳐부수려고 여기로 오고 있다. 그 놈은 우리에게 테러를 가할 것

이다. 천하의 나쁜 놈 술라! 그런데 그가 언제 여기에 도착하지? 6주일 후? 더 늦어 2개월 후?'

마리우스는 밤에도 잠을 이루지 못했다. 그는 두려웠다. 앉아 있는 것도 두려웠다. 그래도 앉아 있을 수밖에 없었다. 마치 닉슨 대통령이 대통령직을 위협받던 마지막 며칠 동안 텅 빈 집무실에서 하던 행동과 비슷했다. 마리우스는 술을 마시기 시작하였다. 그는 두려움을 떨치기 위해 쉴 새 없이 술을 퍼마셨다. 그는 자포자기 상태에 빠졌다. 술에 취한 동안에는 지병인 늑막염을 잊을 수 있었고, 친구들을 불러 정원을 거닐며 과거의 영광을 반추할 수 있었다. 그는 술에 만취한 다음에야 비로소 잠자리에 들 수 있었다. 그렇게 일주일이 지났다. 술라가 로마로 쳐들어와 목을 베려면 한참이나 남았는데도 마리우스는 죽고 말았다.

마지막 며칠 동안 마리우스는 미치광이 상태였다고 한다. 그는 정신 나간 사람처럼 사무실에서 고래고래 고함을 지르거나, 미트라다테스 왕을 무찌른 사람은 술라가 아니라 자기라고 믿는 듯, 전투를 벌이는 것처럼 방 안을 난폭하게 뛰어다녔다. 한 시대를 풍미하던 거물은 쓸쓸히 눈을 감았다. 그는 평민 출신에도 불구하고 일곱 차례나 집정관에 올랐으며, 눈에 보이는 세계는 온통 정복하였다. 그러나 그는 아직 이루지 못한 일이 너무 많다고, 자신은 너무나도 운이 없었다며, 모든 일을 제대로 끝내지 못했다고 비통해 했다고 한다.

결과적으로 마리우스는 자기중심적인 허장성세를 뽐냈지만 그역시 한 명의 쓸쓸한 인간이었다. 마리우스는 일종의 편집증에 시달리고 있었다. 즉 모든 이들이 자신을 따르게 되어 있다고 믿고 있었으며, 더불어 사람들이 자신의 존재를 잘 몰라 준다고 생각했다.

일부 위대한 사람들은 최후의 순간을 맞이했을 때 마음속에 숨어 있는 나약한 심정을 드러낸다. 그들은 아이처럼 울음을 터뜨리며 하소연한다. 자신은 결코 영예를 누리지도 못했으며, 존경받지도 못했고, 보통 사람으로서 마땅히 받아야 하는 사랑을 충분히 받지 못했다고 생각한다.

올바른 사회라면 이 같은 사람들을 합리적인 방법으로 치료할 것이다. 그들의 이기적인 생각은 치료되어야 마땅한 마음의 병으로 간주할 것이다. 하지만 미친 사회는 그렇지 않다. 병적인 사람이 승진하며, 그에게 권력과 명예가 집중된다. 그러나 이들은 궁극적으로 자기 자신은 물론이며 자신이 속한 사회 전체를 파멸의 구렁텅이로 몰아넣고, 결국 차세대 경영자들에게 자리를 내어준다. 그러나 스스로를 하나의 국가로 간주하거나 국가를 바로 자기 자신이라고 생각하는 거물이라면 사정은 달라진다. 이들은 자신이 태어나고 성장한 그 사회의 시대정신과 당대인들에게 엄청난 영향을 끼친다.

마리우스는 일곱 번째로 집정관 자리에 오른 지 17일 만에 죽고 말았다. 모든 로마인들에게는 매우 기쁜 소식이었다. 그의 아들 마리우스 2세가 그 자리를 계승하였다. 그런데 놀랍게도 마리우스 2세는 아버지가 행한 숙청 작업을 또다시 반복했다. 결국 그 같은 행위 때문에 그는 술라에게 패퇴하고 말았다. 그런데 문제는 술라가 훨씬 사악한 인간이었다는 사실이다.

주식회사 로마제국의 이야기가 계속될수록 여러분은 궁금할 수밖에 없을 것이다. 대체 로마인의 유전자에는 어떤 포악성이 있기에 고위 경영자들이 새롭게 들어설 때마다 영업수단으로 살인을 일삼는 걸까? 아마 당시 로마인은 〈비즈니스 위크Business Week〉와 같은 잡지를 한 손에 들고는, 다른 한 손으로는 CEO의 '매우 합리적인' 사원 목 자르기(head-count cut, 기업에서 직원 수를 줄여 경비를 절감하는 구조 조정 수단을 말하나, 여기에서는 사람을 죽이는 행위를 뜻하는 중의적 표현으로 쓰이고 있다. – 역자 주)에 찬사를 보냈음이 틀림없다.

최후의 순간

술라가 정권을 잡다

기원전 63년경이다. 지금부터 설명하는 모든 일이 일어나기 직전에 '살루스티우스Gaius Sallustius Crispus'라는 이름의 군인이자 정치가이며 작가, 역사가, 미식가로서도 활약한, 우리에게는 익히 '살루스트'로 알려진 이가 당시 로마인의 생활에 대해 쓴 글이 있다. 그에 의하면 당시 로마는 정신 나간 공화정의 거물들이 지배하고 있어서 100년 동안 지탱해 오던 관료들의 통치가 도무지 먹혀들지 않는 상황에 이르렀다고 한다.

이번 챕터의 주제는 '카틸리나의 음모'에 관한 것이다. 그는 그다지 높은 지위의 관리는 아니었다. 주식회사 로마제국의 여러 평범한 부사장 중의 한 명이었다. 그러나 그는 대단한 야심가였으며, 경영권을 전복하려고 음모를 꾸몄다. 여기에서 우리는 율리우스 카이사르가 사태를 조사하면서 사람들의 행동을 하나하나 따져 보았듯, 우리 또한 그때의 일을 상세히 살펴볼 작정이다. 그리고 물론 카이사르가 조사 후 합당한 조치를 취한 것은 두말할 나위가 없다.

마리우스가 죽자 필생의 라이벌이었던 술라가 권력을 잡았다. 그러나 주식회사 로마제국의 임직원들 생활은 만족스럽지 못했다. 심지어 고위급 관리들마저도 생활 형편이 나아지지 않았다.

살루스트에 의하면 대다수 로마인이 생활고 때문에 저마다 불법적인 돈벌이에 혈안이 되어 있었다고 한다.

어떤 이들은 이웃의 집을 빼앗았고, 또 어떤 이들은 세월이 흘러도 절대 가치가 떨어지지 않는 자산, 즉 땅을 차지하려고 애썼다. 만약 눈독 들이고 있는 땅에 자기보다 지위가 낮은 자가 살고 있으면 우선 뺏고부터 봤다. 당시 탐욕스런 부자들이 즐겨 하던 소일거리는 빼앗은 집을 송두리째 부순 후 자신의 취향대로 새롭게 건축하는 일이었다. 요즘 베벌리힐스에 사는 거물들이 하는 짓과 똑같았다.

그 와중에 술라가 데려온 군인들까지 말썽을 피우기 시작했다. 그들은 이제 자유의 몸이 되었다. 그러나 여전히 자신들의 처우에 불만을 품었다. 그들은 도처에서 문제를 일으키며 돌아 다녔다. 여기저기서 대단히 불쾌한 사건들이 벌어졌다. 이들은 마치 자신들의 당연한 권리이기라도 하듯, 한때 목숨을 바쳐 지키고자 했던 도시의 이곳저곳을 부수며, 선량한 시민들을 때리고, 물건

을 약탈하고, (이를테면) 요즘 젊은이들처럼 붉은 페인트칠을 하며
돌아다녔다.

로마 역사를 기록한 고서들에서 특히 눈에 띄는 것이 있다. 당
시 로마 사회에서는 가난은 수치였지만 부는 미덕처럼 여겨졌다.
순수함과 이상주의는 악덕으로 치부되었다. 물질만능주의와 배
금주의에 젖어 있는 오늘날 상황과 매우 비슷하지 않은가?

따라서 노인의 가치는 세대를 거쳐 갈수록 낮아질 수밖에 없었
다. 살루스트는 이 같은 세태를 토로하고 있는데 흡사 우익 성향
의 라디오 토크쇼 같다.

"사치, 금전, 욕망 그리고 헛된 자부심이 젊은이들 사이에 만연하
고 있다. 이들은 어느 순간부터 탐욕스럽고 방탕해졌다. 젊은이들은
자신들이 지닌 가치를 과소평가하고 있다. 이들은 예의도 모르고 사
려심도 없다. 도대체 성스러운 것과 불경스러운 것을 구별하지 못한
다. 도통 절제라고는 모른다."

살루스트의 불평을 읽으며 여러분 주변의 젊은이들이 얼른 떠
오르지 않는가? 특히 당신이 매일같이 신입사원을 뽑아야 하는
위치에 있다고 해보자. 이제 막 '와튼 경영대학원'을 졸업하고서
당신 사무실로 들어서고 있는 저 젊은이를 보라. 간밤에 저 녀석
은 얼마나 많은 예거마이스터(56가지 허브를 주원료로 하는 35도의 독일산
술. 1935년 출시된 이후 현재까지 독일에서 판매량 및 수출량이 가장 많은 주류 브
랜드이다. – 역자 주)를 홀짝거렸을 것이며, 또 얼마나 많은 여자애들

과 섹스를 했을까? 예나 지금이나 젊음이 좋긴 좋은가 보다.

《섹스 앤드 더 시티Sex and the City》만큼 말기에 접어든 로마 공화정의 방탕한 성생활을 잘 묘사해 주는 것도 없다. 비정상적인 만족감! 방탕! 구역질 나는 사치! 그런데도 왜 우리는 여기에 끼지 못한다는 말인가?

사람들은 밤이건 낮이건 아무 때나 성교했다. 자고 싶으면 한낮이라도 잤고, 배가 고프지 않아도 혀의 즐거움을 위해 먹고 또 먹었다. 그들은 술에 취해 인사불성이 되었으며, 날씨가 더운 날에는 걸치고 있는 옷을 마구 벗어던졌다. 불쾌하다! 부도덕하다! 그런데 이들은 왜 이전 로마인이 쌓아 놓은 가치관(비록 기업 확장에 눈이 멀어 사람 죽이기를 끼니 챙기듯 했지만), 전통 있고 역사 깊은 로마식 가치관에 부합되는 행동을 하지 않았을까?

살루스트는 사실 이런 일들에 상당히 까다로운 사람이다. 왜냐하면 그 자신이 과거에 정적으로부터 '방탕한 생활'을 이유로 고소당한 경험이 있기 때문이다. 다행스럽게도 그는 자신의 개인적 성향에도 불구하고 다른 사람을 평가할 때는 객관적이었다. 그렇지 않았다면 우리는 이처럼 재미있는 그의 글을 읽지 못했을 것이다.

당시는 막 선사시대를 벗어나고 있는 시기였지만, 그래도 면허증과 범죄의 관계는, 특히 부자들 사이에서 일어난 일들은 간과되어선 안 된다. 명예나 명성보다도 재물이 훨씬 가치 있는 것으로 여겨졌으므로 당시 젊은이들은 아버지에게 애원하여 돈을 뜯어냈다. 돈을 빌려서는 갚지 않는 일이 비일비재했고, 심할 경우에는 훔치기까지 했다. 그들은 그 돈으로 술과 여자에 빠져 거리를 휘젓고 다녔다. 그러나 이들은 아직 자신들을 '건달'이라고 부르지는 않고 있다.

카틸리나의 음모

이러한 혼동기에 카틸리나가 등장하였다. 그는 대단히 나쁜 사람이지만 그의 상사나 부하보다 특별히 더 질이 나쁜 것은 아니다. 그는 자신의 연륜에 걸맞은 사람이었고, 기회를 포착하는 데 능했다. 그는 부패한 지배층 사이를 둥둥 떠다니는 건달들과 '스릴'과 약간의 '전리품'을 얻는 일이라면 무슨 짓이든 덤벼들고 있는 젊은이들을 잘 활용하였다. 이들은 대부분 빚에 쪼들렸으며, 누군가의 도움이 없으면 제대로 된 생활을 영위하지 못했다.

카틸리나는 자신이 그들을 도울 수 있는 '그 누군가'가 되리라고 생각하였다. 그는 그들을 자기편으로 끌어 모으는 방법을 잘 알고 있었다. 살루스트는 이렇게 말하고 있다.

"모든 살인자, 신성함을 더럽혀 유죄 선고를 받았거나 유죄 선고를 두려워하는 자, 즉 자신의 손에 피를 묻혔거나, 입을 잘못 놀려 다른 사람의 목숨을 빼앗은 모든 사람들, 결국 한 마디로 온갖 사악하고, 가난하고, 양심에 거리낌이 없는 자들이 모두 카틸리나의 친구가 되었다."

이처럼 방탕한 불량배 집단은 카틸리나가 주식회사 로마제국을 장악하는 데 튼튼한 기반이 되었다. 그들은 막강한 힘을 자랑하였다. 거기에다 상당수의 건전한 시민들도 이들에게 동조하였다. 왜냐하면 여러 이해타산을 따졌을 때 카틸리나 패거리가 이길 확률이 높다고 판단했기 때문이다. 어쨌든 비록 광폭하고 미치광이 같은 건달들이지만 그래도 로마의 미래에 대한 꿈을 가지고 있었다. 하지만 일은 순탄하게 흘러가지 않았다. 물론 승자 편에 선 사람의 경우도 마찬가지였을 것이다.

서서히 몰락해 가는 관료체제에서 사람들은 자신의 진짜 사리사욕을 어디에서 추구해야할 지 확신할 수 없었다. 사실 사리사욕이야말로 사람들을 움직이는 주동력이다. 그보다 유혹적인 것은 없다. 그런데 세상에는 납작 엎드려 사무실 구석에만 처박혀 있는, 꼴 보기 싫은 녀석들도 많다. 그런데 누가 아는가? 이들이 성공할지도. 설령 그런 사람들이 성공한다고 할지라도 우리로서는 별 도리가 없다.

그리고 또 이쪽 방면에 도가 튼 늙은이들도 있다. 자, 당신은 어느 부류에 속하는가? 말할 것도 없다. 당신은 어디건 상관없이 그저 수입이 좋은 쪽이라면 앞뒤 가리지 않고 달려가 찰싹 달라붙을 것이다. 카틸리나도 마찬가지였다. 덕분에 카틸리나는 빵빵한 최신형의 스포츠카를 소유할 수 있었다.

카틸리나는 회사에서 제공하는 북아프리카의 공짜 콘도미니엄과 세단을 마다하는 사람에게 그 대안으로 무엇을 제안했을까? 그건 가난이다! 우리는 당시 주식회사 로마제국에서 돈이 없다는 것은, 사회적·정치적으로 무엇을 뜻하는지 이미 잘 알고 있다. 하지만 사실 그건 세월이 훨씬 지난 지금과도 별반 다르지 않다. 법적으로는 신분계급이 사라졌지만 여전히 기업을 비롯한 각처에서 신분계급이 숨 쉬고 있다.

현대에서 계급과 서열을 결정하는 것은 출생이 아닌 돈이다. 물론 현대에서도 이 출생이라는 것 자체가 든든한 백그라운드이기도 하다. 잘난 부모를 둔 자식은 못난 부모를 둔 자식보다 출발선상에서 이미 우위에 선 셈이니까. 아무튼 현대에서는 돈이 신분증명서이다. 돈이 있으면 귀족이 될 수도 있고, 권력을 쥘 수도 있다. 그리고 권력이 있으면 돈이 따라온다.

이런 환경에서는 모든 이해관계를 초월하여 어떤 유혹에도 흔들리지 않는 꼿꼿한 중간 관리자가 절실한 법이다. 중간 관리자들의 탐욕과 절망감 속에서 기업의 구조 조정이 태동하게 되었다. 그러나 이들 중간 관리자들이야말로 그들을 어떻게 다뤄야 하는지 빠삭하게 꿰고 있는 사기꾼 고위 경영자들의 힘이었다. 사실 카틸리나를 악독한 경영자라고만 볼 수는 없다. 그는 단지 사람들이 무엇을 원하는지 정확히 꿰뚫고 있었을 따름이었다.

그러나 대놓고 악덕을 저질렀다가는 무슨 일을 당할지 모른다. 진정 악한 일을 저지르기 위해서는 전략상 사람들이 의지할 수 있는 착한 대상을 추가해야 한다. 군대와 연관이 있는 로마인이라면 누구나 온갖 종류의 신성한 조상이나 신을 모시고 있었다. 카틸리나 패거리들은 '신의 뜻'을 핑계 삼아 온갖 잔인한 짓을 저질렀다.

카틸리나 패거리들은 '영광스러운 로마'나 혹은 '위대한 로마'

를 추구하지 않았다. 그들은 명예도 바라지 않았고, 심지어 재물을 구하지도 않았다. 물론 이들은 일이 성사되면 돈은 저절로 굴러들어올 것이라고 믿고 있었다. 그들이 원한 것은 권력과 적의 죽음이었다.

하지만 그 때문에 그들은 종종 불쾌한 감정에 사로잡히기도 했다. 그렇다. 그들처럼 타락한 자들에게서도 죄책감을 느끼고 양심을 의식하는 인간의 고유 심성은 사라지지 않았다. 또한 카틸리나처럼 진짜 나쁜 녀석은 제외하더라도, 그들이 완벽하게 타락하지 못한 것이 오히려 전략상 목표에 더더욱 근접하는 일이었을 수도 있다. 어쨌든 그들의 악랄한 행위는 그들을 더욱 미쳐 날뛰도록 만들었다.

이들이 미쳐 날뛴 행동의 한 예로 카틸리나가 신전의 무녀를 성추행한 것이 있다. 그 일이 자업자득이 되어 그는 고생하였다. 또한 그는 아우렐리아라는 여인에게 홀딱 반해서 자신의 장성한 아들을 죽여 버리고 말았다. 아우렐리아가 장성한 아들이 있는 남자와는 결혼하지 않겠다고 말하였기 때문이다. 더 말할 것도 없이 이는 중대한 범죄 행위이다. 크로노스가 자식들을 먹어치웠다는 신화처럼 픽션이거나 거짓말이어야 할 것이다. 그러나 불행히도 이는 실제 일어난 사건이었다.

이로 인해 패거리 내부에서 논란이 일었다. 가장 충성스럽던 측근조차 혼란스러워 했다. 결국 패거리들은 더 이상 공무를 담당할 수 없는 지경에까지 이르렀다.

카틸리나가 음모를 꾸미게 된 것도 이 일이 주요 원인이었으리라고 판단된다. 욕정에 빠져 아들을 살해하기는 했지만 카틸리나 역시 아버지였다. 그는 죄의식에 사로잡혀 깨어 있든 잠들어 있든 마음이 편안하지 않았다. 그의 안색은 창백해졌고, 눈매는 사나워졌다. 정신없이 빠른 걸음으로 걷다가도 일순간 느려졌다. 애써 감췄지만 그 역시 크게 동요하고 있었던 것이 틀림없다.

그를 한마디로 뭐라 말할 수 있을까? 야비하고, 정신착란에 빠졌으며, 그런 주제에 언변은 뛰어나 쉽사리 사람들을 선동하였다고 말할 수 있을 것이다. 그러나 이것은 다 쓸데없다. 그는 한마디로, 사랑하는 여자가 싫어한다는 이유만으로 아들을 죽일 수 있는, 즉 '무슨 짓이든' 할 수 있는 사람이었다.

예나 지금이나 미치광이가 권력을 잡는 일은 드문 일이 아니다. 그리고 미치광이를, 특히 젊은 미치광이일수록, 그를 억제할 수 있는 사회적인 구속력이 존재하지 않으면 미치광이가 못할 일은 아무것도 없다. 과거와 현대를 걸친 모든 구성원들의 협력과 노력으로 번성하던 국가가 어느 날 갑자기 등장한 미치광이로 인해 쿠데타와 파괴의 소용돌이로 끌려가는 예가 여러 번 있어 왔다. 미치지 않은 사람들이, 단 하루도 가족 중 누구를 죽이지 않으면 그냥 넘어가지 못하는 미치광이를 내쫓을 때까지 혼란은 계속된다.

그러나 로마는 운이 좋지 못했다. 우리의 능력 있는 미치광이는 주식회사 로마제국의 지배구조를 등에 업고 고위직까지 올라갔다. 그는 좌익 세력 중에서 주요 인물들을 영입하였다. 뭐니 뭐니 해도 카틸리나가 낚은 대어로 율리우스 카이사르를 꼽을 수 있다. 카이사르는 당시 로마제국의 영업 방식에 대단히 불만이 많았던 것으로 전해진다. 그러나 그의 지지는 제한적이었다. 이를테면 이런 식이었다.

"카틸리나, 나는 당신 편이오. 물론 당신이 이긴다면 그렇다는 거요. 그때까지는 화물용 엘리베이터를 써도 좋소."

물론 그런 지지라도 없는 것보다는 낫지만 대단한 것은 아니었다.

카틸리나와 같은 미치광이의 가장 큰 문제점은 아무리 상상력을 동원하더라도 그가 자신의 부하와 백성들을 소중히 여기는 리더였다는 것을 상상할 수 없다는 점이다. 따라서 후대에서도 어떤 동정심이나 이해심을 갖기가 힘들다. 그는 사람들의 성향이 우익이든 좌익이든 상관없이 그들을 혼란에 빠뜨리는 데 능수능란했다. 그는 조직의 음모꾼, 골칫거리, 선동가에 잘 어울렸으며, 어느 누구도 그의 부하가 되려고 하지 않았다.

결국 그는 일장연설을 장황하게 늘어놓기로 이름난 키케로 Cicero와 맞섰다. 과거 2000년 동안 읽기만 하면 조는 학생들이 태반이지만 어쩔 수 없이 읽어야 하는, 다양한 종류의 하드커버 또는 소프트커버 책에 실린 그의 연설에 의하면 카틸리나는 저지 해안 Jersey Shore으로 쫓겨났다. 그러나 곧 그는 자신의 험상궂은 얼굴과 똑같은 얼굴을 한 군인들의 손에 의해 지하 세계의 신에게 인도되었다.

일련의 사건들만 보더라도 당시 로마 사회가 얼마나 혼란스러웠는지, 그리고 로마 시민들이 얼마나 강렬히 철인 지도자를 바랐는지 알 수 있다. 그러나 카틸리나는 중간계급으로서 일은 잘했지만 연줄이 없었다. 그는 처음 한동안은 온갖 문제를 일으켰지만 서서히 사업에 흥미를 갖게 되었다.

그는 당시 귀족들에게 맞서 대항할 뚜렷한 수단이 없었던 좌익 세력의 유력 인사들로부터도 지지를 받게 되었다. 하지만 로마는 강력한 힘을 지닌 임원들이 관리하고 있었다. 그러므로 이 같은 관료주의적 체제 내부에서는 풋내기 MBA 출신만으로도 경계선을 벗어나지 않으면 카틸리나 같은 무딘 무기를 쉽게 이겨낼 수 있었을 것이다. 결국 로마에 카틸리나와 같은 자가 존재하였다는 것은 좋지 않은 신호였다.

이처럼 사회체제가 무너져 가고 있을 때 로마 공화정의 마지막 최고경영자의 역할을 맡을 사람들이 나타났다. 그들은 키가 매우 컸다. 사실 그것 말고는 두드러진 특징이 없다. 그래서 나는 그들이 키가 크지 않았더라면 그 직위까지 오르지 못했을 거라고 말하고 싶은 충동을 때때로 느낀다. 그러나 두 사람은 예외였다. 그들은 제1차 삼두정치에서 3분의 2를 차지한 사람들인데 키가 클 뿐만 아니라 성격도 매력적이었다. 따라서 내가 여기에 설명하는 것보다는 훨씬 높은 평가를 받아야 할 것이다. 하지만 그들도 궁극적으로는 어떻게 되었을까? 역시 패자였을 따름이다.

자린고비 크라수스

크라수스는 대단히 이기적이긴 했지만 무척 똑똑하였다. 특히 돈을 버는 데 탁월한 재주를 자랑하였다. 그리고 그것이 정치적인 기반이 되었다. 로마에서는 종종 대형 화재가 일어나곤 했는데 그는 화재 현장을 재건축하는 과정에서 막대한 부를 축적하였다. 화재가 일어나지 않아 돈벌이가 신통치 않을 때는 스스로 불을 지르기도 했다. 그는 딱히 출중하지는 않았지만 그럭저럭 괜찮은 야전군 장교였다. 하지만 어찌나 인색했던지 스페인에서 소아시아에 이르기까지 모르는 사람이 없을 정도였다.

크라수스는 주식회사 로마제국의 해외 지점장을 여러 번 맡았다. 그때마다 얼마나 많은 물품을 빼돌렸는지 상사들이 골치를 썩을 정도였다. 믿기 어려울지 모르지만 당시에도 해외 지점의 물건을 빼돌리기란 그리 쉬운 일이 아니었다.

그는 엄청난 부자였다. 어찌나 욕심이 많았던지 눈에 보이는 건 모두 가지려고 덤벼드는 속물 중의 속물이었다. 다른 사람의 기분 따위는 전혀 아랑곳하지 않으면서도 자기 자신에 대해서는 병적일 정도로 예민하였다. 크라수스가 유명해진 것은 아마도 영화(1960년 스탠리 큐브릭 감독의 《스파르타쿠스》를 가리킨다. 커크 더글러스가 노예 반란군의 대장 스파르타쿠스 역을 맡았으며, 로렌스 올리비에가 토벌군 사령관 크라수스 역을 맡았다. 토니 커티스는 크라수스와 동성애 관계인 노예 출신의 음유시인 역을 맡았다. - 역자 주) 덕분일 것이다. 영화에서 크라수스를 연기한 배우 로렌스 올리비에Laurence Olivier는 커크 더글러스Kirk Douglas를 물리치고 토니 커티스Tony Curtis를 향한 발걸음을 이어간다.

하지만 현실 세계에서 그는 메소포타미아 지방의 황량한 사막에서 생애를 마감했다. 당시 그는 죽는 순간까지 로마 대군을 지휘하고 있었다. 왜냐하면 폼페이우스와 카이사르에게서 지나치게 심리적 압박을 받았기 때문이었다.

크라수스가 죽자 파르티아인들은 그의 머리를 잘라 입안에다가 황금을 부어 넣었다. 그가 평소 얼마나 인색하였는지, 그리고 로마에서 그의 지위가 전반적으로 얼마나 취약했는지 단적으로 보여 주는 사건이다.

위대한 폼페이우스

폼페이우스는 청년 시절부터 지상전이든 해상전이든 패배하지 않는 천재 장수로 이름을 떨쳤다. 그는 스티브 잡스가 차고에서 일하던 시절이나 스필버그 감독이 이제 막 캘리포니아 주립대학을 졸업하던 때에 이미 유명해져 있었다. 그의 지지도는 요즘으로 치자면 유명 록 스타에 버금갔다.

그러나 폼페이우스는 불행하게도 주식회사 로마제국의 본사 업무에는 능숙하지 못했다. 그는 지방이나 해외를 떠돌며 전쟁에만 전념하였다. 위대한 괴물 술라의 후계자 폼페이우스는 '첫 음반'을 낸 이후에도 주식회사 로마제국의 기업 문화를 장악할 수 없었다. 오히려 그때부터 그는 자기보다 사교적인 실력자들과 내내 투쟁해야만 했다. 결국에는 우익 세력 중에서 매력 있는 남자라는 이유로 원로원에게 이용만 당하였다.

원로원과 친하게 지내는 것은 그리 좋은 전략이 아니었다. 익히 알다시피 원로원이라는 곳은 부패한데다가 자만에 빠져 있었고, 따라서 곧 붕괴할 수밖에 없는 조직이었다. 하지만 폼페이우스는 원로원과 달리 질 나쁜 사내는 아니었다. 그저 자신의 지위를 오랫동안 유지하지 못했을 따름이다.

폼페이우스는 운 나쁘게도 당대 가장 위대한 로마인 율리우스 카이사르와 경영권 분쟁을 벌일 수밖에 없었다. 그리고 그는 결국 패배하였다. 아마도 이 분쟁은 주식회사 로마제국의 역사상 가장 중요한 경영권 분쟁 중 하나로 기록될 것이다. 폼페이우스는 이집트로 도망쳤는데 그곳에서 그는 로마의 아첨꾼에게 살해당하고 말았다. 그의 이야기는 이 세상에서 단 하나의 재능이 모자란 모든 사람들의 이야기일 것이다.

그리고 마침내 율리우스 카이사르가 왔다.

율리우스 카이사르와
주식회사 로마제국의 재창조

로마를 이끌 새 인물, 카이사르

율리우스 카이사르 역시 운이 좋은 편이라고는 말할 수 없다. 주식회사 로마제국의 문화를 지배하더라도 이 다국적 기업을 지탱하기란 만만치 않았으니 말이다. 어쩌면 보는 입장에 따라서 오히려 운이 좋았다고 말할 수도 있겠다. 여하간 당시 로마에는 합리성도, 정의도, 하다못해 효율성도 존재하지 않았다.

그런데도 지배 계급은 자신들이 로마를 통치하는 시대가 끝나가고 있음을 인정하려 들지 않았다. 그들은 카이사르를 통해 그들의 예전 군주가 되살아난 것을 보았다. 또한 로마 시민 전체가 아니라 일부 지배계층만 대표하는 정치제도였지만, 어쨌든 그들의 머릿속에 있던 대의정치가 종말을 맞는 것도 보았다.

그리고 어느 해 3월 15일이었다. 로마와 전 세계를 말씀으로 인도할 목수(예수를 가리킨다. - 역자 주)가 태어날 때로부터 그리 멀지 않은 이전에, 카이사르는 중간 관리자 그룹으로부터 단검에 찔렸다. 후에 그의 몸을 살펴보니 20곳 이상의 찔린 자국을 발견할 수 있었다고 한다. 그중 하나는 심장을 관통하여 그에게 치명상을 입힌 것으로 드러났다. 나머지 칼자국은 그저 시늉에 불과했던 것이다.

여느 쿠데타와 마찬가지로 거사를 일으킨 당사자들은 다음에 무엇을 해야 할지 경황이 없었다. 하지만 그들은 어떤 사태를 원하지 않는지는 매우 잘 알고 있었다.

카이사르가 살해당한 원인은 그가 뺏으려고 한 지배 계급의 이해관계와 밀접한 관련을 맺고 있다. 그러나 위대한 인물 카이사르도 일말의 원인을 제공하였다. 왜냐하면 종언을 맞는 때가 다가오면서 그는 한층 더 이기심에 좌우되는 것처럼 보였기 때문이다. 그리고 그것은 얼굴에 난 종기처럼 다른 사람의 눈에만 띄기 마련이다.

원로원은 최고경영자 자리에 오른 카이사르를 증오하였다. 애초에 그는 자신이 누구 덕분에 권력을 쥘 수 있었는지 모르는 인간이었다. 또한 시기가 됐다고 생각하면 언제든 하고 싶은 일을 반드시 해야만 하는 인물이기도 하였다. 그는 전략적으로 사고하고, 이후에는 과감하게 행동으로 밀어붙였다. 그는 필요에 따라 친구를 사귀었다. 그는 자신만을 믿었다. 그리고 여러 차례 잔머리를 굴렸으며, 친구를 배반하는 일도 있었다. 만약 여러분도 이런 성격이라면 제거되기 십상이니 조심하라! 정작 제거되기 전까지는 자신이 잘하고 있다고 믿고 있을 테니 말이다.

카이사르에게서 배우는 지도자의 요건

가이우스 율리우스 카이사르는 기원전 100년경 귀족 가문에서 태어났다. 그는 어릴 때부터 괄목할 만한 경력을 쌓았다. 그는 젊은 시절 사제였다. 당시 사제가 된다는 것은 지금으로 말하자면 직원들의 사기 진작을 위한 커뮤니케이션 부서에서 근무한다는 것을 의미한다.

그는 가문에서나 회사에서나 촉망받는 인재였다. 하지만 지배 계급에게는 눈엣가시와 같은 존재였다. 왜냐하면 밉상스러운 마리우스를 본받았기 때문이다. 알다시피 마리우스는 귀족이 아닌 사람들도 귀족 계급과 동등한 대우를 받아야 한다고 주장하지 않았던가.

서른 살쯤 되었을 때 그는 사회에서 뜻을 세우기로 결심했다. 그는 권력을 얻기 위해 뇌물을 사용하였다. 당시에는 승진을 하려면 반드시 거쳐야 하는 절차였다. 덕택에 그는 영향력 있는 지위에 오를 수 있었다. 그 후 20년 동안 그는 맡은 일을 열심히 하였다. 그 결과 건성건성 일하는 다른 사람들과는 달리 자신의 업무를 잘 파악하였고, 효율적으로 운영할 수 있었다.

기원전 59년, 우리의 카이사르가 마흔 살쯤 되었을 때였다. 그는 나라에서 제일 높은 직위인 집정관을 목표로 삼았다. 이는 상당히 의미 있는 일이었다. 하지만 이것 하나만 기억해 두자. 당시 집정관은 시민이 아니라 귀족의 이해관계를 위해 봉사하는 자리였다는 것을 말이다.

워낙 능력이 출중했던 카이사르는 자신의 바람대로 집정관에 오를 수 있었다. 그는 집정관에 오르자마자 자신의 지위를 이용하여 흥미로운 일을 하기 시작했다. 자신의 권력 기반이 되는 곳, 즉 대중과의 의사소통을 원활히 하는 것이었다. 이는 마치 임명된 정치가가 아니라 대중으로부터 선출된 정치가가 청중을 어떻게 다뤄야 하는지 빠삭하게 꿰고 있는 연사와 같은 행동이었다.

그는 제일 먼저, 후세에서도 유명한 법률 몇 가지를 통과시켰다. 물론 자신의 권력 기반인 부유한 평민들과 군대, 그리고 대중에게 영합하는 법률안이었다. 법안 중에는 폼페이우스의 군대에서 전쟁에 참가했지만 합당한 대우를 받지 못한 늙은 군사용 말들에게 토지를 제공한다는 내용도 있었다. 이로써 그는 군인의 명예를 드높이는 동시에 정치적 라이벌의 유산을 빼앗은(그래서 그를 공격한) 결과를 얻었다.

뿐만 아니었다. 그는 캄파니아Campania의 가난한 시민들에게도 토지를 나누어 주었다. 그들이 카이사르를 존경하게 된 것은 물론이다.

처음 원로원은 카이사르의 이 두 가지 조치에 대해 반발했었다. 그러나 폼페이우스는 이를 지지하였다. 자신의 이상한 위치를 파악하지 못했거나, 법안이 통과될 경우 자신에게도 약간의 명예가 돌아올 것이라고 허황된 생각을 했음이 틀림없다. 크라수스도 이에 동조했지만 그는 표면적으로나마 시민의 편이었기 때문이다.

청년 카이사르와 탐욕스럽고 늙은 크라수스는 한때 서로 협력하여 많은 사업을 벌인 것으로 보인다. 그런데 크라수스만큼이나 미치광이였던 카이사르가 사실은 협박했던 것과 다름없다. 카이사르는 이전에도 고위직 인사들을 위협한 적이 종종 있었다.

예를 들어 젊은 시절의 카이사르는 자신이 원로원에서 벌이고자 하는 권력 투쟁에서 크라수스를 전면에 내세우고자 했다. 그의 계획은 원로원을 습격하여 적대적인 의원들을 죽인 뒤 크라수스를 최고위인 집정관으로 추대하고자 한 것이다. 그러나 크라수스는 약속한 날 아침에 나타나지 않았다. 결국 거사는 수포로 돌아가고 말았다.

원로원은 거물을 통제하려는 계획하에 허영심이 강하였던 폼페이우스를 동쪽으로 보냈다. 거기서 폼페이우스는 제2의 알렉산더 대왕이 될 꿈에 부풀어 있었다. 아울러 원로원은 카이사르를 전례 없이 5년 임기로 한직인 알프스 남부 지역의 갈리아와 일리리안 지역의 지방관으로 임명하여 내쫓았다. 만일 카이사르가 당시의 일반적인 야전군 지휘관처럼 행동하였다면 그로서는 마음껏 약탈할 수 있는 담당 구역을 얻은 셈이었다. 그는 알프스 남부 지역의 갈리아 땅으로 갔다. 어느 면에서 보면 이는 좀 보람 없는 일이었다. 왜냐하면 이곳에는 이탈리아인이 아니라 미래의 프랑스인이 될 사람들이 살고 있었기 때문이다.

시골로 떠나기 전 카이사르는 본부 사무실에 있던 자신의 적들이 노른자위에 임명되거나 다음 세상으로 떠난(죽었다는 뜻 – 역자주) 것을 확인하였다. 그는 열심히 일해서 회사에 막대한 돈을 벌어 주었다. 예나 지금이나 고위 관리들은 마찬가지지만 덕분에 그는 자신의 연줄을 회복할 수 있었다. 아울러 그는 자신이 커다란 사무실에서 일도 하지 않고 빈둥거리는 뚱뚱한 무능력자가 아니라, 국가를 위해 힘쓰는 유능한 관리라는 사실을 대중의 뇌리에 아로새겼다.

그는 갈리아에서나 본부로 돌아와서나 강자들이 즐비한 조직에서 주된 역할을 맡기 위해 반드시 해야 할 일들을 잘해 냈다. 이를테면, 나중에는 적이 되지만 아직은 그렇지 않은 친구들과 숱한 맹세를 맺곤 했던 것이다. 그러나 그가 권력의 정점을 향해 한 발자국씩 나아갈 때마다 보수 세력으로부터 심한 견제를 받았다. 이윽고 그는 더 이상 참을 수 없는 지경에까지 이르렀다. 그는 분연히 일어섰다. 성공하지 못하면 죽음뿐이었다. 그리고 그는 성공하였다.

기원전 50년경, 로마의 기존 체제를 고수하려는 사람들은 카이사르가 마땅히 누려야 할 권력임에도 불구하고 온갖 말도 안 되는 규제조치로 그를 견제하고 있었다. 이러한 상황을 더 이상 참을 수 없었던 카이사르는 혈기왕성하고 충성스러우며 무엇보다 유능한 군인을 몇 명 선발하여 주식회사 로마제국의 본부를 점령하였다.

본부를 장악하고 권력을 손아귀에 넣었지만, 그는 과거의 바보들과는 달리 사람들을 마구 죽이지는 않았다. 실제로 그는 주식회사 로마제국이 지금까지 배출한 고위 임원 중 가장 활동적이고 창조적이었다. 카이사르가 손수 지명한 그의 후계자 아우구스투스를 제외한다면 그는 아마도 로마 역사상 최고의 고위 임원이었을 것이다. 게다가 그는 우리 시대의 경영자들을 포함한, 역사에 존재하는 모든 경영자들과 달리 후계자 선발에도 성공하였다.

카이사르가 뛰어난 정치가가 될 수 있었던 성격상의 특징은, 오늘날 기업 정글에서 최고의 실적을 자랑하는 기업가의 특징들과 정확히 일치한다. 그것은 다음과 같이 요약할 수 있다.

● 야망으로 똘똘 뭉쳤다

젊은 시절 스페인에서 일했을 때 카이사르는 알렉산더 대왕의 동상을 보았다. 알렉산더 대왕은 당시의 카이사르와 비슷한 나이에 죽었다. 카이사르는 젊은 알렉산더의 이미지를 떠올리며 울음을 터뜨렸다. 세계를 호령하던 알렉산더도 결국 한 줌의 재로 돌아갔다는 사실 때문에 운 것이 아니다. 비슷한 나이에 알렉산더는 세계의 왕이 되었건만 자신은 지금까지 단 한 곳의 땅도 정복하지 못했기 때문이었다. 카이사르는 즉시 스페인을 떠나 로마로 돌아왔다. 그리고 주식회사 로마제국의 본사에서 자신의 중심조직을 구축하기 시작했다.

● 감상적이지 않았다

카이사르 역시 다른 위대한 로마인들과 마찬가지로 권력을 잡는 수단으로 정략결혼을 선택했다. 수습생 신분이었던 그는 기회로 주어졌던 훈련 계획을 포기하였다. 대신 그는 권력자 킨나의 딸과 결혼하였다. 당시 킨나는 네 차례나 집정관을 역임하였다. 카이사르가 킨나의 딸과 결혼한 목적은 명백하였다. 최소한 자신의 야망을 비웃는 사람들에게 힘을 과시할 수 있었기 때문이다.

카이사르의 야망을 눈엣가시처럼 여긴 대표적인 인물은 술라였다. 그는 자신의 비위를 거스르는 자가 있으면 쥐도 새도 모르게 암살하는 것으로 악명을 떨쳤다. 젊은 카이사르 역시 종종 자객들의 포위망에서 벗어나 도망쳤고, 사태가 잠잠해질 때까지 여러 곳을 전전하며 숨어 지내야 했다.

이는 훗날 이탈리아 사람들에게 '매트리스로 들어가는going to the mattresses' 전략으로 알려졌다. 이런 일이 생길 때마다 카이사르를 살려달라고 간청하는 이가 있었으니, 결국 술라는 그의 끈질긴 탄원에 못 이겨 마침내 누그러졌다.

술라는 그에게 이런 말을 남겼다.

"좋다. 네 청을 들어주겠다. 하지만 이것만은 명심해라. 네가 지금 살리고자 노력하는 이는 언젠가 원로원에게 치명타를 날릴 것이다. 왜냐하면 카이사르 안에는 한 사람의 마리우스보다 더 큰 사람이 들어 있기 때문이다."

이러한 술라이니 어느 누가 감히 그를 바보라고 폄하할 수 있을까!

● **배짱이 두둑했다**

위대한 경영자는 스스로를 의심하는 일로 시간을 낭비하지 않는다. 카이사르는 잠귀신이 몰려오기 전에는 거의 잠을 자지 않았다. 그러나 한번 잠이 들면 고요하였다. 그는 소화력도 좋았고, 지각도 뚜렷하였으며, 자신에 대한 신념도 흔들리지 않았다. 그게 전부이다. 하지만 우리 중에는 이 세 가지 필수적인 자산 중에서 어느 하나라도 제대로 가진 사람이 드물다. 카이사르는 이 세 가지를 모두 지녔으니 어떠했겠는가.

다른 위대한 사업가들처럼 카이사르 역시 행동을 취할 시간과 장소를 선택하는 데 있어서 탁월하였다. 일단 문제가 해결되면 그 다음 무슨 일을 해야 할지도 정확히 알고 있었다. 역사책에서는 카이사르가 지휘하는 로마 군대가 자신들보다 5~6배나 규모가 큰 적군과 싸워 승리했다는 일화가 수없이 많이 전해진다.

일례로 카이사르는 후방을 지키고 있다가 부하들이 적에게 쫓겨 도망치면 설득하여 다시 싸우도록 만들어 승리하였다고 한다. 또 다른 이야기에서 카이사르는 선두에 서서 적군의 진영으로 뛰어들었는데 결코 다치지 않은 것은 물론이며 그의 말도 상처 하나 입지 않았다고 한다. 그러니 로마 군대는 카이사르를 따라 용감히 싸울 수밖에 없었다.

오늘날 우리는 돌이킬 수 없는 용감한 결정을 내릴 때 이런 말을 한다.

"루비콘 강을 건넜다Crossing the Rubicon!"

카이사르가 49살 때였다. 그는 원로원이 획책하고 있는 음모를 더 이상 참을 수 없었다. 그는 일개 독립 군단을 이끌고 로마를 정복하기 위해 루비콘 강을 건넜다. 일개 군단으로 로마를 정복하다니! 당시 로마에는 겁쟁이만 득시글거렸던 것이 틀림없다. 반면 카이사르의 군대는 하늘의 뜻이라고 생각하고 있었으니 승리는 누구의 것이었겠는가!

● 전략적이고 교활했다

물론 그는 예컨대 스티브 발머(Steve Balmer, 마이크로소프트의 CEO. 30년 이상 빌 게이츠의 오른팔 역할을 수행하며 마이크로소프트의 성공을 이뤄낸 인물이다. – 역자 주)처럼 고래고래 악을 쓰는 미치광이는 아니다. 하지만 일단 행동 방향을 정하면 끝장을 보기 위해 결코 서두르지 않았다. 대신 적의 주의를 돌린 뒤 확실한 승리가 보일 때 공격을 개시하였다.

이런 점에서 그는 《손자병법》을 따랐다고 말할 수 있다. 물론 《손자병법》의 어떤 부분은 짜증스러울 정도로 애매모호하게 말한다. 그러나 몇몇 구절은 우리에게 탁월한 지혜를 전해 주고 있다. 그중 가장 정곡을 찌르는 구절은 '승리할 것이라고 확신하지 않는 한 싸우지 말라.'이다. 물론 상황에 따라서 이를 실천하기란 매우 어렵다. 그러나 카이사르는 이 격언을 지키고자 최선을 다했다.

그 결과 카이사르는 기업 합병가로서 놀라운 재능을 발휘하는 동안 단 세 차례 패배했을 뿐이다. 하나는 브리튼(지금의 영국 땅 – 역자 주)에서, 또 하나는 폼페이우스와의 전투에서, 그리고 마지막 하나의 패전은 우리가 그다지 신경 쓰지 않아도 되는 곳에서 일어났다. 이 세 패전에서 입은 피해는 그다지 크지 않았다.

카이사르는 자기 멋대로 행동하다가 파멸하는 일이 결코 없었다. 최후의 순간에 이르자 질병이 그를 덮쳤다. 그는 정적들에게 자신을 쓰러뜨릴 만한 지적, 감정적, 윤리적인 토대를 제공하였지만, 그 이전까지는 결코 그러지 않았다. 그런데 사실을 말하자면 최고경영자가 기존 체제의 지배계층에게 암살당한 일은 주식회사 로마제국의 역사상 유례없던 일이었다. 물론 이전에도 암살 사건은 많았다. 그러나 이는 부랑자나 악당들에 의해 저질러졌지, 이번처럼 시가 2,500달러 상당의 값비싼 양복을 입은 고위직 사내들이 한 짓은 아니었다.

그의 계획이 완벽하게 좌절될 때까지 그는 결코 '나쁜 녀석들'을 죽음으로 내몰지 않았다. 이는 오늘날의 수많은 칼리(칼리 피오리나Carly Fiorina를 말한다. 1999년에 HP의 CEO에 임명된 뒤 발군의 비즈니스 역량을 인정받기도 했으나 주주와 중역의 반발에도 불구하고 컴팩을 인수하였다. 이후의 주가 하락과 이사회와의 이견 등으로 2005년에 축출되었다. — 역자 주)나 켄(케네스 레이Kenneth Lay로 엔론의 전 회장을 말한다. 회계부정 혐의로 유죄판결을 받았으며 2006년 7월, 심장마비로 급사하였다. — 역자 주), 마사(Marthas, 마사 스튜어트를 말한다. — 역자 주)와는 전적으로 다른 점이다.

그는 장점이 너무나 많다. 카이사르 또한 그것을 잘 알고 있었다. 그러기에 그는 신중하였으며 난관에 부딪치더라도 기가 죽지 않았다. 브리튼에서 풍랑에 휩싸여 함대가 좌초되었을 때도 무리하지 않는 범위 내에서 조금씩 진군하였을 따름이었다. 그리고 브리튼과의 합병 프로젝트의 성공 여부가 불확실해지자 더 이상 전력을 낭비하지 않고 프랑스로 돌아갔다. 당시 프랑스는 그에게 지속적인 수입을 보장해 주었고, 덕분에 카이사르는 막대한 개인 재산을 축적할 수 있었다. 여기에서 나온 수입으로 카이사르는 기존의 친구들에게 맘껏 대접하고, 또 돈을 매개로 새로운 친구들을 사귈 수 있었다. 우리에게도 이런 친구가 한 명 있다면 얼마나 좋을까!

● 도둑질과 혼란을 일으키는 데 명수였다

루비콘 강을 건너기 전에 카이사르는 주력부대에 앞서 몇몇의 젊은 장교를 본부에 먼저 보냈다. 로마에 위기감을 불러 넣기 위해서였다. 그리고 그는 설립 계획 중인 검투사 학교 부지를 둘러본다며 부하들을 우르르 데리고 출장길에 나섰다.

그는 가신, 컨설턴트, 그래픽 디자이너 등과 함께 성대한 파티를 열었다. 카이사르의 정적이 파견한 스파이들이 보기에는 무엇 하나 수상쩍은 점이 없었다. 이는 적에게 그대로 보고되었다. 하지만 사실 카이사르는 주식회사 로마제국의 역사상 가장 큰 쿠데타를 계획하고 있었다.

날이 저물자 카이사르는 몇 명의 심복과 함께 거처를 살며시 빠져 나왔다. 카이사르는 이미 근처 빵집에다가 당나귀와 양을 준비해 놓고 있었다. 당나귀가 앞장을 서고, 양이 끄는 수레가 뒤를 따랐다. 밤이었으므로 일행은 길을 잃고 한동안 숲 속을 헤매었다. 새벽이 가까워서야 우연히 행인을 만나 큰길로 들어설 수 있었다. 그리고 마침내 루비콘 강에 닿았다. 루비콘 강은 주식회사 로마제국의 원로원과 최대 정적인 폼페이우스가 카이사르의 행동반경을 제한하기 위해 설정한 경계선이었다. 무슨 일이 있어도 그는 루비콘 강을 건너서는 안 되었다.

루비콘 강을 건너기 전, 카이사르는 부하들에게 신중에 신중을 기하라고 지시하였다. 비록 상당한 시간이 지났지만 여기서 발걸음을 되돌릴 가능성 또한 전혀 없지 않다는 것을 강조하였다. 그만큼 그는 신중한 사람이었다. 대기업에 근무하면서 막강하고 덩치 큰 조직을 인수 합병해 본 사람이라면, 이 위대한 리더가 비밀을 누설하지 않고 결정적인 순간에 적에게 달려들어 바지를 벗겨버리려고(물론 당시 남자들은 바지를 입지 않았지만) 얼마나 신경을 썼는지 알면 탄복할 것이다.

마침내 카이사르는 루비콘 강을 건넜고 게임에서 승리하였다.

● 말은 간결했으나 하는 말마다 격언이었다

위대한 지도자들은 말도 잘한다. 물론 모두 그런 것은 아니다. 하지만 대다수의 위인들은 격언을 만들어 내는 데 선수이다. 예컨대 주식회사 로마제국을 정복하기에 앞서 카이사르는 병사들을 향해 외쳤다.

"주사위는 던져졌다!"

그는 결심하였던 것이다. 그리고 미트라다테스 왕의 아들인 파르나케스와의 전투에서 얼마나 쉽게 승리했는지 설명하면서 그는 공개적으로 '폼페이우스가 부럽다.'고 말하였다. 왜냐하면 폼페이우스는 미트라다테스 왕과 같은 약한 적과 싸워 명성을 쌓아갔기 때문이었다. 그는 전쟁 결과를 보고하면서 이렇게 말했다.

"왔노라! 보았노라! 이겼노라!"

오늘날에도 이보다 더 간결하면서도 멋들어진 말을 만들어 내는 편집자는 드물 것이다.

그 외에도 카이사르는 다양한 저작물을 남겼다. 게다가 모든 저작이 갈리아, 브리튼, 게르만, 북아프리카 등을 공격하는 와중에 완성한 것이라니 놀랍기 그지없다. 그에게는 미디어 담당 대변인이 필요하지 않았다. 상상해 보라! 우리 세대에서 가장 존경받는 경영자가 자신이 해온 일들을 자세히, 그리고 감명 깊게 쓸 수 있다면? 그가 대중의 사랑을 독차지하는 것은 당연한 일이 아니겠는가.

더구나 로마인들은 그 전쟁이 자신들의 운명을 결정하리라는 것을 잘 알고 있었다. 따라서 카이사르의 글은 대단한 가치가 있었다. 마치 스티븐 킹(Stephen King, 1947년생의 미국 소설가이다. 공포소설을 많이 썼다. 《쇼생크 탈출》, 《미저리》, 《샤이닝》 등 많은 영화가 그의 소설을 원작으로 하고 있다. – 역자 주)이 잡지사 〈뉴요커New Yorker〉에 입사하기 전, 그러다가 SUV에 사고를 당하기 전까지 그러하였듯이 카이사르도 정기적으로 전쟁 기사를 썼다.

그는 민중의 대표 자격으로 그 일을 하였다. 민중의 이익이야말로 그가 원로원의 특권에 대항하여 지켜주고자 했던 것이다. 카이사르가 원로원의 절반을 차지하는 정적들에게 찔려 죽자, 이제 시골에 별장과 요트를 가지지 않은 보통 사람들은 졸지에 별 볼일 없게 되어 버렸다.

● 다른 사람들의 충성심과 성과를 이끌어 내는 능력이 출중했다

카이사르는 비범한 능력을 지녔다. 오늘날에도 부하로부터 진정어린 복종과 충성심을 얻으려면 사랑과 엄격함 사이에서 균형을 잘 맞추어야 한다. 카이사르는 이 점에서 특히 뛰어난 실력을 자랑하였다. 그는 무엇보다 부하들을 일개 병사로 취급하지 않고 '동지들'이라고 불렀다. 자신과 부하들이 주피터 신 앞에서 모두 하나라는 사실을 잊지 않도록 하였다.

그는 휴전 중이거나 다른 부서의 직원이 지켜보지 않으면 부하들이 하고 싶은 대로 내버려 두었다. 동시에 카이사르는 일요일이나 국경일처럼 예상치 못한 때에 갑자기 부하들을 소집해 일을 시키는 버릇이 있었다. 이는 '토요일에 상점을 찾지 않는 손님은 일요일에도 역시 오지 않는다.'는 찰스 레브슨(Charles Revson, 레브론 Revlon 화장품의 설립자 – 역자 주)의 오래된 격언을 떠올리게 한다.

그는 병사들을 빗속에서 행군하도록 하였다. 즉 카이사르는 병사들이 어떠한 힘든 상황에서도 열심히 일하도록 만들었다.

그러나 가장 중요한 사실은 카이사르가 부하들을 결코 두려워하지 않았다는 점이다. 그는 부하들의 숙소 바로 옆 천막에서 잠을 잤다. 전쟁에서 싸울 때도 병사들과 함께였다. 하지만 약간이라도 불복의 기미가 엿보이면 당장 부하에게 달려들어 목덜미를 낚아챘다. 그리고 상대해야 하는 적의 수가 너무 많아 병사들이 겁을 집어먹으면 카이사르 역시 아무런 연설을 하지 않았다.

정확히 말해 그는 결코 병사들을 위로하려고 하지 않았다. 대신 그는 적군의 병사 수와 코끼리 부대 수를 부풀려서 말했다. 남은 길은 적을 섬멸하거나 아니면 몽땅 죽는 수밖에 없었다. 기왕 이렇게 된 바에야 부하들은 죽기 살기로 덤벼들기 마련이다. 수많은 경영자들이 나나 당신처럼 느러터진 부하들에게 업무를 위임하고 있다는 사실을 떠올린다면, 우리는 그의 부하 다루는 솜씨에 탄복하지 않을 수 없다.

아울러 카이사르는 사람들이 어떠한 리더를 좋아하는지 알고 있었다. 어쩌면 당신은 지갑 속에 반짝거리는 법인카드를 집어 넣고, 회사에서 제공하는 렉서스 자동차를 몰고 다닐지도 모르겠다. 사실 우리가 상사에게 고분고분한 것도 이 때문이다. 카이사르 역시 부하들에게 떡밥을 적절히 베풀 줄 알았다. 그는 전쟁터에서 닳고 닳은 병사들에게 금화를 나눠 주었다. 병사들이 이 금화를 계속 얻기 위해 얼마나 애면글면했을지 안 봐도 눈에 훤하다. 그들은 카이사르를 위해 죽을 때까지 열심히 싸웠다.

카이사르는 파티광이었다. 끊임없이 만찬을 베풀었고, 부하들에게 집과 말, 금화를 나누어 주었다. 어느 날 그는 승전을 기념하기 위해 로마 시민에게 베푼 만찬을 보고 실망하였다. 그는 즉각 다른 곳에서 만찬 파티를 또 열었다. 그러나 앞선 만찬과는 달리 로마 시민들이 맛있는 음식을 배불리 먹도록 성대하게 개최하였다.

그런 카이사르가 죽었으니 로마 시민들이 격분한 것도 당연하다. 로마 시민들은 카이사르를 잃은 슬픔에 사로잡힌 나머지 도시에 불을 질렀다. 하지만 조금은 아까웠던 탓에 딱 절반만 불태웠다.

● 인색하지 않고, 인정이 넘쳤다

카이사르는 바보 같은 다른 로마인들과 달리 악독하게 굴지 않았다. 그는 로베스피에르(Robespierre, 18세기 프랑스 혁명 시절의 독재자. 왕정을 폐지하고 공포정치를 실시하였다가 1794년 쿠데타로 실각하고 사형당하였다. – 역자 주)나 던랩(Dunlap, '전기톱 던랩' 이라는 별명을 가진 앨버트 던랩. 90년대 중반 스코트 페이퍼의 CEO. 그는 CEO에 취임하자마자 직원을 무자비하게 해고하고 인건비, 연구개발비, 설비유지비 등을 모조리 삭감하여 주가를 225퍼센트나 올렸다. 그러나 1996년 선빔사를 맡은 후 단기간 내 성과를 올리고자 회계부정을 지시했고, 결국 사기혐의로 기소되어 5억 달러의 벌금형을 선고받았다. – 역자 주) 타입의 테러리스트였던 마리우스나 마리우스 2세, 술라 등의 지도자와는 확연히 달랐다. 그는 파르살루스Pharsalus 전투에서 폼페이우스를 격파하면서도 병사들에게 이렇게 외쳤다.

"당신의 친구 시민들을 더 이상 죽이지 말라!"

이 한 마디에서 카이사르가 얼마나 로마 시민들을 사랑하였는지 충분히 느낄 수 있다. 카이사르는 단순한 권력욕이 아닌 로마제국에 대한 비전을 가지고 있었다. 그는 이상적인 로마제국을 건설하기 위해 앞장섰던 것이다. 이러한 점들 때문에 그는 주식회사 로마제국의 역사에서도 특별한 위치를 점하고 있다. 더불어 기득권층에게는 자신의 지위를 위협하는 대단히 위험한 인물일 수밖에 없었다.

그런데 여기에서 한 가지 짚고 넘어갈 것이 있다. 카이사르가 살던 시대는 여전히 야만적인 문화가 지배하던 기원전이다. '원수를 사랑하라.', '왼쪽 뺨을 때리면 오른쪽 뺨을 내밀라.'고 복음을 전하던 예수가 태어나기도 전이다. 따라서 카이사르가 간디와 같은 인물이 될 필요는 없었다. 이에 관한 흥미로운 일화를 한 가지 소개하겠다.

카이사르가 어렸을 때다. 어느 날 그는 해적에게 납치를 당했다. 해적들은 카이사르의 가족에게 몸값을 요구하였다. 한편 카이사르는 인질로 붙잡혀 있으면서 점차 납치범들과 친해졌다. 심지어 해적들은 이 매력적인 어린 소년을 좋아하기까지 했다. 협상을 기다리면서 이들은 서로 장난을 치기도 하고, 고리 던지기 같은 놀이를 즐기기도 하였다.

여기까지는 스톡홀름 신드롬을 연상케 하는 훈훈한 이야기일지도 모른다. 그러나 정반대였다. 놀랍게도 어린 카이사르는 해적들과 재미나게 놀면서도 이들을 어떻게 처리할 것인지에 대해 궁리하고 있었다. 카이사르가 확신하였듯이 그는 곧 석방되었다. 몸값은 아주 미미하였다.

하지만 카이사르는 자유를 되찾자마자 제일 먼저 조그만 배를 만들었다. 그리고 짧은 시간이긴 했지만 자신을 감금하였던 해적들을 뒤쫓기 시작하였다. 카이사르는 해적들을 모조리 붙잡아 십자가에 매달아 죽였다. 후세의 역사가들은 그래도 그가 약간의 동정심과 자비심은 베풀었다고 전한다. 십자가에 매달기 전에 고통을 덜어주기 위해 그들의 목을 먼저 베어 버렸던 것이다.

● **호색한이었다**

카이사르는 성욕이 남달랐다. 역사 속 위인 중에는 섹스에 탐닉

하는 호색한들이 많았는데 카이사르도 예외가 아니었다. 그의 애정 행각에 대한 기록은 그가 이룬 다른 훌륭한 업적들과 거의 쌍벽을 이룰 정도이다. 성욕과 사회에서의 성공 관계는 이미 여러 학자들이 충분히 다루었으므로 굳이 여기에서 또 언급하지는 않겠다.

그런데 카이사르의 섹스 취향은 남다른 데가 있었다. 그는 바이섹슈얼이었던 것이다. 여기에 관한 재미난 루머가 전해지는데, 사실 이 루머는 그가 살아 있었을 때도 이미 널리 퍼져 있던 것이다.

루머에 따르면 카이사르는 오늘날 터키의 북쪽 국경지대에 있던 비티니아Bithynia 왕국의 니코메데스Nicomedes 왕으로부터 각별한 사랑을 받았다고 한다. 청년 카이사르는 왕으로부터 그다지 일반적이지는 않은 색다른 방향의 성교육을 받았다. 즉 이 왕에게 '처녀성'을 잃었다고 한다.

당시 어떤 역사가는 카이사르가 '왕의 침대 파트너였으며, 왕비의 라이벌'이었다고 조롱하였다. 또 다른 사람은 그를 농담조로 '왕비'라고 부르는 용감무쌍한 무례도 저질렀다.

어느 날 카이사르가 원로원 회의에서 비티니아 왕국의 중요성에 대해 연설하자 키케로가 벌떡 일어나 외쳤다.

"이제 그만 하시오! 우리는 당신이 그에게 무엇을 주었고, 그가 당신에게 무엇을 주었는지 이미 알고 있소!"

방청석 여기저기에서 '어흠, 어흠.' 하고 헛기침 소리가 들려온 것은 말할 것도 없다. 그리고 의회가 끝나자 가까운 술집에 모인 사람들이 짓궂은 표정을 지으며 카이사르의 어깨를 툭툭 쳤다.

카이사르가 양성애자였다는 루머는 평생 동안 그를 따라 다녔다. 심지어 나이 든 한 원로원은 카이사르를 일컬어 "모든 남성에게는 여성이요, 모든 여성에게는 남성이로다."라고 표현했을 정도였다. 그러나 카이사르가 양성애자라는 사실은 그의 대중적인 인기나 남성적 매력에 전혀 흠집을 남기지 않았다. 오히려 그는 다른 나라를 '정복' 하는 것을 주된 업무로 삼는 고위 관리라는 직분에 걸맞게 남편 있는 유부녀를 '정복'하는 데도 탁월한 솜씨를 발휘하였다.

하지만 그는 성에 탐닉해 있는 동안에도 국사를 망각하지 않았다. 오히려 이를 적절히 활용했다. 그는 친구이자 마우레타니아Mauretanian의 왕인 보쿠스Bogudes의 아내를 유혹했는가 하면, 우리도 익히 알다시피 이집트의 여왕 클레오파트라Cleopatra를 유혹하기도 했다. 특히 그는 클레오파트라와 수많은 밤을 함께 보낸 것으로 알려져 있는데, 안토니우스Marc Antony라는 믿을 만한 정보통에 의하면 둘 사이에는 아들도 하나 있었다고 한다. 카이사르는 안토니우스에게 아들이 자신을 쏙 빼닮았다고 자랑했다고 한다.

사실 이 같은 일은 보통 사람에게도 흔히 있을 수 있다. 우리 주변에도 남다른 성욕으로 인해 수많은 애인을 몰래 거느리고 있는 사람이 숱하게 있다. 그렇다고 해도 카이사르는 역시 남달랐다. 그는 권력의 최정상에 있을 때 막후에서 호민관들과 흥정을 벌였다. 자신이 잠시 로마 밖에 나가 있는 동안 비밀회의를 소집하여 '집정관은 미래의 로마 지도자들을 많이 낳을 수 있도록 부인을 여럿 두는 것'을 합법적으로 허용해 달라고 부탁한 것이다. 그는 성생활에 있어서도 두바이의 술탄Sultan of Dubai처럼 창조적인 생각을 했던 모양이다.

● 허영심이 많다

여러분은 기억할 것이다. 학교에서 이미 배웠듯이 우리의 영웅들은 모두 공통적으로 허영심을 가지고 있다. 카이사르 역시 예외가 아니었다.

그 역시 처음에는 예쁜 물건을 모으는 것에서 시작했다. 그건 별로 치명적이지 않았다. 그러나 오늘날처럼 카이사르 역시 자신의 헤어스타일이 최대 관심사였다는 사실은 참으로 즐겁다. 수에토니우스(Suetonius, 카이사르에서 도미티아누스에 이르는 12명의 로마 황제 전기를 쓴, 로마의 전기 작가 – 역자 주)에 따르면 카이사르의 여러 업적 중 특히 눈에 띄는 것은 그가 '빗'을 발명하였다는 것이다.

그는 자신의 빈약한 머리카락을 빗어내려 대머리를 감추었다고 한다. 예나 지금이나 휑한 머리숱은 멋을 아는 남성에겐 치명적이었나 보다. 오죽했으면 카이사르에 얽힌 재미난 역사 기록 중 하나는 '원로원이나 로마 시민이 바치는 영광이나 찬사보다 카이사르는 월계관을 항상 쓸 수 있는 특권을 누리는 것을 가장 기뻐했다.'고 전하겠는가.

카이사르는 패션 감각도 뛰어났다. 그는 처음으로 소매에 장식을 덧대었고, 당시의 〈베니티 페어〉(Vanity Fair, 미국의 패션, 연예전문 엔터테인먼트 월간 잡지 – 역자 주) 표지를 장식하기도 했다. 수많은 도시 남성들이 그의 패션을 따라했다. 그는 요즘말로 트렌드세터였다.

한편 그는 우월의식에 젖어 있는 상류층 남녀들에게 쓰디 쓴 교훈을 던져주기도 하였다. 사실 자신이야말로 세계를 움직이는 주축이라고 믿는 사람들이 자아도취에 빠지는 것은 어쩔 수 없는 일이다. 그러나 지금까지 보건대 이는 종종 비극적인 결과로 이어진다. 재능이 출중한 이가 마치 깃털을 자랑하는 새처럼 떠들썩하게 차려입고 거리를 싸돌아다니는 광경은 참으로 애처롭다. 그런데 결과적으로 카이사르 역시 그렇게 되고 말았다. 카이사르의 허장성세로 말미암아 공화정은 그 가치를 잃어 버렸고, 풀을 잔뜩 먹여 부풀린 옷을 입은 원로원 의원들도 더 이상 버텨낼 수 없었다.

그러나 결론에 다다르기에는 아직 성급하다. 주식회사 로마제국에서 본받을 점을 찾으려는 임원이라면, 그래서 자신이 몸담고 있는 지구상의 조그만 구석을 보다 나은 곳으로 바꾸려는 사람이라면, 여전히 카이사르의 업적에서 많은 점을 배울 수 있다.

다음은 카이사르가 5년이라는 짧은 임기 동안 이룬 업적이다.

- 전문가들을 고용하여 1년이 365일인 달력을 만들었다. 1년 중 한 달(7월July – 역자 주)은 특별히 그의 이름을 따서 명명했다.

- 원로원의 결원을 보충하였다. 프랭클린 루즈벨트 대통령이 자신의 열렬한 지지자를 대법원 판사로 임명하려고 노력했던 것처럼, 그 역시 자신의 충복들로 원로원을 충원하였다. 또한 각계각층의 요직에 자신의 일당들을 앉혔다.

- 과거의 부정행위(대부분 뇌물죄) 때문에 박해받던 수많은 고위 임원들을 사면하였다. 당시 로마에서는 대가를 주고받는 일이 전혀 특이한 일이 아니었다. 오늘날 아시아 일부 국가에서 그러는 것처럼 지극히 일상적인 일이었다. 따라서 뇌물죄로 처벌받는 것은 힘없는 극소수였다.

- 선거의 모든 과정을 통제하였다. 마치 부시가 자신의 최측근을 플로리다 주지사 후보로 내세우는 조건이라면 대의원의 절반은 다른 사람들 마음대로 뽑도록 허용한 것과 정확히 일치한다.

- 복지 수당을 받는 사람들의 숫자를 감축하였다. 이들은 국가에서 나누어 주는 식량을 공짜로 배급 받았는데, 카이사르는 이들의 숫자를 32만 명에서 15만 명으로 줄였다. 대신 그는 배급 대상자를 엄격하게 가려내어 국고가 함부로 낭비되는 것을 막았다.

- 20세에서 40세에 이르는 모든 이탈리아 국민은 군 복무기간이 아니면 한 번에 3년 이상 국외에서 머물 수 없도록 하였다. 이 조치로 주식회사 로마제국의 본부는 혈기왕성한 젊은이로 가득 차게 되었다. 만일 이런 조치가 없었다면 젊은이들이 광활한 정복지를 돌아다니느라고 도시는 텅 비어 있었을 것이다.

• 목축업 사업장에서는 반드시 목동의 3분의 1을 자유민으로 고용해야 한다는 법을 제정하였다. 이 법이 아니었으면 주식회사 로마제국은 전적으로 노예의 노동력에 의존할 수밖에 없었을 것이다. 카이사르의 이 조치는 예전 시티은행이 '앞으로 전화 교환원은 인도 사람이 아닌 사람들로 선발하겠다.'라고 결정한 것과 유사하다.

• 의사와 교사에게 로마 시민권을 부여하였다. 이들의 사회적 지위를 높였다.

• 사채를 규제하였다. 사채 행위를 완전히 없앤 것은 아니나, 당시 내전으로 인해 이자율이 급격하게 높아지는 것을 통제하였다.

• 범죄 행위에 대한 처벌을 강화하였다. 특히 부자가 저지른 살인 행위를 엄격하게 처벌하였다. 또한 음식의 무절제한 낭비를 규제하는 기존 법령을 더욱 강화하였다. 이 조치는 카이사르의 특징과도 잘 맞아떨어진다. 그는 음식이나 술에는 도통 관심이 없었다.

• 수입품에 관세를 매겨서 국내 산업을 보호하였다.

• 공공 시설물이나 도로 건축과 같은 국가사업을 추진하여 시

민들이 항상 바쁘게 움직일 수 있도록 만들었다. 마르스 신전과 같은 대규모 신전을 건설하였고, 대중을 즐겁게 하기 위해 거대한 인공 호수를 만들었다. 그곳에다가 자신이 승전으로 이끌었던 해전을 재현하였다. 그밖에도 대형 극장을 세웠는가 하면 급격하게 늘고 있는 조각상(그중 많은 것들이 미관을 해쳤다.)을 규제하고 설치 장소를 제한하였다. 도서관 설립, 늪지대 공사, 아드리아 해부터 테베레 강까지 이어지는 아펜니노 산맥Apennine Mountains을 가로지르는 고속도로 건설, 이탈리아 해협을 통과하는 운하 건설 등, 수많은 일들을 해냈다. 그의 비범한 상상력이 허용하는 한 공사는 끝없이 이어졌다.

앞에서 소개한 카이사르의 숱한 업적은 그가 죽자 화로 속으로 던져졌다. 이는 부끄러운 일이다. 그러나 카이사르 살해에 가담한 카스카Casca나 카시우스Cassius보다 더 현명한 사람들조차 비록 행동에 나서지는 않았지만 카이사르를 살해한 것이 옳은 일이라고 믿었다. 1~2명이 아니라 약 30명 이상의 원로원이 살해 음모에 가담하였다. 그중에는 카이사르의 양아들인 고귀한 마르쿠스 브루투스Marcus Brutus도 포함돼 있었다. 그는 에트루리아 왕을 멸망시킨 자의 후예(루키우스 유니우스 브루투스Lucius Junius Brutus − 역자 주)라고 알려져 있다. 이처럼 많은 고귀한 귀족들이 카이사르 암살에 대한 음모를 알고 있었다. 그러나 그들 중 어느 누구도 카이사르에게 귀띔해 주지 않았다. 대체 왜 그랬을까?

원로원의 불만이 날로 커지다

카이사르 암살 계획에는 이기심과 도덕성이 완벽하게 결합되어 있다. 유사 이래 십자가 처형부터 오늘날 컴퓨터에서 벌어지는 가상 살상 행위까지, 살인은 그 어떤 것보다 인간의 약탈 본능을 강하게 충족시킨다.

그렇다면 우리의 카이사르는? 카이사르는 어깨에 온 세상 고민을 다 짊어지고 있는 오늘날의 기업 경영자처럼, 심지어 무릎까지 꿇고 적들이 원하는 것을 제공하였다.

그는 자신에게 주어질 수 있는 모든 영광을 다 누렸다. 예를 들어 그는 로마의 통치자로서 일종의 종신직을 보장받았다. 그것은 오늘날에도 기업을 운영하는 정도가 아니라 통째로 소유하고 있는 극소수의 사람만이 누릴 수 있는 특권이다. 또한 파테르 파트리아이Pater Patriae, 즉 '국부'와 '황제Imperator'라는 칭호까지 거머쥐었다. 졸지에 카이사르가 아버지가 되었으니 로마 시민으로서는 불쾌했을 수도 있겠다.

그는 원로원이 들으면 펄쩍 뛸 법한 막말을 하기도 했다. 예컨대 국가는 빈 껍데기이며, 실체 없는 형식일 뿐이라고 독설을 퍼붓기도 했다. 또한 자신은 최고 통치자이므로 자신이 한 말은 모두 법으로 간주되어 지켜져야 한다고 주장하였다. 그리고 술라처럼 과거에 추앙받던 지도자들은 죄다 바보멍청이라고 말했다.

카이사르는 고위직 인사에 있어서도 무소불위의 권력을 행사했다. 만약 선거에서 선출된 고위 관리가 사무실에서 죽으면 자기 마음대로 임시 후계자를 지명하였다. 이는 죽은 자가 집정관일지라도 다르지 않았다. 그는 고인의 자손들에게조차 의견을 묻지 않았다. 결국 선거를 통한 선출직이 임명직으로 대체되는 결과를 낳았는데, 당시의 까다로운 엘리트 귀족들은 이를 문제 삼지는 않았다.

카이사르는 다음과 같은 것들을 좋아하였다.

- 성스러운 장소에다 자신의 동상을 세우도록 하기.
- 극장의 관람석 중 전망이 가장 좋은 곳에 높다란 의자를 세우고 느긋하게 앉아 있기.
- 붉은색만으로도 권위를 나타내기에 충분한데도 항상 짙은 자주색 옷 입기.
- 금으로 만든 옥좌에 앉아 업무 보기(그러나 원로원은 카이사르가 전제군주의 영광을 드러내는 것에 과민반응을 보였다).
- 성소 바로 옆에다가 자신을 위한 신전을 건축하기

이처럼 카이사르는 기득권 세력과 고위 성직자들을 모욕하였다. 이는 카이사르 본인에게는 즐겁고 유쾌했을지 모르나 그가 떠받들고자 했던 대중에게는 아무런 효과가 없었다. 간단히 말해 그는 절제력을 잃었다.

오늘날의 최고경영자들에게서 흔히 볼 수 있는 일이다. 최고경영자가 성공에 성공을 거듭하여 실패라고는 모를 때, 나이를 먹어 판단력이 쇠잔해졌을 때, 아첨꾼을 측근에 두었을 때 종종 나타나는 현상이다.

예나 지금이나 바보, 허영쟁이, 쾌락주의자, 아니면 단순히 미치광이인 CEO들은 넘쳐난다. 일일이 리스트로 만들었다가는 지면이 모자랄 판이다. 더구나 우리는 그런 것들로 그들을 상처 입힐 생각은 없다. 왜냐하면 나르시시즘의 대표적인 특징은 쉽게 상처 입는다는 것이기 때문이다. 아울러 그들은 쉽게 복수심에 불타오르기도 한다.

카이사르의 권력은 막강해졌다. 그러나 그는 어리석었고, 더욱더 어리석어졌다. 그가 바보라는 사실은 지배층 인사들의 미친짓을 물리도록 보아온 우리에게 그다지 새로운 소식도 아니다. 여기에서 중요한 것은 당대 공화정 인사들이 카이사르에게 품었던 생각이다. 그들은 이제 카이사르를 존경하지 않았다. 그들은 카이사르에게 반감을 품기 시작했다. 그리고 정의라는 이름 아래에 힘을 모았다.

그 외에도 사소한 일들이 몇 가지 더 있었다. 예를 들어 카이사르는 명예 박사학위를 수여했을 때(아마 그 주에 받은 열 번째 학위이자, 넥타이를 맨 정장 차림의 여섯 번째 만찬이었을 것이다.) 자리에서 일어나 원로원들에게 경의를 표하지 않았다. 그가 경의를 표하지 않은 것은 당시의 관습에 저항하기 위해서가 아니었다. 이전에 폰티우스 아킬라Pontius Aquila라는 귀족이 자리에서 일어나 카이사르에게 경의를 표하지 않았기 때문이다. 그는 옷자락만 살짝 펄럭였을 뿐이었다. 카이사르는 이 일로 인해 며칠 동안이나 불쾌감을 드러냈다. 그래서 그는 자신의 무례에 대해 "만일 폰티우스 아킬라가 허용해 준다면······." 하고 조건을 달았다.

로마 제정에 대한 공식적인 논의가 벌어졌다. 카이사르는 대외적으로는 자신이 왕이라는 칭호를 원하지 않는다고 의사를 밝혔다. 그러나 그는 이미 온갖 명예로운 칭호를 즐거이 받아들이고 있었다. 따라서 그의 말이 진심이라고 믿는 사람은 아무도 없었다. 심지어 많은 사람들이 그가 황제가 되기 위해 일부러 그 논의를 부추겼다고 생각했다.

로마는 오래전에 루키우스 브루투스가 왕을 내쫓은 이래로 왕이 존재하지 않았다. 왕이 없다는 사실은 원로원 의원들에게 대단한 자부심이었다. 공화정은 전제군주를 견제하여 권력 간의 균형을 이룰 수 있었으므로 그들에게 매우 유리한 제도였다. 이들은 카이사르의 고집에 아첨하는 것을 더 이상 참을 수 없는 지경에 이르게 되었다. 특히 권력의 엘리트로서 왕의 출현을 허용한다는 것은 도저히 묵과할 수 없었다. 원로원 의원들은 서로 의견을 나누었다. 그리고 자신들의 생각에 더더욱 확신을 갖게 되었다. 왕은 필요 없어!

카이사르의 몰락

카이사르의 과대망상증과 나르시시즘은 추수감사절 퍼레이드의 풍선처럼 커져만 갔다. 잠자코 놔두었다가는 아무도 그를 못 말릴 지경에 이를 것이었다. 원로원 의원들은 카이사르의 야심을 더 이상 두고만 볼 수 없었다. 그들은 회합을 가졌다. 스스로에게 윤리적인 명분을 주기 위해 '자유'와 '전통'이라는 케케묵은 개념을 끄집어냈다.

그들은 카이사르 몰래 뒤에서 속닥거리며 모든 원로원 의원들에게 동참을 요구하였다. 이 과정에서 많은 위대한 인물들이 동참의 뜻을 밝혔다. 사실 그들도 로마를 위해 한 일이 많았지만 카이사르에 가려 빛을 보지 못하고 있었다. 특히 브루투스의 동참은 고무적이었다. 그는 카이사르로부터 최소한 한 번 이상은 목숨을 빚지고 있었다. 게다가 그의 어머니는 카이사르의 오랜 친구이기도 했다. 그런 브루투스가 동참하자 모두들 자신이 정의로운 일을 하고 있다고 확신하게 되었다.

결과적으로 원로원 100명 중 60명 이상이 카이사르를 암살하는 데 찬성하였다. 그들은 컴컴한 회랑이나 누군가의 집에서 돌아가며 회합을 가졌다. 그리고 마침내 3월 15일(Ides of March, 이 날은 예전부터 카이사르가 암살당할 것이라고 예언되어 있어 유명하다. – 역자 주) 원로원 회의장에서 거사를 치르기로 계획을 짰다. 사실 카이사르에게는 불길한 날에 대한 전조가 많았다. 속이 좋지 않다거나 새들이 요란스럽게 짖어대거나……. 하지만 그는 평소 미신을 전혀 믿지 않았다. 아침 점괘에 따라 일정을 조정하는 다른 동년배와는 달리 그는 점쟁이의 말이라면 아예 귀부터 틀어막았다.

3월 15일, 그날 역시 주변 사람들이 만류했음에도 불구하고 카이사르는 사무실로 출근했다. 하지만 진실을 말하자면 그 역시 편안한 기분은 아니었을 것이다. 카이사르는 자신에게 알랑거리는 한 사내와 오랫동안 잡담을 나누었는데, 암살자들은 혹시나 비밀이 새어나갈까 봐 전전긍긍하였다. 하지만 불행인지 다행인지 그러한 일은 없었다.

이윽고 카이사르가 회의장으로 들어갔다. 관례대로 회장님의 말씀이 있을 차례였다. 카이사르가 자리에 앉자 이번 음모에서 이 역할을 맡은 것으로만 역사에 이름이 알려져 있는 틸리우스 킴베르Tillius Cimber라는 자가 카이사르에게 다가갔다. 그는 카이사르의 어깨에 손을 짚고서는 그의 옷을 등 뒤로 들어 올렸다. 그러자 누군가가 날쌔게 달려들어 카이사르의 목 아래를 단검으로 찔렀다.

카이사르는 비명을 지르며 "지금 나를 공격하는 건가?" 하고 외쳤다. 이를 신호로 주변 사람들이 모두 달려들어 카이사르를 단검으로 찌르기 시작했다. 카이사르는 그 와중에도 위엄을 잃지 않고자 흐트러진 옷자락을 추슬렀다. 그러나 마침내 바닥에 쓰러졌을 때는 점잖지 못하게도 그의 다리는 제멋대로 나뒹굴었다.

카이사르는 자신이 아끼던 양아들 브루투스마저 단검을 빼들고 달려들자 그리스어로 짧게 내뱉었다.

"브루투스, 너마저!"

이로써 한 시대를 풍미한 거물 카이사르는 바닥에 쓰러져 죽고 말았다.

우리의 용감한 공화정 친구들이 당초 세운 계획은 카이사르를 죽인 후 이를 당당히 선포하는 것이었다. 하지만 막상 거사를 치르고 나자 두려움이 밀어닥치기 시작했다. 카이사르를 향해 달려들던 기백은 어디론가 사라지고 없었다. 그들은 다리를 부들부들

떨며 옷으로 얼굴을 감춘 채 줄행랑을 쳤다. 피투성이가 된 채 바닥에 쓰러진 희대의 영웅을 보자 비로소 자신들이 무슨 짓을 저질렀는지 깨달았기 때문이다. 그들은 이 사건이 불러올 파장이 무서워 혼비백산했다.

특히 주식회사 로마제국의 제2인자인 안토니우스의 반격이 두려웠다. 드디어 이 이름이 나왔다. 안토니우스! 그는 주관이 뚜렷한 사람이었다. 자신을 화나게 하는 사람을 죽이는 것쯤이야 눈 하나 깜짝하지 않았다. 그는 특히 다른 사람들이 자기를 빼고 저지르는 일에 대해서 매우 까다로웠다. 게다가 그는 카이사르를 매우 좋아하고 있었다. 자신의 명령 한 마디면 즉각 움직이는 강력한 군대 또한 보유하고 있었다. 카이사르를 암살한 자들은 자신들이 또 다른 새로운 강적을 만들었다는 사실을 곧 깨달았다.

카시우스를 비롯하여 몇몇 두뇌 회전이 빠른 원로원들은 카이사르의 시신을 바다에 던지고 그의 집을 불태우자고 했다. 그러나 그들보다 더 똑똑하거나 혹은 멍청한 사람들의 의견이 우세하였다. 그들은 사망한 지도자의 시신을 집으로 옮겨 장례를 치르기로 합의하였다.

안토니우스에 의해서 카이사르의 마지막 말과 그의 유언장이 낭독되었다. 거기에는 카이사르가 한창 승승장구하던 시절에 그가 보인 너그러움과 로마에 대한 사랑이 듬뿍 담겨 있었다. 유언장에 따르면 카이사르는 로마 시민을 위하여 강 옆에 있는 정원을 공원으로 개방했으며, 부하들에게 300세스테리우스sesterces씩 나누어 주었다. 그는 옥타비아누스Octavianus를 상속자로 삼았는데,

그가 한 마지막 멋진 행동이었다. 그 결과 그는 거의 1000년 동안 이나 이어지는 로마제국의 미래를 세울 수 있었다.

로마의 아버지를 사랑하였던 시민들은 집단 살인에 넌더리를 내며 거리로 몰려 나왔다. 그들은 살인자들을 찾아 나섰다. 그리고 엉뚱한 사람을 카스카로 잘못 알고 살해하였다. 하지만 그건 시작에 불과하였다. 시민들은 카이사르의 죽음을 애도하기 위해 방화를 저질렀다. 로마에서 폭동이 일어나는 동안 혜성이 7일 동안 빛났다고 한다. 사람들은 혜성을 보며 카이사르의 영혼이 하늘로 날아가는 것이라고 믿었다.

카이사르의 영혼은 하늘 높이 날아 창조주에게로 갔을지 모르나, 그보다 더 중요한 가치를 주식회사 로마제국에 남겼다. 그가 남긴 유산 덕택에 로마는 세계적인 기업으로 발돋움할 수 있었으며, 여러 면에서 다른 기업들을 발 아래 꿇릴 수 있었다.

안토니우스와
아우구스투스

삼두정치가 도래하다

불쌍한 카이사르! 그는 원하는 모든 것을 가질 수 있었다. 그러나 영원한 목숨은 신의 몫이지 인간의 몫이 아니다. 대신 그는 자신의 뜻을 잘 이어받을 후계자를 세웠다. 허다한 바보 경영자와는 달리 그는 현명하게도 경영자 그룹을 후계자로 임명하였다. 이는 무척 합리적인 선택이었다. 지혜와 통찰력이 뛰어났을 뿐만 아니라 동시에 이기적이었던 셈이다. 한 사람도 아니고 두 사람도 아닌 무려 세 사람을 후계자로 세웠으니 말이다.

그는 탁월한 안목으로 후계자를 골랐다. 우선 근성 있고, 힘도 좋은 데다 국민들에 대한 충성심도 깊은 마르쿠스 안토니우스를 선택했다. 아마 그 외에도 이 자는 공중도덕만을 신경 쓰는 겁쟁이들과는 달리 땀과 피, 그리고 온갖 분비물을 가득 묻혀가며 로마를 위해 힘쓰리라고 믿었을지도 모른다.

두 번째로 안토니우스와는 정반대인 옥타비아누스를 골랐다. 그는 젊고, 똑똑하였으며, 전략적이었다. 안토니우스가 혈기왕성한 데 반해 그는 침착하였다. 카이사르는 옥타비아누스를 무척이나 아꼈다. 이 젊은이를 주축으로 삼고 싶어 했다.

그리고 마지막으로 마르쿠스 레피두스Marcus Lepidus가 있다. 그는 카이사르의 충직한 친구였다. 따분한 늙은 관리였지만 그라면 나머지 두 사람이 너무 앞서가는 것을 통제할 수 있을 것이었다. 어떤 경영 조직이든 이러한 인물은 꼭 필요하다. 여러분 주변에서도 볼 수 있을 것이다. 지루한 회의 시간, 모두들 졸거나 낙서를 끼적거리고 있는데 홀로 또렷한 정신으로 깨어 있는 사람. 역동성은 부족하지만 끈기와 성실함에 있어서는 따라올 자가 없다.

로마는 비록 카이사르를 잃었지만 이 세 사람의 삼두정치로 말미암아 위기에서 벗어날 수 있었다. 덕분에 노쇠한 공화정은 이후 500년 동안 로마제국으로 발전할 수 있었다. 안토니우스와 옥타비아누스, 그리고 레피두스로 이루어진 드림팀은 수많은 업적을 이루었다. 아울러 이들은 고상하였다. 단연코!

비운의 명장, 마르쿠스 안토니우스

마르쿠스 안토니우스는 기골이 장대했다. 그는 용감무쌍했으며 의리 있는 사내였다. 안토니우스와 함께 몰려다니는 패거리들은 그를 사랑하였다. 그러나 다른 사람들도 모두 그러했다고 말하기는 어렵겠다.

잘생긴 얼굴을 무성하게 덮고 있는 턱수염은 그의 특성을 잘 드러내 주고 있다. 그는 전쟁에서 승리밖에 몰랐다. 또한 카이사르 못지않은 호색한이었다. 보통의 로마인은 그의 엽색행각에 진저리를 칠 정도였다.

그러나 우리는 지금 수습사원을 채용하려고 하는 것이 아니지 않는가? 그의 사생활까지 꼬치꼬치 캐물을 생각은 없다. 하지만 이 말은 해야겠다. 섹스에 관한 한 그는 케네디 대통령보다 더하면 더했지 덜하지는 않았다. 그리고 결국은 그 때문에 죽음을 맞게 된다.

한편 안토니우스는 대단히 유쾌한 사내였다. 그는 항상 사람들을 즐겁게 해줬다. 그중에서도 나는 그가 근무 중 주사를 부린 사건이 가장 재미있다. 어느 날 그는 아침 일찍 원로원 안마당에서 소집된 중요한 회의에 참석하였다. 그러나 그는 전날 밤 술과 여자에 취해 밤새 흥청거린 직후였다. 그는 비틀거리면서 마당을 걷더니 옷을 하나씩 벗어 던지기 시작했다. 아직 술이 덜 깨 술집 홀이라고 착각했나 보다. 아니면 침실인 줄 알았거나. 안토니우스가 옷을 벗어 던지기 전에 한 친구가 눈치를 채고 곁을 지켰지만 소용이 없었다.

이는 빙산의 일각이다. 혹시 여러분은 스패고(Spago, 세계적인 요리사 볼프강 퍽Wolfgang Puck이 운영하고 있는 고급 레스토랑 체인. 미국 LA의 베

버리힐스를 비롯하여 미국 전역에 15개의 지점이 있다. - 역자 주)와 같은 최고급 레스토랑의 화장실에서 코카인을 흡입하는 경영자를 아는가? 혹은 밤새 16마리의 거위를 우리에 잡아 가두고, 아침이 오면 와이셔츠 단추를 여미고 넥타이를 정돈한 뒤 여러 명의 건장한 청년들과 함께 출근하면서 그들의 엉덩이를 툭툭 치는 사람은?

만일 여러분이 그런 경험이 없다면 대단히 안타까운 일이다. 마르쿠스 안토니우스가 바로 그런 사람이었다. 이처럼 미친 자가 있으니 대기업에서 근무하는 것은 참으로 재미있다.

그는 대단히 인심이 후했다. 마치 엘비스 프레슬리와 같았다. 생각해 보라. 그는 변덕이 죽 끓듯 했는데 흥이 날 때마다 지갑에서 돈을 꺼내 부하들에게 뿌려댔다. 2006년 달러 가치로 500만 달러는 족히 됐을 거다. 안토니우스의 재무 책임자는 부아가 나서 실제로 그것과 똑같은 액수의 돈을 금고에서 꺼냈다. 그러고는 안토니우스가 다음에 또 술에 취해 비틀거릴 때를 대비해서 그 돈이 얼마나 큰돈인지 직접 확인하라고 돈을 높다랗게 쌓아 올렸다.

그러자 우리의 음탕한 술주정뱅이 안토니우스는 걸음을 멈춘 뒤, 오만상을 찌푸리고 있는 재무담당 수석 부사장에게 이렇게 말했다.

"나는 이런 푼돈을 쌓아 놓으라고 명령한 적이 없다. 당장 돈을 2배로 만들라."

그는 위대한 사람이었다. 그는 부하들과 땅바닥에서 함께 잠을 잤다. 실제로 그는 죽는 순간까지 죽음에 대해서는 한 마디도 입밖에 꺼내지 않았다. 그는 정말 필요한 시점에 100척의 군함과 5만 명의 군사를 이끌고 나타날 줄 아는 인물이었다.

이런 이가 CEO라면 정말 멋지겠다고? 천만의 말씀이다. 결코 그렇지 않다. 진정한 CEO는 자기 자신에게 엄격해야 한다. 장대한 몸집에 활기가 넘치고, 말보다는 행동이 앞서며, 쇠고기를 좋아하고, 다른 남자의 아내를 유혹하는 일에 전혀 거리낌 없는 안토니우스 같은 인물은 CEO로 다소 부적격하다.

반대로 젊고, 조용하며, 매사 진지하고, 식사 때마다 약간의 빵과 신맛의 포도주 한 모금이면 만족하는 고위 경영자라면 어떨까? 우리가 흔히 아우구스투스Augustus라고 부르는 옥타비아누스가 그러한 인물이었다.

카이사르의 후계자, 위대한 옥타비아누스

옥타비아누스는 마치 CEO가 되기 위해 태어난 인물과도 같았다. 그는 젊은 시절부터 일찌감치 카이사르와 그의 리무진에 동승하는 안토니우스와 친밀하게 지내왔다. 여기서 우리는 늙은 카이사르가 리무진을 타면서 내는 소리를 들을 수 있을 것이다.

"드르렁 드르렁……."

옥타비아누스는 약간 마른 체격이었으나 무척 잘생겼다. 여러분이 내 말 뜻을 잘 이해할지 모르겠다. 당시 사람들의 이야기에 따르면 그는 자신보다 큰 사람 옆에 서지만 않는다면 마치 거인처럼 보였다고 한다. 어떻게 그럴 수 있냐고? 하지만 이는 전혀 놀라운 일이 아니다. 실제 자신의 키보다 사람들에게 커 보이도록 하는 것은 키 작은 사람들의 특기이다.

옥타비아누스는 단지 키만 작은 것이 아니었다. 사실 그는 바보 같은 사람이었다. 그는 우스꽝스러운 모자를 쓴 채 바보 같은 행동을 하고 다녔다. 지루하기 짝이 없는 연사를 초청하여 손님들을 고문 상태에 빠트리는가 하면 항상 자신의 건강만을 걱정하였다. 실제로 일이 잘 풀리지 않으면 그는 갑작스레 앓아눕기도 하였다.

때때로 중요한 순간, 예를 들어 카이사르가 암살된 직후 전투가 벌어졌을 때 그가 어떤 행동을 하였는지는 《몬티 파이튼과 성배 Monty Python and the Holy Grail》(영국의 유명한 코미디언 그룹인 몬티 파이튼이 주연하여 1975년에 만들어진 코미디 영화. 영국의 아더 왕의 전설을 기존의 관점과는 완전히 달리, 코믹하게 다루어 큰 인기를 모았다. – 역자 주)에 나오는 기사의 행동을 떠올리게 한다. 영화 속에서 기사는 공격당하기만 하면 "도망쳐! 도망쳐!" 외치며 줄행랑을 치고는 했다. 옥타비아누스 역시 그런 종류의 인간이었다고 알려져 있다. 다른 사람을 비웃기 좋아하는 안토니우스는 대놓고 그를 '겁쟁이' 라고 불러댔다.

그러나 안토니우스는 항상 그러했듯 중요한 사실을 놓치고 있다. 역사를 통틀어 보면 다소 비정상적으로 보이는 괴짜 지도자가 세상을 지배하는 법이다. 실제로 오늘날에도 그런 사람들이 지구를 지배하고 있다. 예컨대 누구를 꼽을 수 있을까?

- 빌 게이츠 – 만일 그가 없었더라면 오늘날 지구는 어떻게 되었을까?
- 스티브 잡스 – 과연 그보다 더 창조적이고 생산적인 사고를 할 수 있는 사람이 있을까?
- 앤디 그로브 – 그처럼 훌륭한 기업을, 또한 그처럼 잘 경영할 수 있는 이가 있을까?
- 드림웍스 SKG – 그야말로 위의 모든 것(SKG는 스필버그(S), 카젠버그(K) 그리고 데이비드 게펜(G)의 세 설립자 이름의 약자 – 역자 주).

여기서 내가 하고 싶은 말은, 옥타비아누스에게 키가 작다는 사실은 오히려 키가 크다는 사실만큼이나 강력한 무기라는 것이다. 그러기에 안토니우스가 거들먹거리거나 원로원 의사당을 소란케 하여 뭇 원로원 의원들의 눈총을 사고 있을 때, 옥타비아누스는 화려한 조명이 빛나는 의사당에서 조용히 스포트라이트를 받으며 저 놈의 시끄럽고 교활한 자식이 힘을 모두 소진하려면 얼마나 오랜 시간이 걸릴까 하고 곰곰이 생각했다. 그리고 그렇게 되기까지 꼬박 16년이 걸렸다.

옥타비아누스, 아우구스투스로 거듭나다

간혹 카이사르가 리무진 안에서 자신을 건드리기는 했지만 그럼에도 불구하고 옥타비아누스로 사는 것은 괜찮은 일이었다. 그렇지만 역시 아우구스투스로 사는 것은 더 좋았다. 그의 늙은 선생님은 이제 죽고 없었기 때문이다. 더구나 그 노인이 자신에게 취한 조치는 도저히 뿌리칠 수 없을 만큼 매력적이었다. 어느 누가 감히 카이사르의 이름을 물려받는 영광을 거절할 수 있단 말인가? 몇몇 정치인들이 거부하라고 종용하기도 했지만 그건 말도 안 되는 소리이다. 그들은 조만간 죽음을 당하리라!

이제 옥타비아누스는 카이사르 아우구스투스가 되었다. 카이사르라는 이름 자체가 명성 있을 뿐만 아니라 옥타비아누스가 지금의 아우구스투스가 되기까지 카이사르의 은혜가 컸다. 그러나 카이사르는 이미 유일무이한 존재이다.

헛갈릴 수 있으므로 '카이사르'를 빼고 그냥 '아우구스투스'로만 부르기로 하자. 아우구스투스. 이후 세상의 모든 만물이 그의 뒤를 따랐다. 그리고 그가 죽자 사람들은 그를 '신神'으로 숭배하였다. 이보다 더 뛰어난 CEO가 있을 수 있을까?

아우구스투스는 나이를 먹어 생의 마지막 순간을 맞이할 즈음, 자신의 업적에 대한 저술을 남긴다. 매우 얇고 조그만 책으로 제목은 《성 아우구스투스의 업적The Deeds of the Divine Augustus》이다. 이 책은 그가 77살일 때 저술되었다. 그러나 로마 정치에서는 154년만큼이나 긴 세월이었다. 비록 진심에서 우러나와 한 일이기는 하지만 아우구스투스는 이 책을 쓰면서 무척 지루했음이 틀림없다. 그가 살아온 방식은 직접 쇳물을 녹이고, 쇠를 두드려 펴고, 그렇게 만든 칼로 천하를 호령하고……, 한 마디로 행동하는 것이었지 트럼프(미국의 부동산 재벌 도널드 트럼프Donald Trump를 말한다. ─ 역자 주)처럼 베스트셀러를 써서 자신의 인생 역정을 자랑스럽게 떠벌리는 것이 아니었다. 물론 아우구스투스는 황금 기둥에다가 책의 내용을 새겨서 원로원에 전시하였다. 하지만 아우구스투스와 같은 거물이라면 의당 있을 수 있는 일이 아니겠는가.

책에는 아우구스투스의 많은 업적이 실려 있다. 심지어 사람들이 전쟁에 승리하여 왁자지껄한 파티에 참석하고 있을 때도 차곡차곡 업적을 쌓아온 것처럼 보일 정도이다. 예컨대 그는 19살이었을 때 군대를 양성하여 정부에 불만을 품고 있는 소수의 당파 세력을 쓸어버렸다. 그러나 그는 자신이 그렇게 했던 것은 원로원과 시민들의 성화 때문이었다고 조심스럽게 기술하고 있다. 아울러 모두 자신의 돈을 썼다고 말하고 있다. 참으로 예의바른 신神이다.

그는 자신의 양아버지인 카이사르를 죽인 암살자들을 완벽히, 더불어 합법적인 수단으로 로마에서 내쫓았다. 그리고 썩어빠진 반역자들이 조국을 공격했을 때도 즉각 나섰다. 결국 반역자들은 두 전투에서 모두 섬멸되었다. 카시우스와 고귀한 혁명가 브루투스 역시 자살하고 만다.

아우구스투스의 말에 따르면 안토니우스는 두 전쟁에서 전혀 보탬이 되지 않았다고 한다. 그러나 이는 진실이 아니다. 안토니우스는 여러 차례 아우구스투스를 위험에서 구해 주었다. 사실 안토니우스가 무모할 정도로 용감한 덕분도 있었지만 무엇보다 그가 운이 좋았기 때문이기도 하다. 아우구스투스는 비록 온 세상 사람들과 전쟁을 벌였지만, 자신이 패자에게 친절하다는 것을 매우 자랑스러워했다. 이 말은 절반만 진실이다. 그는 최상급 군인은 아니었고, 조금 더 우수한 정도였다.

그를 위하여 두 차례의 소규모 개선 행사가 열렸다. 이것만으로도 대단한 일인데 이후 세 차례나 성대한 대규모 개선 행사가 또 열렸다. 그는 황제 칭호를 무려 스무 차례나 부여받았다. 이러한 의식은 로마처럼 위계질서를 중시하는 문화에서는 매우 중요한 의미를 가진다. 로마는 아우구스투스에게 똑같은 칭호를 여러 차례 반복하여 수여하였다. 왜냐하면 그것 말고는 마땅히 그에게 줄 만한 것이 없었기 때문이다.

그때마다 아우구스투스는 원로원과 시민, 그리고 신에게 감사의 인사를 올렸다. 그는 단검에 찔려 죽은 전임자의 잘못을 절대로 되풀이해서는 안 됐다. 사람들은 신화를 바라고 있었다. 그리고 주식회사 로마제국의 중심에는 '자유로운 공화국'이라는 신화가 자리 잡고 있었다. 현명한 아우구스투스는 원로원 의원들에게 항상 싹싹하게 대하였다.

아우구스투스의 업적

아우구스투스의 빼어난 업적을 치하하기 위해 원로원은 그의 영광을 기리는 파티를 55번이나 열었다. 다소 많아 보일지도 모르겠다. 그러나 원로원이 향후 희생자가 적기를 기원하며 결정한 890일간의 축하 기간과 비교하면 그만 빛을 잃고 만다. 그는 집정관에 13번이나 선출되었다. 그리고 황제처럼 막강한 지위는 아니지만 그렇다고 해서 아무런 가치도 없는 것은 아닌 호민관을 약 40년간이나 지냈다.

그는 시칠리아 섬에서 북쪽 스칸디나비아 땅에 이르는 광활한 지역을 다스렸다. 그러나 결코 독재관(딕타토르)이나 황제 칭호를 받으려고 하지는 않았다. 사실상 그는 이미 독재관이자 황제였다. 그는 스페인에서부터 시리아에 이르기까지 모든 지역에 자신의 동상을 허물도록 명령하였다. 이 역시 시민들에게 잘 보이기 위한 노력의 일환이었다.

그는 또 자신의 사무실을 개방하여 다른 직원들이 함께 사용할 수 있도록 배려하였다. 내 생각에 그들은 아우구스투스가 공무를 보는 데 결코 방해가 되지는 않았을 것이다. 그들은 마치 새크라멘토에서 일일 주지사로 임명된 것과 다름없었다. 일일 주지사가 캘리포니아 주지사인 아놀드 슈왈제네거에 반대하는 주 의회 의원들에게 단호하게 대처해 봤자 아무 소용없는 것처럼, 아우구스투스의 사무실을 잠시 빌려 쓰는 관리들이 굳이 분란을 일으킬 이유는 없었다.

그는 또한 새로운 인물을 중간 관리자로 많이 뽑아 중간층을 두텁게 하였고, 정기적으로 주식회사 로마제국의 본부를 대상으로 인구조사를 실시하였다. 아우구스투스가 로마를 통치하던 기원전 29년에서 서기 15년 사이 로마제국 내의 로마 시민권을 가진 성인 남자의 수는 400만 명에서 600만 명으로 크게 늘었다.

아우구스투스는 전쟁뿐만 아니라 철학, 문화, 예술에도 지대한 관심을 기울였다. 그는 로마 시민에게 자부심을 가져다줄 새로운 철학과 시대정신을 소개하였다. 다양한 축제와 종교 행사, 검투사의 결투 등을 다시 도입하였으며, 무너져 가고 있는 도덕적 가치를 다시 재정립하였다.

따라서 신전마다 아우구스투스의 건강을 기원하는 기도를 올리는 것은 결코 이상한 일이 아니다. 그런데 아우구스투스는 괴짜였기 때문에 이러한 기도회가 몇 차례나, 그리고 어디에서 올려졌는지 정확히 기록하고 있다. CEO는 이런 사사로운 것에는 신경도 쓰지 않을 뿐더러 잘 알지도 못할 거라고 믿는 우리의 생각과는 매우 다르다.

그밖에도 그는 별의별 것을 다 기록으로 남겼다. 얼마나 많은 동상이 세워졌는지, 시끄러운 선언식과 호화로운 축성식이 얼마나 개최되었는지…… 우리로서는 전혀 궁금하지 않는 사실들을 그는 시시콜콜 기록해 놓았다. 그런 의식에 참석한 사람들은 환호와 박수갈채를 보냈다. 하지만 참석자들이 과연 그것을 얼마만큼 의미 있게 생각했을까? 아마 내 책상에 놓여 있는 1986년 말콤 볼드리지 국가 품질상(미국 국가 품질 경영상) 상패가 주는 의미와 비슷할 것이다. 심지어 여러분이 지금 이 순간 보고 느끼는 생각과 같았을 수도 있다. 하지만 대체 그게 무슨 중요한 일이겠는가!

물론 아우구스투스는 안토니우스처럼 지나가는 사람에게도 즉흥적으로 캐딜락을 불쑥 줘버리는 타입은 아니었다. 그러나 안토니우스 못지않게 오랜 세월 동안 많은 사람들에게 돈을 뿌려댔다. 아마 살아 있는 로마인이라면 모두 한번쯤은 그의 돈을 만져 보았을 것이다. 아우구스투스가 죽을 때까지 뿌린 돈의 규모는 아마도 데

이비드 게펜 같은 사람을 초라한 구두쇠로 만들 수 있을 정도였다.

아우구스투스는 사람들에게 곡식을 나누어 주는가 하면 전투에서 이기고 돌아온 병사들에게 땅을 분배해 주었다. 그는 마음만 먹는다면 충분히 무력으로 정복할 수 있는데도 불구하고 굳이 6억 세스테리우스를 지불하고 이탈리아 부동산을 사들였다. 그리고 원래 자신의 소유였던 지방 부동산에도 2억 6,000만 세스테리우스를 지불하였다.

그는 네 차례에 걸쳐 모두 1억 5,000만 세스테리우스라는 막대한 돈을 원로원에 기부하였다. 그나마 군대에 기부한 1억 7,000만 세스테리우스는 포함시키지도 않은 것이다. 이 모든 것들은 국가의 재정이 아니라 아우구스투스의 사유재산이었다. 그가 로마인에게 직접 뿌린 돈의 규모는 대략 24억 세스테리우스 정도가 될 것으로 추정된다. 여러분도 부럽지 않은가? 이처럼 직원들에게 인센티브를 넉넉히 나눠 주는 최고경영자라면 그가 회사에서 얼마나 많은 이득을 챙기건 사람들이 싫어할 까닭이 없다.

실제로 아우구스투스는 부귀영화를 누렸다. 대가를 바라서건 홀딱 반해서건 항상 지지자들에게 둘러싸여 살았다. 감히 그에게 위해를 가하려는 사람이 없었다. 아우구스투스를 암살하려 했다는 이유로 처형당한 사람의 수는 매우 극소수였다.

하지만 슬프게도 이 같은 평온은 아우구스투스의 딸, 율리아Julia에게는 주어지지 않았다. 그는 자신의 딸을 마치 정복지의 영토처럼 여겼다. 부유하나 박복했던 이 여인은 아버지의 친구 정치인들과 여러 차례 정략결혼을 하였다. 아우구스투스는 심지어 딸이 임신하고 있을 때도 강제로 이혼시켜 다른 남자와 결혼하게끔 했다. 그러다 보니 율리아는 완전히 매춘부로 전락하여 주구장창 파티만 열었다. 결국 이웃 주민이 참다못해 당국에 강한 불만을 표했다. 밤이면 밤마다 시끄러워 잠을 잘 수가 없었으니 성이 난 것도 당연하다.

아우구스투스는 화도 나고 창피하기도 하여 사실상 자기가 망친 딸을 먼 외딴 섬으로 내쫓았다. 이제 골칫덩어리 딸을 볼 필요도 없었고, 그녀가 간밤에 사내 몇 놈과 함께 어울렸는지 소문도 들리지 않았다. 그는 결코 딸을 용서하지 않았다. 도덕적으로 문란한 데다가 취향도 좋지 않았기 때문이다. 사실 딸을 내쫓은 것은 이 두 가지 이유 때문이었다.

다른 위대한 인물들도 종종 그러하듯이 그는 가족은 나 몰라라 하고 병적일 정도로 바쁘게 일했다. 그는 신전뿐만 아니라 쇼핑몰이나 테마 파크 같은 멋진 오락 시설을 수없이 많이 지었다. 특히 모든 건물을 자비로 지으면서도 그 어떤 건물에도 자신의 이름을 새기지 않는다는 원칙을 철저히 지켰다. 그가 살아 있는 동안 얼마나 많은 건축물을 세웠는지에 대해서는 일일이 열거하지 않겠다. 그저 수도시설, 다리, 도로, 몇몇 도시 전체, 82개의 신전, 극장, 바실리카 양식의 교회당, 아폴로 신전, 주피터 신전 등 필요하다 싶은 것들은 모조리 다 지었다.

아우구스투스는 예술가에게 있어서도 훌륭한 후원자였다. 그는 세계 최고 수준의 수많은 예술가들을 후원하였다. 이를테면 방송 윤리 기준에는 적합하지 않으나 인기 있는 작품을 많이 내놓은 오비디우스Ovid, 오늘날 읽기에는 지루하기 짝이 없는 호라티우스Horace, 그리고 당시에는 조지 루카스만큼이나 인기 있던 베르길리우스Virgil 같은 작가들이다.

특히 그는 예술가에게 아량이 넘쳤다. 예를 들어 베르길리우스의 경우, 그의 첫 작품은 안토니우스가 전쟁터에서 승리하고 귀환하는 병사들에게 토지를 나누어 주는 정책을 신랄하게 비판하고 있다. 또한 그의 대표작 《아이네이아스Aeneid》는 사실상 로마의 정복 전쟁에서 열정이 부족하다는 사실을 자세히 묘사하고 있다.

아우구스투스가 진정 예술을 사랑한 게 아니라면 굳이 엔터테인먼트 업계에 있는 자들이나 반항적인 예술가들을 돌봐주고 지원해 줄 다른 이유가 없었다. 그는 자주 손님들을 초청하여 시 낭독회를 열었다. 비록 구절 하나하나마다 가치가 있을지는 모르지만 또 그만큼 지루하기 짝이 없어 손님들은 이러지도 저러지도 못한 채 하품만 참고 있었다. 이처럼 아우구스투스는 밥을 먹거나 전쟁을 치르는 것 못지않게 정신적인 부분도 대단히 중요하게 여겼다.

아우구스투스는 사람들이 잠시라도 위험한 생각을 하지 못하도록 검투사들의 결투를 자주 보여 주었다. 비위가 약한 사람이라면 검투사들의 결투를 보며 속이 뒤집혔을지도 모르겠다.

로마인이 영광스러운 민족이라는 사실을 전혀 의심할 바가 없다. 하지만 아울러 이들은 잔인함이나 복수심 같은 변태적인 성격 또한 누구에게도 뒤지지 않는다. 영화에서 볼 수 있는 로마인은 종종 쓰레기 같은 인간상을 보여 준다. 잠시 우리가 영화에서 본

로마인의 모습을 떠올려 보자. 수많은 군중이 고래고래 소리를 질러가며 험상궂은 거인과 난장이의 결투를 지켜보는 장면, 부모가 자식을 죽이는 장면, 어차피 죽을 운명인 두 사내가 서로의 머리통을 내리쳐 빠개는 장면 등을 말이다. 사자와 호랑이를 죽이고, 개는 악을 쓰며 짖고, 코끼리는 비명을 지르고, 여러 마리의 닭이나 멧돼지 혹은 여자와 어린아이들은 쫓기거나 죽임을 당한다. 대체 무슨 까닭에 그러는 것일까? 아우구스투스는 아프리카에서 잡아와 로마의 검투장에서 죽임을 당한 맹수들의 숫자를 보란 듯이 자랑하고 있다. 모두 3,500마리이다. 놀랍지 않은가.

로마는 아우구스투스가 통치하는 동안 내내 평화로웠다. 뿐만 아니라 그가 죽고 나서도 평화는 오랫동안 지속되었다. 최고경영자가 어떻든 간에 주식회사 로마제국이 아무런 피해를 입지 않도록 만들어 두었기 때문이다. 이는 상당히 중요한 의미를 지닌다.

자, 이곳은 당신이 살고 싶어 하는 로마이다. 과연 어떤 곳일까? 해적이 없다. 수백 년 동안 골칫거리였던 노예들의 반란도 여기에서는 걱정할 필요가 없다. 왜냐하면 이미 그가 80만 명에 이르는 반골 기질의 노예를 사면했기 때문이다. 뿐만 아니라 충성을 바치는 대가로 땅을 나누어 줬으며, 심지어 부유한 로마인으로 살 수 있도록 새 도시를 건설해 주었다.

이탈리아뿐만이 아니다. 갈리아, 스페인, 아프리카, 시칠리아, 사르디니아 등 이 모든 땅에 살고 있는 사람들이 무릎을 꿇고 손을 내밀며 자신의 삶을 보다 행복하게 만들어 달라고 빌고 있다. 그는 북동부의 라인 강 하구에서부터, 과거에는 로마인에게 무척

이나 못되게 굴었지만 지금은 기꺼이 로마의 즐거운 속국이자 거래 파트너가 되려는 킴브리족 땅에 이르기까지 발 닿는 모든 땅을 안전하게 만들었다. 남쪽으로는 에티오피아, 동쪽으로는 아라비아와, 아우구스투스가 직접 정복하여 새 왕을 세운 아르메니아에 이르렀다.

물론 어떤 곳에서는 여전히 학살 행위가 벌어지고, 《황야의 무법자A fistful of dollars》(클린트 이스트우드가 주연한 유명한 서부영화의 제목 – 역자 주) 같은 자들이 남아 있기도 하다. 하지만 금세 모든 곳이 로마가 되었고, 그건 아름다운 일이었다. 어느 누구도 격노하여 이웃을 침략하지 않았고, 왕성한 경제 활동으로 돈이 여기저기 흘러 다녔다. 주식회사 로마제국의 기업 이념을 모르는 사람은 아무도 없었다.

그리고 진실로 경외할 만한 일이 있다. 나는 지혜롭고 연륜 있는 당대의 천재 아우구스투스의 젊은 시절 이야기 또한 좋아한다. 그에게는 마치 사탕에다 초콜릿을 덧씌우는 것처럼 친한 친구들과 파트너가 많았다.

어느 날 그는 로마의 지배 계급에서 정치 반란이 일어나는 것을 목격하였다. 우리도 익히 잘 아는 사건이다. 이 반란을 지켜본 사람은 그 혼자만이 아니었다. 당시 그의 절친한 친구였던 마르쿠스 안토니우스가 바로 옆에 있었다. 2명의 건장한 청년과 나이 많은 풋내기 신참 레피두스는 처단해야 할 정치인 명단을 적은 기다란 두루마리를 손에 쥐고 그들을 쳐부수기로 결심하였다. 상황이 종료되기 전까지 거의 1,000명 이상 되는 정치인이 칼에 찔리고, 독살되고, 절벽에 내던져졌다. 그나마 유일하게 영예로운 죽음이란 스스로 자살하는 길뿐이었다.

어떻게 해서 이 일이 가능하였는지는 정확히 밝혀진 바가 없다. 협박하여서? 감언이설로 속여서? 알 수 없는 노릇이다. 다만 인적 자원 관리를 연구하는 학자들에게는 상당히 유용한 사례임이 틀림없다.

만약 기업이 성공적인 변신을 꾀하고 싶다면 내부를 깨끗이 청소하는 것에서부터 시작해야 한다. 이 일이 향후 기업의 성패를 가르는 주요 요인이 된다. 아마도 혁신을 꿈꾸고 있는 고위 경영자라면 결코 내 주장을 반박하지 않을 것이다. 늙은 상사는 죽어 사라졌다. 당신은 새로운 물결이요, 참신한 아이디어를 가지고 있다. 그것을 실행에 옮길 수 있는 인적·물적 자원도 충분히 확보하고 있다. 하지만 당신 주변에는 온통 적대적인 옛 상사 패거리들뿐이다. 그들은 말만 많을 뿐 좀체 행동으로 옮기지 않는다.

그렇다. 당신은 그들과 잘 지내야 한다. 그들은 당신이 디디고 있는 버팀목을 짓이겨 버릴 수도 있고, 비밀스런 음모를 꾸며 당신 등 뒤에 배반의 칼을 꽂을지도 모른다. 그러니 그들과 잘 지낼 수 없다면 차라리 그들을 없애야 한다. 그리고 어떠한 일이 벌어질지 뻔히 보이는데도 이를 망설이는 사람을 일컬어 하는 말이 있다. 바로 '패배자'이다.

물론 이 일은 아름답지 않다. 어느 누구도 선뜻 맡으려고 하지 않을 것이다. 아니 완강하게 거부할 것이다. 그렇다면 아우구스투스는 어떠했을까? 평소 그는 침착하고 냉철했다. 구조조정이 필요하다 싶을 때는 누구보다 과단성 있게 행동했다.

예를 들어 무언가 그리 중요하지 않은 이유로 예전부터 근무하고 있던 한 직원에게 매우 화가 났다. 단지 욕설을 퍼붓고 사형장으로 보내는 것만으로는 분이 풀리지 않는다. 지금은 로마의 아버지요, 나중에는 신으로 추앙받게 되는 아우구스투스는 곧장 이 불운한 부서장에게 돌진하여 눈알을 뽑아 버렸다.

나는 아우구스투스처럼 부하들의 눈알을 뽑아낼 만한 사람들을 몇 명 알고 있다. 그들은 모두 CEO이다. 알겠는가? 당신도 사나운 이들을 손아귀에 쥐고 함께 일하려면 이런 일 정도는 눈 하나 깜짝하지 않고 해낼 수 있어야 한다. 당신이 함께 일하려고 하는 자들은 힘이 막강할 뿐만 아니라 심술궂으며 대단히 이기적이다. 그러니 이 정도의 위협은 가할 수 있어야 당신이 무엇을 요구하든지 간에, 설사 요구가 그들이 보기에는 터무니없어 보이더라도 다 하게 되어 있다. 만약 당신이 손을 더럽히기 싫거나 늘 웃는 낯을 대하고 싶어 과격하게 다루지 않는다면, 아마도 되는 일이라고는 하나도 없을 것이다.

이런 점에서 안토니우스 역시 탁월한 지배자였다. 그는 애정과 공포심을 적절히 섞어 전쟁터에서 무기를 들고 싸우는 거친 사내들을 완벽히 통제하였다. 그는 부하들이 무릎을 꿇고 눈물을 흘리며 '당신을 위해서라면 기꺼이 목숨을 바치겠노라!' 하고 충성을 맹세하도록 만들 수 있었다.

그런데 안토니우스는 감정이 앞서는 자였다. 이성이 아닌 감정이 시키는 대로 하였다. 마음이 모든 일의 동기가 되었다. 하지만 아우구스투스에게 감정은 전혀 쓸모가 없었다. 그에게 중요한 것은 사업이지 개인적인 감정이 아니었던 것이다.

동전의 양면, 안토니우스와 아우구스투스

아우구스투스와 안토니우스의 정면 대결은 피할 수 없는 일이었다. 불 속에서 지글지글 익고 있는 통닭의 운수나 하늘을 빙빙 나는 독수리의 운명, 혹은 날씨나 꿈 등에 대해 누가 더 많이 연구하였는지와는 관계없이, 그리고 굳이 앞날을 예언하는 점쟁이의 도움을 받지 않더라도 우리는 두 사람 간의 경쟁이 이제 막바지를 향해 줄달음치고 있다는 사실을 쉽사리 눈치 챌 수 있다.

위대한 율리우스 카이사르가 단검에 찔려 죽은 바로 다음날, 주식회사 로마제국의 기업인 명단은 지금처럼 예측하기 어려운 상태는 아니었다. 안토니우스는 미치광이에다가 술주정뱅이였지만 고갯짓 한 번으로 즉각 동원할 수 있는 막강한 군대를 보유하고 있었다. 당연히 관찰대상 1호로 꼽혔다.

반면 옥타비아누스는 비쩍 마른 어린애인 데다가 내세울 만한 군대도 없었다. 당연히 안토니우스의 상대가 되지 않았다. 하지만 결과는 옥타비아누스가 승자였다. 누가 그렇게 말하였던가? 바로 그에게 자신의 이름을 물려준 카이사르이다. 만일 당신이 안토니우스 편에서 일하고 있다면 이 일을 깊이 새겨 보아야 할 것이다.

늙은 카이사르가 퇴직금 협상을 시작하기 한참 전부터 안토니우스는 옥타비아누스에 대해 걱정하고 있었다.

'저 꼬마 녀석에게는 뭔가 재미있는 구석이 있어. 이를테면……
어떻게 늙은 개의 마음을 확 사로잡았을까? 그토록 짧은 시간에 말
이지. 이건 마치 어린 여왕이 사내의 마음을 훔치는 것과 같잖아.
그래, 녀석은 확실히 젊고 매력 있어. 귀여운 녀석…… 그런데 저
노친네는 왜 아무런 검증도 거치지 않고서 녀석을 덜컥 자신의 후
계자로 삼았을까? 더구나 카이사르라는 이름도 물려주고 말이야.'

이쯤에서 우리는 한 가지 확인해야 할 사실이 있다. 카이사르라
는 브랜드가 로마 시민에게 얼마만큼의 가치를 지녔을까? 말할
것도 없다. 그게 제일이었다. 그렇다면 늙은 상사는 어떻게 그와
같은 은혜를 아우구스투스에게 베풀었을까?

안토니우스는 스페인에서의 격렬한 전투를 끝내고 카이사르와
함께 귀환하던 것이 마치 어제 일처럼 느껴졌다. 100명 이상의 로
마 고위 관리들이 최고경영자의 자동차 행렬을 환영하기 위하여
거리로 나왔다. 그때 누가 대장과 함께 최고급 마이바흐에서 내렸
던가? 바로 안토니우스였다. 그때만 해도 옥타비아누스는 둘 사
이에 끼지도 못했다. 그나마 회사가 호의를 베풀었기에 등에 회사
마크라도 달 수 있었다.

다행스럽게도 옥타비아누스가 회사 마크를 가지고 할 수 있는
일이란 아무 것도 없었다. 그는 당시 20살도 채 되지 않았다. 야위
고 앙상한 어린 꾀짜 소년일 따름이었다. 자칫 안토니우스의 경쟁
상대로 뛰어들었다가는 이용당하거나 죽임을 당할 수도 있다고
생각하였다. 그래서 옥타비아누스는 때를 기다리기로 하였다. 그

리고 모든 일은 그의 계획대로 되어 갔다.

옥타비아누스는 매우 신중한 인물이었다. 그는 맡은 일이나 열심히 하고 친구들을 사귀면서 자신의 위치를 확고히 다져갔다. 간혹 소규모의 유혈 전초전을 치른 것을 제외하면 안토니우스와 맞닥뜨리려고 하지 않았다. 하지만 안토니우스는 그다지 신중한 사람이 못 되었다. 그는 과거에 폼페이우스의 아들 섹스투스가 시칠리아 섬에서 저지른 치명적인 잘못을 똑같이 되풀이하였다. 그는 아우구스투스와 협력하여 주식회사 로마제국을 다시 암흑시대로 돌려놓으려고 했다. 카이사르가 암살된 후, 능수능란한 재주와 이중적인 태도, 그리고 열정을 이용하여 로마 시민이 카이사르의 시대를 잊도록 만들었다.

상황을 자기에게 유리한 방향으로 자유자재로 바꿀 수 있는 것은 아우구스투스만이 아니었다. 안토니우스 역시 자신이나 로마를 위해서라면 기꺼이 타협하고 거짓말할 수 있었다. 하지만 안토니우스는 아우구스투스만큼 현란하지는 못했다. 안토니우스는 그의 절친한 친구 큐리오Curio와 함께 온 동네를 싸돌아다니던 젊은 시절부터 욕망의 노예였다. 큐리오 녀석은 어디에 가면 근사한 아가씨들이 있는지, 어디에서 밤새 차가운 생맥주를 즐길 수 있는지 죄다 꿰고 있었다.

그때에 비해 지금의 로마는…… 다소 재미없는 곳이었다. 이런 판국에 무엇하러 다시 로마 본부로 돌아가 따분하게 작전 계획이나 세우고, 밤에는 아내 풀비아Fulvia가 기다리고 있는 집으로 자러 가겠는가? 아니, 그렇다면 이 자는 대체 왜 결혼을 하였담? 안토니우스는 친구들이 본부에 남아 지루한 서류작업이나 하도록 내버려두고, 자신은 다시 로마의 적들과 싸우기 위해 동부 전선으로 나갔다.

'그 놈들은 서류더미나 파고 있으라지! 책상머리에 앉아서 양피지나 뒤적이는 일보다 훨씬 중요한 일이 많아. 빌어먹을 파르티아 놈들은 아직도 도처에 남아 있어. 그 자식들을 그냥 붙잡기란 상당히 힘들 것이야. 못된 자식들! 그 놈들은 크라수스의 군대를 유인하여 사막에서 죽게 만들었지. 그 자식들은 늙은 머저리의 허영심을 멋지게 이용해 먹었어. 우리 로마 군대를 포위하고선 화살로 병사를 하나씩 쏘아 죽였어. 이제 네 놈들이 똑같은 꼴을 당할 차례야. 단단히 각오하는 게 좋을 걸? 그 놈들은 방어막을 펴고, 우리 병사를 죽이려 덤벼들고, 스파이를 보내고, 그 지방의 재산을 마음대로 처분하겠지? 파르티아를 쳐부순 뒤에는 아르메니아로 쳐들어가야겠어. 아르메니아 왕 역시 나을 것이 하나 없는 작자야. 도와주겠다고 철석같이 약속하고선 결정적인 순간에 배신을 했잖아. 우리가 도움을 필요로 할 때 낚시 여행이나 떠나 버리는 인물에게 뭘 기대하겠어? 아니, 아시아에도 신경을 써야 해. 지난번 출장길에선 재미있는 일들이 많았지. 이번에도 또 그럴까?'

오케이! 모든 일이 잘되어 가고 있었다. 안토니우스는 전투 태세를 갖추었다. 그는 군사력도 뛰어난 데다 통찰력과 설득력까지 겸비한 고위 관리였다. 그는 다소 희귀한 야수였다. 그는 보기 드물게 착한 상사였다. 물론 그 역시 독수리처럼 날카로운 발톱을 지니고 있었다. 그는 당시 주식회사 로마제국에서 널리 통용되던 아첨 같은 짓을 잘하지 못했다. 자신이 결정한 일에 대해서도 확신을 갖지 못하는 경우가 많았다. 그러나 모든 것을 떠나서 인간적이었다. 일찍이 플루타르크는 안토니우스에 대해 "그의 본성은 단순함이다."라고 쓴 바 있다.

안토니우스는 또한 사물을 인지하는 데 대단히 느렸다. 한참 후에야 비로소 자신의 실수를 깨닫는가 하면, 자신을 부당하게 대하는 사람에게 엉뚱하게 감사의 말을 전하기도 하였다. 또한 잘못된 일을 바로잡거나, 혹은 잘못을 저지른 사람을 벌할 때도 무척 관대하였다. 처벌보다 호의를 베푸는 일에서 종종 적정 범위를 벗어났다.

그는 쾌활하고 농담을 잘하였는데 이는 도움이 되었다. 왜냐하면 사람들은 자신의 오만한 행동에 대하여 대가를 치르는 것처럼 쾌활한 농담에도 보답을 받기 때문이다. 그는 다른 사람들을 웃게 만드는 것을 무척 좋아했다. 그것이 안토니우스의 본성이었다.

한편 클레오파트라에 대한 그의 사랑은 마음속 깊이 감춰져 있던 열정을 불타오르게 했다. 그는 사랑에 방해가 되는 것이라면 그게 무엇이든 무찌를 각오가 되어 있었다.

세기의 사랑, 안토니우스와 클레오파트라

클레오파트라가 영화 속에서 볼 수 있는 세련된 미녀가 아닐까 생각하는 사람이 있을지도 모르겠다. 하지만 그렇지 않을 확률이 훨씬 높다. 그녀의 코가 유별나게 컸다는 사실은 익히 알려져 있는 사실이다. 아마 그녀는 눈, 코, 입 등의 비율이 완벽하게 조화를 이루는 전형적인 미녀라기보다는, 지성을 겸비한 개성 넘치는 미녀였을 것이다. 섹스가 군사력만큼이나 중요한 통치 수단이 될 수도 있다는 사실을 고려한다면, 그녀는 안토니우스라는 감성적인 로마인과 사귀면서 자신의 개성을 십분 발휘하였다.

클레오파트라와 안토니우스는 다음과 같은 몇 가지 공통적인 특징으로 인해 쉽게 의기투합할 수 있었다.

● **대단한 책략가**

두 사람은 모두 남다른 매력과 결단력의 소유자였다. 자신의 성적 매력을 이용해 원하는 것을 차지한 화려한 경력을 가지고 있다.

● **음식과 술에 대한 탐닉**

두 사람은 일종의 쾌락을 추구하는 클럽을 만들었다. 죽기 직전에는 죽음을 위한 클럽까지 만들었다.

● **섹스 중독자**

다른 말로는 설명할 방법이 없다. 이들은 거의 성 도착증 환자에 가까웠다. 예를 들어 안토니우스는 인생의 후반부를 오로지 자신의 발기한 성기가 가리키는 쪽으로만 나아갔다.

● **막강한 전사**

두 사람은 각각 자기 나라 어른들의 목숨을 손아귀에 쥐고 있었다. 이들은 사람이 죽으면 어디에 묻히는지 잘 알았다. 왜냐하면 대부분의 사람들을 자신들이 죽였기 때문이다.

● **경솔한 바보**

일단 머릿속에 작전 계획이 세워지면 그 누구의 말도 듣지 않았다.

두 사람이 어떻게 사랑에 빠져 서로를 속박하게 되었는지, 그리하여 어떻게 아우구스투스의 장기적인 전략과 정확히 맞아떨어지게 되었는지 살피는 일은 흥미진진하지만 어느 한편 슬프기도 하다. 그들은 수많은 위대한 연인처럼 적의 연합 공격으로 말미암아 파멸한 것이 아니었다. 물론 적의 공격이 중요한 부분을 차지하지만 그건 결정적인 이유가 아니었다.

그들이 패망한 이유는 자기 자신 때문이었다. 그들은 욕망에 사로잡혀 급기야는 패망하고 말았다. 예컨대 닉슨이 편집증으로 말미암아 도청 테이프를 집무실에 두지 않았더라면 과연 그가 대통령직에서 쫓겨났을까?

두 사람의 이야기는 마치 숙련된 책략가들이 서로를 손아귀에 넣기 위해 갖은 술수를 부리는 광경을 보는 것과 같다. 하지만 어느 정도 시간이 흐르면, 그때부터는 도대체 누가 누구를 손아귀에 넣었는지 모호해지는 법이다.

둘의 만남은 자연스럽게 이루어졌다. 안토니우스는 파르티아에 대한 공격을 재차 시도하려고 준비하고 있었다. 그러던 중 그는 클레오파트라에게 사람을 보내, 그녀가 왜 카시우스와 사이 좋게 지냈는지 직접 와서 그 이유를 해명하라고 요구했다. 카시우스는 카이사르 암살에 공모한 죄로 안토니우스의 칼에 찔려 죽은 자였다.

사신은 클레오파트라를 보자 마자 그녀가 여우라는 사실을 알아차렸다. 그는 이 이집트 여인에게 자신의 상사를 다루는 법을 일러 주었다. '옷을 멋지게 차려입고 화려한 파티를 열라!' 이는 클레오파트라의 장기였다. 그녀는 오래전 율리우스 카이사르에게도 이 방법을 써먹었던 것이다. 사신은 자기 말대로만 한다면 안토니우스라는 수벌에서 독침이 아닌 꿀을 얻을 수 있을 거라고 속닥거렸다.

클레오파트라는 금으로 장식된 뱃머리에 자주색 돛을 활짝 편 배를 타고 안토니우스에게로 갔다. 그녀는 온갖 비단과 보석으로 몸을 치장하였다. 그녀 뒤에는 마치 병풍처럼 건장한 노예들이 줄지어 서서 부채질을 하고 있었다. 그리고 벌거벗은 거나 진배없는 아리따운 여인들이 마치 인어처럼 비스듬히 누워 있었다. 안토니우스는 넋을 잃고 바라보았다.

해안에 줄지어 서 있던 사람들은 충격과 놀라움을 금치 못했다. 비너스 여신이 아시아의 평화를 위해 박카스 신을 사로잡았다는 루머가 당장 퍼졌다. 예나 지금이나 사람들은 선남선녀들의 결합을 좋아한다.

안토니우스는 클레오파트라를 저녁 식사에 초대하였다. 클레오파트라는 이를 정중히 거절하였다. 아니요, 당신이 저를 찾아오세요. 오, 정말 대단한 여자다. 그는 속으로 생각했다. 바라던 바라고 생각하며 배를 찾았다.

배에는 수천 개의 등불이 달려 있었다. 클레오파트라는 대단히 아름다웠다. 그리고 도무지 다 먹을 수 없을 정도의 많은 음식과 술이 준비되어 있었다. 그녀는 여왕 특유의 도도한 자태로 안토니우스를 대하였다. 사실 안토니우스는 공손한 사람보다 오만한 여왕을 더 존경하였다. 왜 그렇지 않겠는가. 공손한 사람들은 이미 안토니우스 주변에 넘칠 만큼 많았다.

다음날에는 안토니우스가 클레오파트라를 초대하였다. 하지만 그는 준비한 것이 너무 단순하여 당황할 수밖에 없었다. 그에게는 등불이 없었던 것이다. 식사는 그럭저럭 괜찮은 편이었지만 클레오파트라가 준비한 것에 비하면 턱없이 모자랐다.

그들은 많은 이야기를 나누었다. 클레오파트라는 안토니우스와 마찬가지로 자신이나 군인의 자질에 대해 확고한 생각을 가지고 있었다. 그런데 그녀의 목소리에 무언가가 있었다. 부드러우면서도 거친, 그렇다! 옥쟁반이 아닌 자갈밭을 구르는 듯한 거친 면이 숨어 있었다.

그런데 여러분은 클레오파트라가 대체 몇 개국의 언어를 구사했는지 아는가? 그녀는 상대가 에티오피아인이건, 트로글로다이트인이건, 히브리인이건, 아랍인이건, 파르티아인이건 상관없이 그들의 모국어로 대화를 나누었다. 그녀는 매우 똑똑한 여성이었던 것이다. 실제로 안토니우스보다 훨씬 더 똑똑하였다. 이것이 안토니우스를 더욱더 흥분하게 만들었다. 더구나 그녀는 경험도 대단히 풍부하였다.

그는 약간의 질투심을 품게 되었다. 그러나 질투라는 것은 사랑에 있어서 최고의 자극제가 아닌가. 안토니우스는 허다한 다른 로마 관리들과 마찬가지로 클레오파트라를 사랑하게 되었다.

강력한 남성이 지배하는 문화에서 매력적이고 대담하고 똑똑한 여성 임원은, 어떻게든 여성의 향수 따위에 흔들리지 않고 심각해지려는 남성들 위에서 막강한 권력을 휘두를 수 있다.

나는 1980년대에 내년도 사업계획을 수립하는 연례회의에 여러 차례 참석했었다. 당시만 하더라도 여성 임원은 드물던 때였다. 그러니 실크 스타킹을 신은 다리를 슬쩍 치마 밖으로 내밀기만 하면 그녀에게 수백만 달러의 지원금이 책정되었다. 여성 임원이 권력을 휘두를 수 있었던 근본 이유였다. 그러면서도 사내들은 매우 진지한 척 굴었다. 특히 적당한 자극을 받으면 받을수록 더욱더 입에 거품을 물고 토론에 열중하였다.

결국 안토니우스는 클레오파트라의 치마폭에 싸여 좀체 헤어나오지 못했다. 자신의 아내는 로마에 남아 꾀 많고 인내심 강한 아우구스투스와 싸우는 동안, 그는 점심 약속이 있다며 잠시 외출했다가 몇 년이나 이방에서 머물러 있는 꼴이었다.

안토니우스와 클레오파트라는 단 둘만 식사를 하건 친구 16명을 불러 함께 식사하건 항상 100인분의 식사를 준비하도록 시켰다. 이들이 엄청난 대식가여서가 아니었다. 그들은 그저 앞에다

음식을 잔뜩 쌓아 놓고 먹기를 좋아했던 것이다. 요리사는 어떤 음식이건 명령하는 즉시 앞에 대령해야 했다. 이들은 매일 파티를 열고 흥청망청 놀았다. 아무 장소에서나 사랑을 나누었고, 그 결과 아이 둘을 낳았다. 이들은 자신의 아이들이 세계를 지배할 것이라고 생각하였다.

무엇보다도 중요한 것은, 클레오파트라가 안토니우스를 혼자 있게 내버려 두지 않았다는 점이다. 그녀는 그의 옆에 꼭 붙어서 주사위 놀이를 하고, 생맥주를 나눠 마시고, 함께 사냥을 다녔다. 안토니우스가 운동을 하면 곁에서 지켜보았고, 그가 알렉산드리아의 동네 사내들과 어울리기 위해 외출을 하면 클레오파트라 역시 남장을 하고서 따라 붙었다. 오, 대단한 여자다!

어느 날, 그는 사무실에서 별달리 처리할 업무가 없자 낚시를 하러 갔다. 당연히 클레오파트라도 따라 나섰다. 그런데 고기가 잡히지 않자 안토니우스는 짜증이 났다. 좋아하는 여인 앞에서 한껏 뽐내고 싶었는데 마음먹은 대로 되지 않았던 것이다. 그는 노예에게 물속에 들어가 낚싯바늘에 물고기 몇 마리를 달아매라고 지시하였다. 그는 시치미를 뚝 떼고 낚싯대를 던진 후 천천히 낚싯줄을 감아 올렸다. '오!' 애인은 연신 감탄사를 내뱉었다. 하지만 그녀는 물속에서 지금 무슨 일이 벌어지고 있는지 정확히 꿰뚫어 보고 있었다.

안토니우스는 그 다음날 또 낚시를 하러 갔다. 이번에는 친구 몇몇도 동반하였다. 클레오파트라는 안토니우스가 이번에는 또 무슨 짓을 하는지 지켜보았다. 노예에게 그의 낚싯대에다 물고기를 매달라고 사전에 지시해 놓았던 것이다. 안토니우스가 낚싯대를 던지자마자 물고기가 걸러들었다. 그는 매우 흥분하며 낚싯줄을 감아 올렸다. 그런데 이를 어쩌나. 낚인 물고기는 소금에 절여진 청어였다. 이를 지켜보던 사람들이 크게 웃었다. 클레오파트라는 이 같은 장난에 애인의 마음이 상하지 않도록 이렇게 덧붙였다.

"위대한 장군이시여, 이제 그만 낚싯대를 동네 어민들에게 넘기세요. 당신의 스포츠는 낚시가 아니라 대륙을 사냥하는 것이 아니던가요?"

우리는 아우구스투스가 안토니우스에 대하여 나쁜 마음을 품고 있었다고 말할 수는 없다. 오히려 그는 안토니우스가 그러한 상황에서 빠져나올 수 있도록 기회를 만들어 주었다. 아우구스투스는 자신의 친구가 이집트 여왕에게서 헤어 나오지 못하자 걱정된 나머지 로마로 불러들였다. 그리고 이제 게임은 두 사람에게 공평해졌음을 확인시켜 주었다. 아울러 안토니우스의 아내 풀비아가 딴 여자에게 홀딱 빠진 남편을 기다리다 결국 죽고 말았으므로, 아우구스투스는 자신의 여동생 옥타비아Octavia를 안토니우스에게 시집보내려고 준비하였다.

안토니우스의 입장에서 본다면 클레오파트라는 로마와 이집트를 연결해 주는 고리였으므로 굳이 옥타비아를 반대할 이유가 없었다. 그녀는 미모가 빼어났을 뿐만 아니라 조국 로마에 몸과 마음을 다 바쳤다. 자기가 낳았든 그렇지 않든 상관하지 않고 안토니우스의 모든 자식들을 헌신적으로 돌봤다. 그녀야말로 진실로 좋은 아내였다. 그러니 안토니우스는 설령 전쟁터에 나가 있더라도 자신의 아내가 잘 지내고 있는지 의심할 필요가 없었다.

수많은 전쟁이 벌어졌다. 아우구스투스는 안토니우스가 자기 여동생을 대하는 태도에 점차 화가 날 수밖에 없었다. 전쟁이 일어나 주식회사 로마제국의 본부를 겨우 빠져 나오기라도 할라치면 그는 재빨리 자신의 옛 사랑이자 하나밖에 없는 진실한 사랑을 찾아 이집트로 달려가 버렸기 때문이다.

아우구스투스가 로마의 구역을 자기네 가족 중 다른 사람에게 넘겨 주었을 때, 결국 그는 사무실을 텅 비운 채 이집트에 가 있는 사내와 한판 싸움을 벌일 수밖에 없었다. 매일 아침, CEO가 출근할 때도 그 사내의 사무실은 텅 빈 채 문만 활짝 열려 있었다. 그는 무슨 일이건 마무리를 잘하지 못했다. 로마에 아무런 도움도 되지 못하는 쓰레기가 되어가고 있었던 것이다.

안토니우스와 클레오파트라의 죽음

안토니우스와 아우구스투스의 군대는 그리스 연안 악티움에서 만났다. 바다 위에서 마주쳤으니 해전인 셈이다. 사실 안토니우스는 육군을 지휘하는 데 탁월한 솜씨를 자랑했다. 그런데도 해전을 고집한 까닭은 무엇일까? 단지 클레오파트라가 그것을 원하였기 때문이다.

클레오파트라 눈에는 해상전이 훨씬 멋져 보였다. 크고 멋진 배를 바다로 몰고 나가는 것은 그야말로 장관이었다. 그러나 사실 배에는 군인들이 얼마 타고 있지 않았다. 클레오파트라가 역시 남에게 보여 주기 위한 쇼로 군인들을 육지에 남겨두었기 때문이다. 결국 안토니우스 휘하의 10만 보병과 5만 기병은 해안에 앉아서 수다를 떨고 있었다. 그리고 민첩하고도 강력한 아우구스투스의 배는 단지 과시할 목적으로 우르르 늘어서 있는 안토니우스의 배와 맞닥뜨렸다.

처음 얼마 동안에는 군함이 미끄러지듯이 나아갔다. 그러다가 갑자기 놀라운 일이 벌어졌다. 서로 밀고 밀리는 싸움이 한창 진행되는 가운데 갑자기 클레오파트라가 겁을 집어먹은 것이다. 그녀는 뱃머리를 돌려 몰래 도망을 쳤다. 열심히 싸우고 있던 안토니우스로서는 클레오파트라와의 약속이 이처럼 허망하게 깨진 것이 믿기지 않았다. 그는 즉각 클레오파트라가 타고 있는 작고 빠른 배를 찾아 그녀의 뒤를 바짝 쫓았다.

안토니우스는 도망치고 있는 클레오파트라의 배에 곧 닿았다. 그는 갑판 위로 껑충 뛰어올랐다. 하지만 곧장 클레오파트라에게 가지는 않았다. 대신 고물에 앉아 양손으로 머리를 감싸고는 몇 시간 동안 엉엉 울었다. 그는 이 모든 것이 창피하고 슬펐다. 아마도 그는 자살 충동을 느꼈을 것이다. 하지만 그는 자살하지 않았다. 왜냐하면 아직 클레오파트라를 사랑했으며, 그녀와 함께 오랫동안 살고 싶었기 때문이다.

그러나 그는 다시 전장으로 돌아가지 않았다. 그러기에는 너무 늦었다. 그는 클레오파트라의 얼굴을 똑바로 쳐다볼 수 없었다.

너무 창피하고 화가 난 데다 혼란스러웠기 때문이다. 대체 누가 이런 짓을 한 거지? 이 세상에서 제일 용감한 안토니우스, 네가 이런 짓을 한 거냐? 아니다! 그렇다면 누구란 말이냐? 전쟁터에서 도망친 자가 안토니우스가 아니라면 그는 대체 누구란 말이냐?

그는 머리카락을 쥐어뜯으며 울고 또 울었다. 그러던 와중에도 그의 군대는 용감하게 싸우고 있었다. 하지만 대장이 도망쳤다는 사실이 퍼지자 사기가 일순간 무너졌다. 그렇지 않더라도 그들은 어차피 패할 수밖에 없었다. 왜냐하면 이 군대는 전투가 아닌 전시를 목적으로 만들어졌기 때문이다.

안토니우스는 갑판에 앉아서 며칠 동안 식음을 전폐하였다. 마치 속이 텅 빈 조개껍데기 같은 형상이 되었다. 보다 못한 하인들이 그에게 다가가 두 사람이 따로 있는 것보다는 함께 있는 것이 좋겠다며 설득했다. 그래서 두 사람은 다시 한 침대에 눕게 되었다. 침대에 누워 있는 동안에는 모든 것이 평화롭게 느껴졌다. 아무런 문제도 일어나지 않을 것만 같았다. 그러나 두 사람은 알고 있었다. 좋은 시절은 이미 끝났다는 것을.

이것이 안토니우스의 마지막이다. 여전히 세계 최강의 군대를 보유했지만 그는 중요한 의사결정을 전혀 할 수 없었다. 이제 곁에 남아 있는 사람은 아무도 없었다. 경영자의 힘은 다른 사람으로부터 신뢰를 받을 때 생겨나는 것이다. 그러나 안토니우스는 슬프게도 모두 것을 잃고 말았다.

그는 한동안 세계를 유랑하였다. 패거리와 어울려 다니기를 즐겨하던 그는 이제 혼자 다녔다. 간혹 그리스 출신의 철학자들과 잠시 동행했을 뿐이다. 여러분은 이게 무엇을 의미하는지 잘 알고 있을 것이다. 그렇다. 그는 모든 것을 잃었다. 심지어 매일 밤마다 멋진 아가씨들과 보내던 즐거움마저 사라졌다. 돌이켜 생각하니 그것은 모두 독약이었다.

그는 다시 이집트로 돌아갔다. 클레오파트라가 배를 지중해에서 끌어 올려 홍해로 옮기려고 노력하고 있었다. 아우구스투스가 이집트로 오면 이번에는 아예 그를 피할 목적에서였다. 그는 한동안 그녀를 도와 배를 옮겼다. 두 사람은 다시 예전처럼 잘 어울렸다. 그들은 죽음에 대하여 서로 이야기를 나누었다. 어떻게, 그리고 언제 죽을지에 대해…….

얼마 지나지 않아 아우구스투스가 이집트로 쳐들어왔다. 그는 매우 뛰어난 경영자였으므로 구조 조정의 마지막 단계를 완성할 기회를 놓치지 않았다.

안토니우스는 자포자기하여 아우구스투스를 기다렸다. 이렇게 된 바에야 하루라도 빨리 자신들의 운명이 결정되기를 바랐다. 그때 클레오파트라가 독약을 먹고 죽었다는 소식이 들렸다. 그녀가 죽었다고! 순간 그는 그거 참 좋다는 생각이 들었다. 안토니우스는 이번에도 중요한 결단을 먼저 내리지 못했다는 사실을 창피해하고 슬퍼하며 칼을 뽑아 자신의 배를 찔렀다. 사랑하는 사람이 살지 않은 세상에서 구차하게 살아남아 포로가 되느니 차라리 죽는 편이 나았다.

그러나 클레오파트라는 죽지 않았다. 그리고 안토니우스가 그 사실을 알게 되었을 때는 이미 때가 늦었다. 게다가 운 나쁘게도,

지금껏 전쟁터에서 수천 번 칼을 휘둘렀음에도 불구하고 영 엉성하게 자신을 찌르고 말았다. 한 마디로 말해 그는 곧장 죽지 못했던 것이다. 내장은 튀어나오고, 옷은 피로 범벅이 되었다. 그는 아이처럼 강보에 싸여 클레오파트라가 숨어 있는 비밀의 무덤으로 실려 갔다.

클레오파트라는 피투성이가 된 애인을 부둥켜안고 흐느껴 울었다. 그녀는 슬픔으로 인해 거의 반미치광이 상태가 되었다. 그녀는 울부짖으며 자신의 가슴을 할퀴고 쥐어뜯었다. 그녀는 지금 당장 사랑하는 애인을 따라 죽지 못하는 것이 원통했다. 하지만 살아서 해야 할 일이 있었다. 클레오파트라는 안토니우스의 시신에 기름을 부은 뒤 화장을 했다. 이것만은 반드시 자신의 손으로 해야만 했던 것이다.

이윽고 아우구스투스의 군대가 이집트에 도착했다. 그는 자신과 함께 로마로 간다면 그녀를 대단히 정중하게 모실 것이라고 약속하였다. 클레오파트라는 정중한 태도로 아우구스투스를 대하였다. 그녀는 사랑하는 사람의 장례식만은 제발 자신의 손으로 치르게 해달라고 부탁했다. 하지만 그녀는 거짓말을 하고 있었다. 그녀는 포로로 잡혀서 로마에 갈 의사가 전혀 없었던 것이다. 그녀는 이미 어떻게 하면 가장 쉽고 빠르게 죽을 수 있는지 연구해 놓고 있었다. 가장 좋은 방법은 독사에게 물리는 것이었다. 고통도 적을 뿐만 아니라 가장 빠른 시간 내에 죽을 수 있었다.

어느 날, 클레오파트라는 무화과를 한 광주리 따서 자신에게 가져오도록 하였다. 아마도 이 광주리는 클레오파트라에게 전해지기 전에 로마 병사가 철저히 검사하였을 것이다. 이는 공항에서 보안요원들이 수화물을 검사하는 것과 같다. 그런데 광주리 바닥에는 비밀 공간이 있었고, 그곳에 독사가 숨어 있었다. 클레오파트라 최후의 날이었다.

아우구스투스는 클레오파트라가 죽었다는 소식을 전해 듣고는 슬피 울었다. 그는 클레오파트라와 안토니우스를 최대한 영예를 갖추어 장례를 치르도록 명령하였다. 이 둘은 알렉산드리아에 함께 묻혔다. 당시 장례의식은 중요한 의미를 지니고 있었다. 로마와 이집트에서는 매장 방식에 따라 사후 세계에서의 지위가 결정된다고 믿었기 때문이다.

아우구스투스, 제왕의 기틀을 닦다

이제 로마에서는 아우구스투스에게 대적할 만한 인물이 전혀 없었다. 그는 우리가 잘 알고 있는 그의 업적들을 하나하나 쌓아가기 시작했다. 젊은 시절 다른 사람의 눈알을 뽑기도 했던 그였지만 나이를 먹을수록 누구나 우러러보는 존경받는 경영자로 거듭났다. 그는 무엇보다 경영자로서의 능력을 키워야만 우수한 리더가 될 수 있다는 사실을 후세에 분명히 보여 주었다.

그는 누구도 넘볼 수 없는 로마의 최고 일인자가 되었다. 하지만 여전히 짊어져야 할 고민이 많았다. 예를 들어 그의 아내 리비아Livia는 아들 티베리우스Tiberius의 왕위 계승에 걸림돌이 되는 가족들을 차례차례 죽이는 연쇄 살인마였다. 로마는 겉으로는 공화정을 유지하고 있었지만 사실 왕정이 부활한 것이나 다름없었다.

아우구스투스는 대단한 리더였다. 로마를 통틀어 아마 가장 뛰어난 리더였을 것이다. 그로 인해 로마의 평화시대가 열렸다. 그는 일부 운 좋은 국민들에게 단기적으로 부를 안겨 준 것이 아니었다. 진정한 리더란 모든 시민을 위해 장기적으로 가치 있는 회사를 창조적으로 건설하는 것이라고 믿는다면 아우구스투스야말로 그러한 리더였다. 그는 주식회사 로마제국의 모든 적들을 제거했으며, 앞으로도 로마의 영광이 지속될 수 있도록 발판을 닦았다. 어지간한 타격에는 전혀 끄떡없는 글로벌 기업 제국을 건설하였던 것이다. 만약 제대로만 경영한다면 로마제국의 영광은 영원할 것이었다.

그러나 그가 하지 못한 일이 딱 하나 있다. 아무리 뛰어난 경영자라도 이 일만큼은 마음대로 하지 못하는 경우가 많다. 그렇다. 그 역시 허다한 경영자와 마찬가지로 좋은 후계자를 고르지 못했던 것이다. 그의 아내 리비아가 낳은 까다롭고 괴팍하고 심술궂은 티베리우스가 그의 뒤를 이었다. 게다가 티베리우스의 후계자는 더욱 엉망이었다. 설상가상 아래로 갈수록 사태는 더욱 악화되었다. 그러니 우리는 신기할 따름이다. 이런 신통치 못한 최고경영자를 두고서도 로마제국은 어떻게 살아남을 수 있었을까.

4장

영원한 제국

로마 정신의 몰락

티베리우스와 칼리굴라, 어리석거나 광폭하거나

이제 이야기는 거의 끝나가고 있다. 지금부터는 500여 년에 걸쳐 스스로에게 자부심을 가졌던 어느 조직의 이야기이다. 그러나 내용은 뻔하다. 때때로 정신병자나 바보천치가 포함되기도 했던 최고경영자들이 어떤 업적을 이루었는지, 그리고 어떤 훌륭한 예술품과 우아한 건축물을 남겼는지에 대한 이야기이다.

물론 그들의 업적은 아우구스투스가 생전에 일구었던 것과 비교하면 보잘것없다. 그들이 어떤 업적을 쌓았든 간에 아우구스투스의 발밑에도 못 미쳤다. 아우구스투스의 뒤를 이은 지도자들은 단지 지나간 시대의 영웅이 작곡해 놓은 노래를 콧노래로 따라 부르는 수준에 지나지 않았다. 그러면서도 후손들은 너무 많은 것을 다른 나라로부터 빼앗았고, 그 결과 로마를 종종 위험에 빠뜨렸다.

물론 그 숫자가 많지는 않지만 최악의 지도자들은 로마제국을 마치 자신의 장난감처럼 취급하였다. 어리석을 정도로 제국을 확장하려 들었고, 그냥 내버려두었으면 잘살고 있을 다른 나라의 부녀자들을 강간하고 그들의 물건을 약탈했다. 결국 그 나라와의 관계가 악화되어 이는 다시 비수가 되어 로마로 돌아왔다. 궁극적으로 로마는 세속적이던 사회구조를 종교적인 사회구조로 완전히 탈바꿈시켰다.

때때로 최고경영자 중에는 웃기는 자들이 있었고, 실제로는 그렇지 않았을지 모르지만 최소한 우리에게는 웃겨 보이는 자들도 있었다. 왜냐하면 우리는 포우Poe나 테리 서던Terry Southern의 작품에서 그들의 우스꽝스러운 모습을 보았기 때문이다.

황제 중에는 착한 사람들도 있었지만 악한 자들도 많았다. 특히 비열한 자들(원문에서는 The Good, the bad and the ugly로 되어 있다. 세르지오 레오네 감독, 클린트 이스트우드 주연의 영화 《석양의 무법자》 제목을 절묘하게 원용하였다. - 역자 주)이 너무 많았다. 그렇다면 대체 우리는 그들로부터 무엇을 배울 수 있을까? 주식회사 로마제국의 경영 기법과 전략, 리더십, 권력의 형성과 몰락 등에서 무언가 배울 게 있는 걸까? 티베리우스처럼 병적으로 우울하고 사디스트 성향을 가진 자에게서도 고위 경영자에 대한 교훈을 얻을 수 있을까? 네로 황제처럼 제 도시를 불에 태우는 미친 작자가 시민들에게 저항을 받았는지 어땠는지에 대해서도 역시 교훈을 얻을 수 있을까?

CEO는 후딱 분해해서 그것이 무엇이라고 정의 내릴 수 없는 자리이다. 마치 데니스 코즈로우스키(Dennis Kozlowski, 회계부정으로 몰락한 TYCO의 CEO – 역자 주), 케네스 레이, 로우 거스터너(Lou Gerstner, IBM의 전 CEO. 2003년부터 근무하면서 회사의 조직을 변화시킨 것으로 유명하다. – 역자 주), 앨버트 던랩, 조지 웨스팅하우스(George Westinghouse, 웨스팅하우스의 창업주. 전기를 발명한 에디슨이 손실이 큰 직류 송전을 고집한 반면, 그는 변압기를 통한 교류 송전 방식을 추진하여 큰돈을 벌었다. – 역자 주), 잭 웰치(Jack Welch, 제너럴 일렉트릭의 전 CEO. 회사를 20년 가까이 경영하면서 세계 최고의 기업으로 키워냈다. 세계가 인정하는 뛰어난 리더십을 가진 CEO로 평가된다. – 역자 주), 스티브 케이스(Steve Case, 아메리카온라인의 공동창업자이자 전 회장. 2003년에 타임워너와 합병을 주도하였으며, 합병이 성공하자 사임하였다. – 역자 주), 딕 그라소(Dick Grasso, 뉴욕 증권거래소의 전 회장. 연봉이 무려 1억 8,750만 달러나 되는 것으로 알려지면서, 하는 일에 비해 턱없이 높은 연봉을 받는 대표적인 CEO로 선정되어 미국인의 분노를 샀다. 결국 퇴진하였다. – 역자 주), 마이클 아이즈너, 제리 레빈, 빌 클린턴, 알 카포네를 비롯하여, 자신이 CEO라고 나서는 수많은 사람들과 마찬가지로 그들은 모두 갖가지 다른 요소를 내포하고 있는 개인들이다. 아우구스투스까지는 몰라도, 이후 CEO는 대단히 위험천만한 자리가 되었다. 직업의 안전성도 보장되지 않았으며 언제 피로스 왕(기원전 318~272년, 고대 그리스 에페이로스의 왕. 로마와 싸워 이겼으나 수많은 전사자를 내었다고 한다. – 역자 주)처럼 허망하게 쫓겨날지 모를 일이었다.

기록을 한번 살펴보자. 안토니우스는 그래도 한동안은 쇼의 중심에 섰던 인물로 간주할 수 있겠다. 왜냐하면 그는 마사 스튜어트가 짧은 휴가(생명공학업체 임클론의 주식거래와 관련, 증권사기와 음모, 사법방해, 허위진술 등 혐의로 징역 5개월 형을 선고받고 복역했던 것을 말한다. -역자 주) 기간 중 '큰집'에서 모든 업무를 처리하였던 것처럼, 그 역시 로마를 떠나 있으면서도 모든 일을 확실하게 처리하였기 때문이다. 우리는 그에게 어떤 일이 일어났는지 잘 알고 있다. 그러나 가련한 사내 티베리우스는 파티에서 벌거벗은 젊은 여자들에게 시중이나 들게 하면서 놀았다. 굳이 그게 잘못되었다는 말은 아니다. 그 외에도 그는 수많은 불쾌한 짓들을 저질렀다. 모두 그의 고약한 성미에서 비롯된 것이다.

하지만 원래부터 그가 그랬던 것은 아니다. 그의 성격이 포악해진 것은 아버지 아우구스투스와 어머니 리비아 탓이 크다. 그들은 아들이 사랑하는 아내이자 아이들의 어머니인 여자와 강제로 이혼하게 만들었다. 그리고 무시무시한 율리아Julia와 결혼하도록 했다. 알다시피 율리아는 창녀와 다를 바 없는 여자였다. 사실 그녀가 그렇게 된 것도 카이사르가 가문의 이득을 위해 희생시킨 까닭이다.

그 결과 티베리우스는 로마를 증오하게 되었다. 인간과 어머니와 아내를 증오하였다. 아니, 자신이 카이사르 가문이라는 사실을 증오했다는 것이 가장 적절한 표현일지도 모르겠다.

얼마 후 그는 주식회사 로마제국의 본부를 떠나 다시는 돌아오지 않았다, 그는 말리부(Malibu, 캘리포니아 해안가. 최고급 별장들이 늘어서 있는 고급 주택가이자 휴양지이다. - 역자 주)에서 한가롭게 시간이나 때우는 것을 더 좋아했기 때문이다. 어느 누구도 그를 제지할 수 없었다. 그가 누구인가? 그는 황제였다.

재임 후반기에 이르러 그는 한 젊은 청년을 만나게 되었다. 이 자는 늙은 군인을 어떻게 대해야 하는지 잘 알고 있었다. 티베리 우스가 청년을 만난 이후 모든 일이 잠깐 활기를 띠는 듯도 했다. 그러나 얼마 지나지 않아 늙은 황제는 자신이 갑자기 불쌍하게 여 겨졌다. 그리고 얼마 후 죽어버렸다.

젊은 친구의 이름은 칼리굴라Caligula이다. 정확한 이름은 가이 우스 율리우스 카이사르 게르마니쿠스Gaius Julius Caesar Germanicus 인데 이를 줄인 것이다. 그는 처음에는 군인들의 총애를 한 몸에 받았다. 군인들이 그의 아버지 게르마니쿠스를 사랑하였기 때문 이다. 사실 게르마니쿠스에 대해서는 할 이야기가 많다. 그는 대 단히 유능한 장교로 군인들 사이에서 유명했다. 그러나 애석하게 도 젊은 나이에 죽은 까닭에 〈피플People〉의 표지를 장식할 기회 를 얻지 못했다.

한동안 칼리굴라는 테드 터너가 곧잘 프라임 뉴스에서 다루어 졌듯 색다른 면모로 인해 대중의 관심을 받았다. 그는 꽤 괜찮은 경영자로 원로원과 군인, 시민들에게 환영받았다. 하지만 그는 이내 미치광이가 되어 버렸다. 그는 누이들과 차례로 성관계를 맺 었으며, 눈에 띄기만 하면 그것이 사람이건 동물이건 간에 항문 성교를 하였다.

그건 아무것도 아니었다. 그는 조금만 자기 비위를 거스르면 가 차 없이 죽여 버렸다. 그는 급기야 자신의 말을 공무원으로 임명 하는가 하면, 자신이 신이라는 망상에 사로잡혀 자신의 동상을 신전에다가 세우려고 했다. 미쳐도 단단히 미친 셈이다. 결국 그는 최고경영자가 아닌 로마를 지키는 것이 자신들의 임무라고 믿는 친위대 장교들에게 살해당했다.

희대의 폭군 네로 등장

이제 두 번째 미치광이 황제를 소개하겠다. 그 이름도 유명한, 바로 네로이다. 사실 피비린내 나는 그의 족보를 본다면 그것도 무리는 아니다. PBS에서 방영된 프로그램에 따르면 꽤 명석했던 클라우디우스Claudius 황제는 아내를 잘못 만난 탓에 살해당하고 만다. 일찍이 클라우디우스는 브리튼을 합병하였고, 나중에 런던이 되는 론디니움Londinium을 건설하였으나 이것과는 상관없는 이 야기이다. 어쨌든 아들을 황제로 올리기 위해 남편을 살해한 무시무시한 여인은 바로 아그리피나Agrippina이다. 결국 그녀의 바람대로 아들 네로Nero가 클라우디우스의 뒤를 이었다.

믿을 수 없는 네로! 그는 믹 제거(Mick Jagger, 1964년에 데뷔한 영국의 록 밴드 롤링 스톤즈의 리더 가수. 기성세대에 반항한다는 뜻으로 온갖 스캔들을 만들고 다녔다. – 역자 주)와 이디 아민(Idi Amin Dada, 아프리카 우간다의 독재자이자 잔인한 폭군. 쿠데타로 정권을 장악한 뒤 국민들을 무차별로 살해하고 고문하여 국제사회의 지탄을 받았다. – 역자 주)가 합쳐진 사람이었다. 그는 익히 알고 있는 대로 미치광이였다. 수에토니우스의 작품에 잘 묘사되어 있듯, 그는 온갖 우스꽝스러운 짓과 약탈 행위를 자행하였다. 결국 원로원은 그에게 스스로 자결할 것을 요구하였다. 그는 어머니까지 살해한 자가 아닌가. 더 이상 말해 무엇 하겠는가.

그 뒤를 이어 갈바Galba가 황제에 오른다. 그는 7개월 만에 암살 당하고 만다. 불운한 갈바의 뒤를 이어 오토Otto가 황제에 올랐다. 그런데 이 자는 더 심했다. 그는 재위 90일 만에 자살하고 만다. 아마도 어떤 사람들은 이렇게 생각할 수도 있겠다. 황제에 오른 뒤 자살을 할 정도로 당시의 상황이 나빴나 보다. 그런데 다음으로 황제에 오른 행운아 비텔리우스Vitellius는 굳이 스스로 목숨을 끊을 필요도 없었다. 그는 살해당했다.

비텔리우스를 이어 베스파시아누스Vespasianus가 황제에 올랐다. 다행히 그는 미치광이도 아닌데다 머리도 좋아서 제국을 잘 다스렸다. 그리고 그 뒤를 이어 티투스Titus가 황제가 되었다. 그 역시 유능한 CEO로 이름을 날렸다. 하지만 유대인들은 이 자에게 감정이 좋지 못하다. 그가 서력 70년에 예루살렘을 포위하여 완전히 파괴하였기 때문이다. 그 사건 이후 유대인의 오랜 디아스포라 생활이 시작되었다. 유대인은 론디니움처럼 예루살렘에서 멀리 떨어진 곳으로 이주하였다. 그곳에서 그들은 머리는 유대식으로 사고하고 옷은 영국식으로 차려입었다. 이러한 습관은 이후 그들이 미국에서 정착할 때 큰 도움이 되었다.

그 뒤에도 수많은 황제들이 뒤를 있었다. 그러나 그들은 나에게 제프리 이멜트(Jeffrey Immelt, 제너럴 일렉트릭의 최고경영자 – 역자 주) 정도의 흥미밖에 주지 못한다. 최소한 그들은 살해되지는 않았으며, 업무도 그럭저럭 괜찮게 봤다.

만일 여러분이 성공적인 인수 합병이나 새로운 제품 결합에 대하여 관심이 많다면, 인근의 대형 서점에서 그러한 주제의 책을 2톤은 찾을 수 있을 것이다. 물론 나도 인정한다. 화려한 시절에 대한 기록이 포화상태라는 것을 말이다. 그리고 마이크로소프트의 괴짜 회장이 죽으면 역시나 많은 책들이 쏟아져 나올 것이다. 하지만 경영학을 공부하는 학도들에게는 그 양이 항상 부족하게 여겨지는 법이다.

중간 관리자의 활약으로 명맥을 잇다

그리고 세월이 흘렀다. 그동안 트라야누스Trajan나 마르쿠스 아우렐리우스Marcus Aurelius와 같은 황제들이 많은 업적을 쌓았지만 (당신에게 해로운 일을 하지 않았다면 그게 곧 놀라운 업적이었다.), 그 와중에도 종종 멍청이 같은 작자들이 로마를 위기에 빠트렸다. 그들은 살인마이거나 성 도착증 환자이거나 교활한 악당이었다. 로마 제국의 마지막 서른 명의 황제들을 살피노라면 한 가지 질문이 떠오른다. 도대체 누가 로마를 망하게 만들었을까? 그게 누구지?

군대와 원로원, 그밖에도 수많은 이해집단이 세계적인 거대기업 로마의 CEO의 중요성을 약화시킨 것은 분명한 사실이다. 그로 인해 로마는 힘이 약해졌고 결국 망하였다. 그러나 한 가지 주목해야 할 사실이 있다. 아우구스투스가 죽은 뒤에도 500년이나 발전해 온 로마의 리더십을 되돌아 볼 때, 중요한 것은 500년 후 로마가 망하였다는 사실이 아니다. 반대로 무엇이 주식회사 로마제국을 500년 동안이나 이어지도록 만들었느냐이다. 그리고 그것은 결코 황제 덕분은 아니었다는 것이다.

답은 간단하다. 오늘날 생계를 잇기 위해 회사에서 열심히 일하는 사람에게 물어보라. 그리고 여러분도 한번 생각해 보라. 여러 가지 요인이 있을 수 있겠지만 결국 하나로 통합된다. 로마 시민이 되는 것이 무엇보다 좋았기 때문이다.

사업에 활기를 띠고 있는 중소기업의 중간 관리자가 되는 것은 어떨까? 물론 좋기는 하겠지만 로마 시민이 되는 것만큼 멋지진 않다. 왜냐하면 로마 시민이야말로 당대 최고의 직업이었기 때문이다. 어느 누구도 로마 시민처럼 온갖 혜택을 누리며 풍족하게 살아가지 못했다.

당신이 로마의 시민권을 얻는 순간, 이제 당신은 지구에서 가장 크고 번성한 도시의 시민이다. 즉 당신은 세계 제일의 기업에서 일하고 있는 것이다. 경비도 풍족하게 쓸 수 있고, 새로운 기술도 자유롭게 접할 수 있다. 당신 주변에는 유대인, 그리스인, 스페인 사람, 켈트족 등을 비롯하여 털이 북슬북슬한 게르만족까지 대기하고 있다. 당신은 성공을 위해서라면 그들을 마음껏 부려먹을 수 있다. 타임워너에서 일하는 어느 직원도 레스토랑으로 가면서 주식회사 로마제국의 부사장이 식당에서 느끼는 기분의 절반도 느끼지 못할 것이다. 그 식당은 중앙에다가 로마 시민을 위해 특별히 푹신한 소파를 마련해 두고 있다. 그리고 메디슨가의 고급 레스토랑에서 소니 직원과 조찬 회의를 하고 있는 그 어떤 투자은행가도, 이제는 자신의 소유가 된 그리스의 어떤 섬에서 아침마다 눈을 뜨는 로마의 장군보다 즐겁지 않을 것이다.

세상은 온통 가족 사업의 연장이었다. 당신은 원한다면 어디든 여행할 수 있다. 금융이든 군대이든, 이것도 저것도 아니면 그저 친구를 만나기 위해서든, 당신은 무엇이든 원하는 대로 일정을 잡을 수 있다. 로마는 당시 현존하는 모든 문화의 용광로였다. 세상의 모든 돈과 물건, 아이디어가 주식회사 로마제국으로 흘러들어갔으며 그곳에서 또 나왔다. 로마 문화는 나날이 풍성해지는 가운데 막강한 영향력을 행사하게 되었다.

이처럼 주식회사 로마제국이 계속 번성할 수 있었던 것은 모두 중간 관리자들 덕분이었다. 따라서 로마 최고위 경영자가 양과 항문 성교를 하기 위해 벌거벗고 돌아다니든, 그저 단순한 오락거리로 기독교인들의 창자를 끄집어내든, 아무 죄도 없는 하마 다섯 마리를 단칼에 찔러 죽이든…… 아무도 신경 쓰지 않았다. 그들은 윗사람이 하고 싶은 대로 하도록 그냥 내버려두었다. 주식회사 로마제국은 여전히 엄청난 수익을 창출하고 있으며, 로마 시민이 되면 지구상에서 가장 좋은 생활환경이 보장되었다. 그러니 황제들이 어떤 짓을 하건 그게 무슨 상관이란 말인가!

로마 시민이 된다는 것은 오랜 기간에 걸쳐 상상할 수 있는 가장 좋은 일이었다. 물론 도시에 불을 지르거나 무차별로 사람을 찌르는(혹은 절벽에서 떠미는) 미치광이 CEO에게 영원히 인생에서 해고당하거나, 맛있는 커피라고는 눈을 씻고 찾아볼 수 없는 황량한 변방으로 쫓겨날 위험이 있기는 했다. 그럼에도 불구하고 로마의 시민권은 충분히 매력적이었다. 황제는 지옥에나 가버려! 하지만 신이시여, 로마를 축복하소서!

로마 시민들의 인생은 즐거웠다. 과거 어느 때와 비교하여도 좋았다. 심지어 그리스와 비교해서도 그러했다. 한때 그리스는 헬레니즘 문화를 꽃피우며 전 세계로 영향력을 뻗쳐갔다. 하지만 경제적으로도 그랬던 것은 아니다. 로마는 모든 것이 풍족했다. 양고기는 신물이 날 정도였다.

부자의 출현과 로마 시민의 하루

로마 공화정의 말기에 들어서면서 상인 계급이 급속도로 성장하였다. 이제 로마에는 우리가 흔히 '부자'라고 부르는 부유층이 속속 출현하였다. 이들은 귀족뿐만 아니라 평민에게서도 이익을 챙겼다. 몇몇 소수만 부(富)를 거머쥔 것이 아니다. 꽤 많은 이들이 신흥 부유층으로 성장하였다. 그들은 자신의 부를 이용하여 멋진 인생을 살았다. 과거의 금욕주의와는 딴판인 삶을!

물론 많은 사람들이 여전히 가난하였다. 불쌍한 이들! 그들은 허름한 판잣집이 다닥다닥 붙은 도시의 빈민가에서 살았다. 그곳은 수도시설도 제대로 갖춰지지 않았으며, 항상 화재의 위험이 도사리고 있었다. 그러니 이들이 종종 다른 사람들에게 피해를 주는 것도 어쩌면 당연한 일이었다.

후기 공화정 이후 주식회사 로마제국은 빈민층에게 무료로 식량을 배급하였다. 식량은 언제든지 다른 나라에서 공수해 올 수 있었다. 이집트와 같은 몇몇 속국의 옆구리를 쿡쿡 찔러대면 간단히 해결됐다. 이는 오늘날 강대국이 자원 보유국과 긴밀한 관계를 유지하는 것과 같다. 그리고 목적 달성을 위해 종종 전쟁을 벌이는 것도 비슷하다.

주식회사 로마제국은 식량 배급 외에도 잠재적인 불만 세력을 통제하기 위해 끊임없이 전쟁을 일으켰다. 사람들은 정신적·시간적 여유가 생기면 으레 엉뚱한 생각을 하기 마련이다. 그밖에도 로마제국은 시민들에게 온갖 오락과 여흥거리를 선보였다. 겉으로는 시민들에게 즐거움을 선사하기 위해서라고 했지만 속셈은 결국 똑같았다.

만약 당신이 금전적으로 풍족하다면 로마만큼 좋은 도시도 없을 것이다. 상점마다 새로운 옷감들이 넘쳐나고, 온갖 향수가 당신의 코를 어지럽힌다. 세계 곳곳에서 구해온 귀한 보석들과 음식들, 그리고 그리스어나 라틴어로 쓰인 문학 작품들도 많이 볼 수 있었다. 정말 멋진 곳이지 않은가?

물론 이런 곳에서 살려면 돈이 필요하다. 부동산 가격, 예컨대 팔라티노 언덕의 집값이 미친 듯이 치솟았다. 예나 지금이나 위치는 부동산 가격을 결정하는 중요한 요인이다. 첫 번째로 중요한 것이 위치이고, 두 번째가 위치이며, 세 번째도 역시 위치이다. 키케로가 크라수스로부터 사들였던 저택 같은 경우는 무려 20만 세스테리우스를 호가하였다. 믿을 수 있겠는가? 대체 이놈의 세상은 어디를 향해 가는 건지! 하지만 도시 한복판에 있는 주택일지라도 고위 공직자가 도시 외곽에 지은 저택과는 비교할 수 없었다. 그곳은 공기도 좋고, 학군도 좋은 데다, 무엇보다 이웃집과 뚝 떨어져 있다.

파운드 리지(Pound Ridge, 뉴욕 주 웨스트체스터 카운티에서 가장 작은 타운. '뉴욕의 보석'이라고 불릴 정도로 아름답고 조용한 고급 주택가이다. – 역자 주)나 글렌코(Glencoe, 미국 시카고 북부 교외의 주택가 – 역자 주)에 살고 있는 우리처럼 로마 시민들도 아침저녁으로 통근을 하였다. 교통수단은 말이거나 마차였는데, 내 생각에는 통근하면서 책을 읽을지 말지에 따라 어느 하나를 선택하였을 것 같다. 교통수단(혹은 동물)은 지정된 장소에 주차하였다. 아주 부자일 경우에는 가마꾼을 고용하여 주차장에서 회사까지 편히 가기도 하였다. 오늘날의 회사 임원들이 무더운 여름날이면 목적지가 몇 블록 떨어지지 않았는데도 구태여 리무진에 오르는 것과 마찬가지이다. 그렇지 못한 사람들은 그저 걷는 수밖에!

주말에는, 아니 꼭 주말이 아니더라도 숨 막히는 도시 생활에서 잠시 벗어나고 싶으면 그리스 섬이나 아말피 해안 등으로 떠났다. 오늘날과 다를 게 하나도 없었다. 다만 그때는 위성방송이 없었을 뿐이다. 로마 시민은 어디를 가든 환영받았다. 아메리칸 익스프레스 신용카드의 여행 서비스를 받는 것보다 훨씬 나은 대우였다. 토가(toga, 로마 시민이 입는 겉옷 – 역자 주)만 입고 있으면 어디든 다 갈 수 있었다.

그러나 항상 즐거운 일만 있는 것은 아니다. 주식회사 로마제국의 일반적인 중간 관리자들은 마치 기계의 작은 톱니바퀴처럼 과중한 업무에 시달려야 했다. 아침 일찍 일어나 출근 준비를 해야 했고, 아침식사도 조금밖에 먹지 못했다. 고작 포도주에 담근 빵조각이나 약간의 치즈와 과일이 전부였다. 명목상 돈을 버는 일은 남자들의 몫이었다. 남편이 출근하면 아내는 집에서 베를 짜거나 가사를 돌봤다. 하지만 사실대로 말한다면 튼튼하고 건장한 남자들 상당수가 직업전선에 나섰다가 죽고 말았다. 전쟁터에서 전사하거나, 퇴근길에 강도에게 찔려 죽거나, 혹은 술 취한 사내들이 절벽으로 떠미는 바람에 떨어져 죽는 등 많은 사내들이 죽어 갔다.

따라서 문화생활에서 반드시 필요한 몇 가지 일은 여자들의 손으로 넘어갔다. 하지만 여자들은 절대로 남자들에게 자신들이 그 일을 하고 있다는 식으로 말하지 않는다. 그래서 지금도, 예를 들어 이탈리아 패션 업계의 경우, 사실상 여성들이 업계를 지배하고 있으면서도 마치 우리 귀에는 남성들이 주도하고 있는 것처럼 들린다. 물론 그럴 수도 있다. 그러나 남자들이 살아 있는 한 그렇다는 것이다.

부지런한 로마 시민들은 아침 일찍부터 저녁 늦게까지, 사회에서의 위치와 역할에 따라 맡은 일을 열심히 하였다. 오스티아 항구에서 입항되는 물건을 일일이 확인하고, 화물을 배에서 부두로 날랐으며, 또 어떤 이들은 수입품을 두고 열심히 흥정을 하였다. 또한 새 건물을 짓거나, 오래된 건물을 수리 또는 철거하느라 항상 분주하였다. 따라서 도시에는 석공, 굴착기 기사, 디자이너, 요리사, 종업원 등 다양한 직업의 사람들이 살고 있었다. 그리고 그에 따라 다양한 종류의 가게들이 거리 곳곳마다 입점하였다. 시장에는 온갖 물건들이 넘쳐났고, 술집에서는 손님이 어떤 술을 주문하더라도 즉각 대령하였다. 물론 당시에는 대부분 와인을 즐겨 마셨다.

와인은 대중적인 술이었다. 티베리우스 역시 와인을 좋아하여 사람들이 그에게 별명을 붙여 주었다. 그의 이름은 원래 티베리우스 클라우디우스 네로Tiberius Claudius Nero였지만 사람들은 그를 비베리우스 칼디우스 메로Biberius Caldius Mero, 즉 '와인에다 물을 타지 않고 그대로 마시는 자'라고 불렀다.

이제 웃음을 그쳤으면 즐거운 점심시간으로 넘어가 보자. 로마인은 점심식사를 프란디움prandium이라고 불렀다. 그래서 점심식사 후 잠깐 낮잠 자는 것을 포스트프랜디얼 토막잠postprandial nap이라고 부른다. 로마인은 되도록 가볍게 점심식사를 했는데(그래서 카이사르 샐러드가 개발된 것일까?) 때로는 전날 저녁식사 때 남긴 음식을 점심으로 먹기도 하였다. 점심식사가 끝나면 그들은 다시 업무에 복귀하여 열심히 일하였다.

원로원 계급으로 불리던 귀족은 다음 세 가지 직업 중 하나를 선택해야 했다. 정치가, 군인, 법관이었다. 이러한 제한 때문에 인기 직종에 똑똑한 사람들이 몰리는 결과를 낳았는데, 나는 법관이 가장 인기 없었을 거라고 짐작한다. 여러분은 어떻게 생각하는가? 군인과 정치가 사이에는 교류가 활발하였으며, 특히 군인으로서 전쟁에 나가 무공을 쌓으면 향후 정치계에 입문했을 때도 상당히 이점이 많다. 성공이 보장되어 있는 것과 다름이 없었다. 그러니 누가 따분한 법관을 하고 싶어 하겠는가.

게으름뱅이 귀족들은 부지런한 다른 귀족을 자신의 후견인으로 삼아 빌붙을 수도 있었다. 이들이 하는 일이라고는 매일 아침마다 후견인이 주는 약간의 돈과 음식물을 챙겨들고 종일 빈둥거리거나 목욕을 하는 것이었다. 특히 목욕은 그들로서는 대단히 큰일이었다. 그들은 역사에 기록된 최초의 게으름뱅이였다. 물론 최후의 게으름뱅이는 절대 아니다.

귀족 계급과 달리 평민 계급의 자식들은 다양한 직업을 가질 수 있었다. 심지어 정치가도 될 수 있었다. 여러분도 잘 알고 있듯이 마리우스가 대표적인 인물이다. 대부분 사람들은 가업을 물려받거나 군인이 되었다. 물론 여기에서도 자신의 능력에 따라 성공 여부가 가려졌다. 그 외에도 의사나 약사, 건축가 등 수많은 직업이 존재하였다. 이들 직업은 평민 또는 자유민이라 불리는 해방 노예들이 맡았다.

그들은 낮에는 열심히 일하고 밤에는 신나게 놀았다. 매일 밤 파티를 열었으며 우리로서는 도무지 이해할 수 없는 광란에 휩싸이기도 하였다. 그러나 이것은 마치 월드컵 축구경기에서 동점 스코어가 되었을 때 관중이 열광하는 것을, NBA 농구에 푹 빠진 젊은이가 이해하지 못하는 것과 같다. 로마인들은 신에게 빌었다. 이들은 각 지역 인사담당자들에게 주로 의지하였는데, 그게 여의치 않을 때는 주 정부에 가서 청원하였다. 여러분과는 전혀 동떨어진 이야기 같은가?

해시계가 오후 4시를 가리키면 로마의 직장인들은 모두 퇴근하였다. 그들은 휴식을 취하거나 선술집에 몰려가 술을 마셨다. 이때 국제정세나 정신 나간 상사, 혹은 옛날이야기들은 좋은 안주감이 되었다. 또한 대중목욕탕에서 함께 목욕을 즐기는 일도 많았는데 이는 일이 끝난 후 술 한잔 하는 것과 다를 바 없는 행위였다. 요즘 시대에는 회사 동료들과 홀딱 벗고 마티니 술잔을 기울이는 일 따위는 없으니 얼마나 다행인가. 하느님, 감사합니다!

저녁 시간이 되면 아침·점심과는 달리 성대한 만찬이 벌어졌다. 얼마나 부자인가에 따라 만찬은 한밤중까지 이어지기도 했다. 사람들은 만찬을 즐기는 동안 먹은 것을 토하고, 또 먹고, 또 토하고, 또 먹고는 했다.

로마인들은 식탁 의자에 똑바로 앉아 만찬을 즐기지 않았다. 그들은 베개에 비스듬히 기대고 앉아 노예들이 커다란 접시에 담아 오는 음식들을 이것저것 집어먹었다.

만찬은 주로 세 코스로 진행되었다. 먼저 애피타이저가 나왔다. 하지만 우리가 칵테일 파티에서 일반적으로 먹는 음식과는 차원이 다르다. 예컨대 다양한 방식으로 조리된 계란, 샐러드, 소스에 찍어 먹을 수 있는 야채, 달팽이(아마도), 그리고 운수가 좋을 때는 속이 꽉 찬 들쥐 구이가 나오기도 하였다. 아참, 설치류에 대해 잘 모르는 여러분 눈에는 그게 햄스터로 보일 수도 있겠다. 냠냠, 맛있겠다고? 당연한 말씀!

메인 코스는 육류이다. 고기가 나온 다음에도 다시 여러 종류의 다양한 고기들이 줄지어 나온다. 때때로 생선이 나오기도 하는데, 생선도 육류의 일종이라고 간주되었기 때문이지 다른 이유는 없다. 송아지, 야생 멧돼지, 젖 떼지 않은 어린 돼지고기, 사슴, 토끼, 돌고래, 고등어, 숭어, 굴, 닭, 오리, 거위, 메추라기, 비둘기, 개똥지빠귀 등등 못 먹는 게 없었다. 심지어 플라밍고와 타조까지 먹었다. 타조 고기는 콜로세움에 가면 항상 구할 수 있었다. 왜냐하면 로마인들은 특별하게 고안된 화살로 타조의 작은 머리통을 겨냥해 죽이는 것을 대단히 즐겼기 때문이다.

자, 마지막 순서인 디저트이다. 아무리 배가 불러도 달콤한 케이크와 푸딩을 포기할 수는 없다. 다이어트 중이라면 체리나 대추야자 정도로 만족할지 모르지만.

우리의 선조들이 마치 피터 루가(Peter Lugar, 유명 스테이크 전문점 – 역자 주)의 배고픈 세일즈맨처럼 매일 저녁마다 맛있는 만찬을 즐겼다는 사실은 상상만 해도 즐겁다. 더군다나 그들은 스카치위스키는커녕 맥주도 마시지 않았으며(그것 참 안타깝다!), 설탕이나 감자, 토마토도 없었고, 커피나 홍차도 마시지 않았는데도 말이다. 기원전 2세기까지는 빵도 없었다. 그 이전까지는 옥수수를 으깨어 죽처럼 만들어 먹었다. 그럼에도 주식회사 로마제국이 번성하는 한, 그곳에서 일하는 사람들의 생활도 안락할 수 있었다.

서기 100년경이다. 그러니까 트라야누스 황제가 다스리고 있을 때이거나 약간 이른 시기이다. 이전의 미치광이 황제가 쫓겨난 다음이라 로마는 무척 평화로웠다. 이때 수에토니우스의 친구였던 소小플리니우스Pliny the Younger가 늙은 로마 시민의 집을 방문할 기회가 있었다. 이 늙은 로마 시민은 젊은 시절의 수고에서 벗어나 편안한 노후를 보내고 있었다. 그는 로마 시민들이 누릴 수 있는 모든 것들을 한껏 향유하고 있었다. 소小플리니우스는 그 노인의 삶에서 무척 감명을 받아 이런 글을 남겼다.

"최근 스푸리나의 집을 방문했던 것처럼 즐거웠던 적이 근래에 없었다. 만일 내가 별 탈 없이 늙을 수 있다면 저 노인을 노년의 모델로 삼고 싶다는 생각까지 들었다. 그의 인생은 반듯하기가 이를 데 없었다.

그는 아침에 일어나 침상을 정돈한 뒤, 두 번째 시간(고대 로마의 시간대는 현대와 다르다. 당시 기준으로 보자면 '두 번째 시간'은 5시 42분~6시 58분(여름), 8시 17분~9시 2분(겨울)에 해당한다. – 역자 주)에 산책을 하며 몸과 마음을 단련한다. 만일 친구와 함께라면 그의 대화는 고상한 화제들로 이어진다. 이 얼마나 멋진 노년인가! 그가 나에게 일러준 그의 고상한 업적과 고매한 인격은 무척이나 감명 깊었다. 이보다 더 큰 교훈을 어디서 얻겠는가.

말을 타고 7마일을 달린 후 그는 다시 1마일을 걷는다. 그러고는 의자에 앉아 잠시 쉬거나 자기 방에 들어가 펜을 든다. 그는 지금 그리스어와 라틴어로 대단히 현학적인 서사시를 쓰고 있다. 그의 서사시는 무척 세련됐으며 유머가 넘쳤다. 저자의 고상함이 작품에 고스란히 묻어 있었다. 하인이 목욕물을 받아놓으면(여름에는 여덟 번째 시간(12:00~13:15), 겨울에는 아홉 번째 시간(13:29~14:13)에 목욕한다.) 그는 목욕을 즐긴다. 만약 바람이 불지 않으면 벌거벗은 채 햇살을 받으며 정원을 걷는다. 그는 아주 열정적으로 공놀이를 하기도 한다. 그는 자신의 나이와 싸우고 있는 중이다. 운동은 그의 늙은 몸에 활력을 불어넣는다.

저녁식사 때가 다가오면 그는 자리에 누워 책을 뽑아 든다. 하인이 부를 때까지 그는 가볍고 재미난 책을 읽으며 휴식을 취한다. 그의 친구들도 저녁식사가 준비될 때까지 비슷한 방식으로 시간을 보낸다. 드디어 만찬이 제공됐다. 식탁은 밝았으며 그릇들은 비록 구식이었지만 어딘지 멋스러운 데가 있었다. 그는 코린트 양식의 항아리도 쓰고 있는데, 좋아하기는 했지만 미친 듯이 좋아할 정도는 아니었다. 종종 희극배우들이 출연하여 만찬을 더더욱 빛내 주었다. 여름일지라도 만찬은 밤중까지 이어졌다.

그는 유머가 넘치고 매력적이어서 어느 누구 하나 지루해 하지 않았다. 그 결과 그는 77살임에도 불구하고 여전히 시력과 청력이 좋았으며 활발하게 활동할 수 있었다. 그러니 그에게서 나이를 엿볼 수 있는 것은 오직 '지혜' 뿐이다. 나 역시 늙으면 이렇게 살리라."

이것이 바로 성실하며 품위 있고 좋은 교육을 받은 로마 시민들이 갈망하는 생활이었다. 그래서 로마인은 자신들이 원하는 것을 얻기 위해 국경을 사수하고, 자신들이 알고 있는 한에서 세계의 끝까지 달려간 것이다. 그리고 다른 나라에서 온갖 좋다고 하는 것들은 모두 빼앗아 왔다.

로마인이 이처럼 우아하고 만족스러운 생활을 보낼 가능성은 컸다. 부자들뿐만 아니라 평범한 시민들이나 한때는 노예 신분이었던 자유민조차 그런 생활이 가능하였다. 대다수 로마인들은 어떤 악독한 짓을 저질렀더라도 돈만 주면 쉽게 시민권을 살 수 있었다. 그리고 한번 로마 체제 안으로 발을 들이면 그보다 더 든든한 지지대는 없었다. 따라서 사람들은 기존 체제에 대해 보수적일 수밖에 없었다.

주식회사 로마제국의 또 하나의 대단한 신화가 있다. 거의 모든 로마인이 그들의 신학과 철학, 그리고 기업 문화 안에서 하나로 통일되었다는 것이다. 이러한 일체감은 상당히 오랜 기간 동안 이어졌다. 그러나 하늘 아래 모든 것들이 흥망성쇠가 있듯, 결국 주식회사 로마제국 역시 가장자리부터 조금씩 무너졌다. 무엇보다 로마제국의 덩치가 점점 커지면서 다양한 민족, 언어, 문화를 가진 직원들이 섞여 들게 되었는데, 로마제국의 수뇌부는 점차 직원들에 대한 통제력을 잃게 되면서 일체감은 흐트러지게 되었다.

오랜 기간 동안 주식회사 로마제국의 사업은 번창하였다. 그리고 직원들은 모든 면에서 대단히 만족스러운 생활을 영위하고 있었다. 하지만 세월이 흐르면서 로마 핵심부에는 구멍이 조금씩 뚫리기 시작하였다. 로마의 정신이 병들어가기 시작하였던 것이다. 그 구멍으로 다른 것들이 들어왔고, 결국은 모든 것을 다 바꾸고 말았다.

로마의 종교

로마인의 종교는 단순하였다. 무교이거나 이교도였다. 나는 나무의 정령이나 혹은 부적의 힘을 믿는 사람들을 알고 있다. 내 주변에는 유니테리안 교회(삼위일체를 인정하지 않는 기독교의 한 분파 – 역자 주)에 나가는 사람도 있다. 우리 시대에는 많은 사람들이 오락과 종교의 편안함이 결합된 예배에 참석하려고 엄청나게 큰 교회에 가기도 한다.

이처럼 요즘 사람들은 온갖 종류의 종교를 믿는 것 같다. 하지만 로마는 애당초 종교가 없었던 것인지, 아니면 있었지만 미개했던 것인지 판단하기가 매우 어렵다. 그럼에도 불구하고 로마인은 1200년 동안이나 대단히 잘살았다.

로마인은 신이 그들의 도시를 최고로 만들어 줬다는 믿음을 가지고 있었다. 여기에서 말하는 신은 하나가 아니다. 매우 다양한 신들은 성격도 가지각색이고 능력도 천차만별이다. 아울러 사람들은 우주를 다스리는 힘과 국가 사이에는 특별한 연관 관계가 있다고 믿고 있었다. 유대인이 스스로를 선택받은 민족이라고 믿었듯이, 로마인 역시 하늘에서 치는 천둥번개를 신의 계시로 생각했다.

로마인은 아이네이아스와 로물루스를 포함하여 주식회사 로마 제국의 창립자들이 원래 신이었다고 믿었다. 예컨대 로물루스는 전쟁의 신인 마르스Mars가 지상으로 내려와 인간의 몸으로 태어난 것이다. 율리우스 카이사르나 아우구스투스는 원래 사람이었지만 나중에 신으로 추앙되었다. 이것은 단순히 존경의 표시가 아니었다. 로마인은 그들을 신으로 간주하여 기도를 올렸다. 마치 오늘날 우리가 응답 없는 신에게 기도하는 것과 마찬가지이다.

모든 로마인의 집에는 가신家神이 있어 한 지붕 아래 사는 사람들에게 복을 내려 준다고 믿었다. 반대로 신을 잘 모시지 않으면 재앙이 내린다고 믿었다. 특히 그 집의 가장 큰 어른인 아버지는 어떤 의미에서 가족의 신으로 간주되었다. 그들은 조상이나 먼저 죽은 다른 가족들을 숭배하였다. 따라서 로마인은 노인들을 극진히 공경하였다. 그러나 노인을 위한 요양소는 없었다. 집안의 아버지는 2층 구석방에서 기거하고 있다가 저녁시간이 되면 내려와 와인을 마시거나 아이들과 주사위 놀이를 하며 놀았다.

로마인은 다양한, 지금 생각하면 우스꽝스러운 방법으로 신의 뜻을 헤아렸다. 이를테면 동물을 불 속에 집어넣은 다음 어떻게 불타는지 살피거나, 새들이 하늘에서 어떤 식으로 원을 그리며 나는지 살펴보며 운수를 점쳤다. 그렇지 않으면 전투가 시작되는 첫날, 이슬비가 오는지 아니면 폭우가 내리는지에 따라 신의 뜻을 살폈다. 아우구스투스는 전투가 시작되기 전에 이슬비가 내리는 것을 매우 좋아하였다. 그는 이슬을 행운의 상징으로 간주하였다. 아무튼 로마인은 행운과 운명을 믿었다.

신들의 입장에서 보더라도 바람직하며, 따라서 로마를 위해서도 당연히 좋은 일로 간주되는 것들이 몇 가지 있었다. 예를 들면 이런 것들이다. 단순함, 근면, 가족애, 충성심, 가벼운 음식, 적에게 내리는 가혹한 처벌, 친구를 향한 끝없는 너그러움, 신 앞에서의 겸손 등. 일부 고위층 인사들은 예외였을지 모르지만, 모든 로마인들은 이 규범을 따르게 되어 있었다.

우리도 이미 알고 있듯이, 로마에서는 사람을 죽이는 것이 큰 죄악이 아니었다. 국가의 이익을 위해 다른 나라를 인수 합병하거나 구조 조정을 하면서 그들은 적이나 적의 친구, 친구의 적, 애완 동물, 아프리카에서 들여온 동물 등을 마음대로 죽였다. 만약 당신이 높은 지위에 있다면 그것은 더더욱 문제가 되지 않는다. 당신은 마음에 들지 않는 사람을 마음껏 죽일 수 있다.

너무 야만적이라고? 정말 그럴까? 우리가 살고 있는 사회도 당시의 로마처럼 야만적이고 폭력적이다. 물론 오늘날에는 물리적인 방법으로 사람을 죽이는 것은 제약이 따른다. 하지만 그에 못지않은 야만과 폭력이 난무한다. 또한 세계 도처에서는 여전히 살인과 학살 행위가 공공연히 자행되고 있다. 예를 들어 우크라이나의 유스첸코Yushchenko 대통령의 너덜너덜한 피부를 보게 되면, 이 세상에는 치열한 선거를 치르기보다 차라리 경쟁자를 죽이는 편이 더 낫다고 믿는 작자들이 여전히 존재한다는 것을 알수 있다.

로마의 크고 작은 수많은 신전에서 온갖 미신이나 종교적 행위가 이루어졌다. 그리고 로마의 운명 역시 시민들의 종교 생활과 함께 기울게 된다. 종교를 믿으면 자신의 행동에 대해 확신을 가질 수가 있다.

사람들은 주식회사 로마제국의 이름으로 매일같이 끔찍한 일들을 태연스레 저질렀다. 그들은 모든 것들을 '신의 뜻'으로 간주하였다. 예를 들어 여자들은 자식이 전쟁터에 나가도 집에서 편히 쉬며 전전긍긍하지 않았다. 왜냐하면 그것은 로마를 위한 일이었고, 이는 다시 말하면 신의 뜻이었기 때문이다. 그러니 신이 잘 보살펴 줄 것이 확실했다.

결국 주식회사 로마제국의 정신과 그들 종업원이 지닌 우주관은 서로 뒤섞이고 말았다. 사람들은 로마를 위한 일이 세상의 모든 사람들에게도 좋은 일이라고 믿었다. 이는 당연히 영적인 세계를 지배하고 있는 신들에게도 좋은 일이었다. 그런데다가 로마는 성장을 거듭하면서 애초에 로마를 움직여 왔던 기업 정신을 공유하지 않은 수백만 명의 사람들로 가득 차게 되었다. 그중에는 로마의 적대국 국민이었다가 인수 합병을 통해 로마인이 된 사람들도 많았다.

게다가 고위 경영진들도 점차 기업 정신을 잃어가고 있었다. 로마의 창립자 로물루스가 '우리'와 '그들'의 구분을 없애기 위해 문두스를 함께 만들었던 신화를 잊어 버렸다. 로마 시민들은 타락하였다. 그들은 신의 영향력에서 벗어났으며 그들을 하나로 묶어 주던 끈끈한 연대감도 상실하였다.

신은 때때로 잔혹하고 엄격하다. 하지만 신은 결코 기절할 때까지 음식을 먹어치우거나, 자신의 어머니나 양아들을 마구 죽이는 짓을 허용하지는 않으실 것이다.

그렇다면 당시 동쪽 지방에서 시작해 지중해 연안을 온통 휩쓸고 있던 강력한 종교는 어떻게 된 것인가? 로마의 부르주아지나 점잖은 부인들은 이 종교를 어떻게 생각하고 있었을까? 그걸 믿는 사람들 중 어떤 이들은 난폭하였다. 미친 유대인이다. 그들은 기독교인이었다!

사람들의 영혼이 동요되는 것과 마찬가지로 로마의 정신도 흔들렸다. 결국에는 로마를 움직이는 질서도 삐걱거리기 시작했다.

일찌감치 로마에게 인수 합병당했던 북부 지역 회사들은 이제 거꾸로 자신들이 로마제국을 인수하려고 들었다. 그리고 예전에는 주식회사 로마제국의 손아귀에서 벗어나는 것만으로도 충분히 만족했던 회사들이 이제는 탐욕스러운 눈길로 로마의 본부를 바라보았다. 그들의 주된 사업도 주식회사 로마제국처럼 합병이었기 때문이다.

게르만족은 북쪽 지역을 차지하고 있었다. 난폭한 파르티아 사람들은 동쪽에서부터 몽골리아의 초원지대를 넘어온 또 다른 호전적인 군대들과 함께 로마를 압박하였다. 이들은 초기 로마인들 못지않게 용맹스러웠다.

로마는 이들과 맞붙어 이겨야만 했다. 하지만 이 과정에서 수천 명, 혹은 수십만 명이 죽을 것이다. 그런데 대체 왜? 무엇 때문에 그 많은 사람들이 죽어야 하지? 우리 로마를 위해서? 그런데 만약 신들이 우리를 보호하지 않으면 어떻게 되는 거지? 그리고 우리가 섬기는 신 말고 저들이 믿는 신이 힘이 세다면 그때는 어떻게 되는 거지?

이러한 불안감은 무엇보다 군대에 영향을 끼쳤다. 군인이란 원래 사람들을 찔러 죽이는 것이 임무이다. 따라서 반드시 그렇게 해야만 하는 윤리적이고 종교적인 이유가 뒷받침되어야 한다. 세월이 흐르자 군인들은 바보인데다가 정신병 환자 같은 최고경영자를 더 이상 신뢰하지 않게 되었다. 결국 그들은 스스로 최고경영자를 임명하거나 필요에 따라 죽이기까지 하였다. 물론 그것은 신뢰할 만한 채용이나 해고 방식은 아니다.

날로 쇠락하는 로마 왕정

군인들이 어떠한 최고경영자를 원했는지 살펴보는 것은 중요하다. 그런데 당시 군인들에 의해 옹립된 최고경영자 중 상당수는 썩 훌륭하지만은 않았다. 그들은 일단 흥분하면 자제력을 잃고 로마를 자신의 손아귀에 쥐고 흔들려고 했다. 그들은 무엇보다 자신이 지상의 신으로 받들어지기를 원하였다.

예를 들어 서기 180년, 뛰어난 황제였던 마르쿠스 아우렐리우스의 아들 콤모두스Commodus가 군인들의 지지를 받아 황제에 올랐다. 아우렐리우스는 당시 유행하던 페스트에 걸려 죽었다고 하지만, 어쩌면 그게 아닐 수도 있다.

하여간 그의 아들 콤모두스가 황제에 올랐을 때 그의 나이는 고작 19살이었다. 그는 5살 때 이미 공식적으로 황제 칭호를 부여받았는데 이는 정신 건강에 썩 좋지 않았다. 어린아이들은 평형감각을 엉망으로 만드는 그러한 고옥탄 연료가 없더라도 충분히 과대망상증에 걸리기 쉽기 때문이다.

물론 처음부터 그랬던 것은 아니다. 콤모두스는 북쪽의 부족들과 평화롭게 지내기 위해 많은 노력을 기울였고, 시민들을 위해서도 다양한 혜택을 나누어 주었다. 하지만 안타깝게도 오래가지 못했다. 그는 금세 헤라클레스 신처럼 옷을 차려입기 시작했다. 하지만 우리로선 그가 정말 헤라클레스와 똑같은 옷을 입었는지 알 수가 없다. 도대체 헤라클레스가 옷을 어떻게 입었는지 그 누가 알 수 있단 말인가?

상황은 점점 악화되었다. 새로운 황제, 헤라클레스처럼 옷을 입는다는 것은 사자 가죽옷에다가 몽둥이를 하나 드는 것이라고 생각했다. 이것만으로도 사태가 심각한데 황제는 여기서 한 발 앞서 나갔다. 192년 가을에 자신이 진짜 헤라클레스라고 공식선언을 한 것이다.

로마의 귀족사회는 당황하였다. 그러나 충직한 로마 시민들은 그가 신이라는 사실을 스스로 증명해 보인다면 기꺼이 그를 신으로 받들어 모시려고 했다. 우리와 마찬가지로 그 당시 사람들도 바보들이 벌이는 일들을 즐거이 감상했던 것이 틀림없다.

결국 콤모두스는 자신이 헤라클레스라는 사실을 증명하기 위해, 온갖 맹수들과 투사들을 상대로 콜로세움에서 한판 승부를 벌이기로 하였다. 그것도 대단히 영웅같이 보이는 옷을 입고서 말이다.

쇼가 어느 정도까지 타락하였을까?

이 정신 나간 과대망상증 환자는 터무니없이 비싼 돈을 챙기곤 하는 컨설턴트에게 자문을 받은 뒤 경기장으로 들어섰다. 그리고 고도의 살인 기술을 지닌 검투사와 실제 결투를 벌였다. 물론 황제와의 전투에서 '패배한' 검투사는 그 직후 자유의 몸이 되었다. 그밖에도 콤모두스는 죄 없는 불쌍한 맹수들을 무수히 죽였다. 당연하지 않은가? 그는 헤라클레스였다. 뒤에서 충복들이 어떤 술수를 썼든지 간에 그가 승리하는 것은 당연하였다.

그는 자신이 통치한 기간을 공식적으로 '황금시대'라고 명명하였다. 혹시 사람들이 다르게 생각할 수도 있었기 때문이다. 또한 그는 통치 기간 동안 자신이 수여받았던 온갖 칭호를 따서 1년 12달을 새롭게 개명하였다. 하지만 애석하게도 그 이름들은 현재 전혀 사용되지 않고 있다.

하지만 이 같은 일은 전혀 놀라운 사실이 아니다. 지금 이 순간에도 지구촌 어딘가에서 자행되고 있는 일이다. 북한의 김정일을 보라. 그 미치광이 역시 극장에서부터 고속도로, 자신이 몸소 사용하는 소변기에 이르기까지 모든 것에다가 자신의 이름을 붙였다. 콤모두스 역시 보이는 족족 자신의 이름을 갖다 붙였다. 로마를 위해 열심히 싸운 군단은 '콤모디아나에Commodianae', 해군 군함은 '알렉산드리아 콤모디아나 토가타Alexandria Commodiana Togata', 원로원은 새롭게 '콤모디안 행운의 원로원Commodian Fortunate Senate'이라고 이름 지었다. 그리고 황궁과 모든 로마 시민들은 영광스럽게도 '콤모디아누스Commodianus'라는 이름을 새롭게 받았다. 그가 이처럼 감동적인 명명 조치를 선포한 날은 '디에스 콤모디아누스Dies Commodianus'로 영원히 불릴 것이었다. 그리고 그는 로마에 화재가 일어나 도시를 일부 태우고 나자 새롭게 건설될 도시를 '콜로니아 콤모디아나Colonia Commodiana'로 부르기로 하였다.

그런데 다행스럽게도 그의 미친 행태가 온 도시 이름을 먹칠하기 전에 한 명의 검투사(그는 분명히 잘생겼을 것이다. 얼마나 잘생겼으면 이름이 나르키소스Narcissus일까?)가 황제가 잠을 자는 틈을 이용해 목을 졸라 죽였다. 덕분에 콜로니아 콤모디아나는 다시 예전의 로마로 돌아올 수 있었다.

하지만 모든 문제가 해결된 것은 아니었다. 그로부터 채 석 달도 되기 전에 사태는 더욱 심각해졌다. 근위대가 새 황제를 암살해 버렸던 것이다. 근위대는 예전에 아우구스투스가 CEO인 자신에게 가해지는 위협들을 막기 위해 창설한 일종의 임원 비밀 서비스 조직이었다. 근위대가 암살한 왕의 이름은 페르티낙스Pertinax인데, 그의 이름은 오직 암살되었다는 것으로만 이름이 남아 있다.

근위대의 황제 암살 자체는 그리 나쁜 일이 아니었다. 그들은 그래도 로마의 이름으로 암살을 감행했기 때문이다. 일단 일이 저질러지고 나자 사태는 더욱 심각해졌다.

후계자가 없는 상황에서 그들은 앞으로 로마를 지배할 자는 최고경영자가 아니라 자신들이라고 확신했다. 근위대는 황제 자리를 옥션에 올려 경매를 붙였다. 가장 높은 가격을 써낸 자에게 그 자리를 넘겨줄 심산이었다. 그리고 디디우스 율리아누스Didius Julianus라는 이름의 부유한 원로원 출신의 바보가 그 자리를 낙찰받았다. 하지만 그는 66일 만에 그 대가를 치러야 했다. 그 역시 암살당하고 말았던 것이다.

이런 사실들을 종합해 보면서 나는 기업이 격동기를 겪고 있을 때는 고위직보다 차라리 중간 관리직이 더 좋지 않을까 생각해 본다.

황제가 또 살해되자 원로원은 즉각 근위대를 해산했다. 그 결과 주식회사 로마제국의 본부 상황은 다소 진정되었으나, 그렇다고 해서 본부를 이끌어가는 지도자들의 자질이 높아진 것은 아니다. 어차피 당시 로마의 지도자는, 로마를 움직이는 실세, 즉 군부나 정치 세력, 부유한 상인층에서 나오거나 이들이 결합한 세력에서 나왔기 때문이다.

예를 들어 헬리오가발루스Heliogabalus는 그로부터 몇 년 지난 218년에 군부의 지지를 받아 황제가 되었다. 황제가 되었을 때 그의 나이는 고작 10대에 불과하였다. 그는 시리아의 태양신 같은 옷을 차려입고 로마 본부에 입성하였다. 나이가 어렸기 때문에 그의 어머니가 섭정을 했다. 그런데 황제가 괴상한 옷을 입는가 하면 검투사와 미친 짓거리를 벌이니 군부로서는 골칫거리일 수밖에 없었다.

원래 군부란 사내답기가 이를 데 없어 조금만 그 기준에서 어긋나면 극도로 경멸하였다. 황제가 만날 옷이나 갈아입고 회의 시간에 꾸벅꾸벅 졸기만 하니 군부로서는 그런 사람 밑에서 명령을 받기가 싫었다.

게다가 커다란 사건이 있었다. 황제가 신전의 무녀와 강제로 결혼을 하였던 것이다. 시민들의 분노가 들끓었다. 신전의 무녀는 평생 순결을 지켜야 하는 성스러운 직업이다. 그런 처녀를 범한다는 것은 있을 수 없는 일이었다.

결국 오래지 않아 헬리오가발루스 역시 살해당하고 만다. 황제의 어머니가 아들을 살리기 위해 몰래 화장실에 숨겨뒀지만 성난 군인들 속에서는 속수무책이었다. 신에게 불경을 저지른 대가는 가혹했다.

로마제국 심장부에 커다란 구멍이 뚫렸다. 최고경영자의 미친 짓거리가 계속 이어지자 로마 시민들은 동쪽을 향해 마음을 열었다. 그리고 200년 전 십자가에 매달려 죽은 목수의 가르침을 생각하였다. 이들은 기독교와 상대방에게 반대쪽 뺨도 내주라는 그의 가르침(그러나 나는 너희에게 말한다. 악한 사람에게 맞서지 말라. 누가 네 오른쪽 뺨을 치거든 왼쪽 뺨마저 돌려 대어라. 마태복음 5장 39절 – 역자 주)을 믿기 시작했다. 반달족Vandals과 서고트족 그리고 훈족이 로마를 향해 맹렬히 달려 오던 시점이었다.

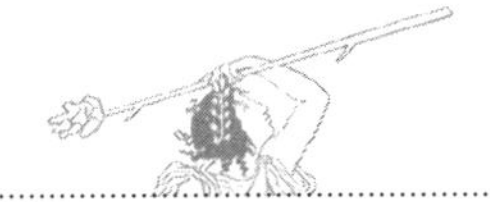

주식회사 로마제국의
쇠락과 멸망

기독교가 로마 전역을 휩쓸다

초기 기독교인들은 일반적인 사람들과 무척 달랐다. 그들은 고문을 당하면서도 기뻐하였고, 억울하게 살해당하면서도 저주를 퍼붓지 않았다. 사형장에 끌려가면서도 노래를 불렀다.

더욱 이상한 것은 입만 열면 예수 그리스도에 관한 이야기를 한다는 것이었다. 지성적인 로마인이라면 모두 신에 대한 어느 정도의 경외심은 가졌지만, 그렇다고 해서 내내 눈물을 흘리며 예배를 드리지는 않았다. 로마인들은 그것 말고도 할 일이 너무 많았던 것이다.

그러니 그들 눈에 기독교인은 얼마나 이상하게 보였을까.

그런데 이 골치 아픈 광신도들에게는 나쁜 점이 두 가지 있었다. 이들은 주식회사 로마제국의 직원으로서 반드시 지켜야 하는 두 가지 의무를 거부하였던 것이다.

첫째, 이들은 자신이 섬기는 신 이외에 다른 신, 예컨대 주피터나 비너스, 마르스와 같은 전통신을 섬기기를 거부하였다. 이성적인 로마 시민이라면 마땅히 팍스 로마나Pax Romana, 즉 로마의 평화를 위해 이들 신을 섬겨야 했을 터였다.

둘째, 이들은 황제에게 충성을 맹세하는 것을 거부하였다. 이는 마치 메이저 리그의 뉴욕 양키즈 팀 경기에서 미국의 국가인 '성조기여, 영원하라The Star-spangled Banner'를 부르지 않는 것과 똑같았다. 아니, 그것보다 훨씬 더 나쁜 행동이었다.

후세에 성인으로 추앙되는 안티오크의 테오필루스Theophilus of Antioch는 겸손하게, 그러나 단호하게 이렇게 말했다.

"나는 황제에게 경의를 표할 것이다. 하지만 나는 황제를 숭배하지 않을 것이다. 그 대신 나는 황제를 위하여 기도할 것이다. 나는 오직 참되고 유일한 하느님만을 숭배한다. 나는 그가 이 나라를 만드셨다는 것을 알고 있다. 당신은 이렇게 반문할지도 모르겠다. '왜 황제를 숭배하지 않는가?' 황제는 하느님으로부터 권위를 위임받은 자이므로, 마땅히 그에 대한 존경심은 표시되어야 할 것이다. 그러나 숭배의 대상은 아니다. 당신도 알다시피 그는 하느님이 아니기 때문이다. 그는 하느님께서 이 땅에 정의를 펼치기 위해 잠시 일을 맡긴 사람에 불과하다. 그러니 숭배할 수 없다. 그의 권위는 하느님께서 주신 것이다. 황제가 자신의 지위를 다른 사람에게 뺏기는 것을 참지 못하듯, 우리 역시 하느님 외에 어느 누구도 숭배해서는 안 된다."

지금 우리에게는 별 대수롭지 않게 들릴지 모르지만 이 말은 당시 로마인들에게는 엄청난 충격이었다. 그야말로 반체제 인사의 위험천만한 발언이었다. 이보다 더 가벼운 죄를 저지른 자라 할지라도 절벽에서 던져져 죽음을 당할 판국이었다.

예를 들어 당신이 회사를 운영하고 있다고 해보자. 그런데 직원이 이 세상에서 가장 중요한 것은 신이며, 당신은 그저 신의 피조물이다 등등의 발언을 한다. 사실이 그렇다 할지라도 그를 충성스런 직원이라고 생각할 수 있겠는가? 회사에 별 관심이 없는 자임이 분명하다.

따라서 똑똑한 로마인들은 국가 정책으로써 기독교인을 처단하는 것이 왜 중요한지 깨달았다. 로마제국은 기독교인을 처단하기 시작하였다. 십자가에 매달거나 펄펄 끓는 물에 집어 넣었다. 막간의 여흥으로 죽이는 경우도 있었다. 역사적인 관점에서 살필 때, 우리는 기업의 인격이 이처럼 무자비한 상황에 이른 것을 본 예가 거의 없다. 앞으로도 우리는 일상생활에 거추장스럽다고 해서 광신도들을 고문하지는 않을 것이다. 당연히 그들을 사자 굴에다 던지지도 않을 것이다.

단순히 로마를 반대한다는 이유만으로 죽이는 것이 영 내키지 않는다고? 그렇다면 이런 건 어떤가?

'너도 알다시피 기독교인 놈들은 게으르고 신뢰할 수 없는 작자들이야. 더구나 그 놈들은 아이들도 잡아먹는대. 그것도 푹 삶아 스튜로 만들어서 먹는대. 배가 고프면 어른 아이 할 것 없이 서로를 잡아먹지. 그게 그 종교의 특징이야. 다른 이유가 더 필요해? 왜 지난해 홍수가 들어 농사를 다 망쳤잖아? 그거 사실은 기독교인들이 한 짓이야. 작년 겨울에는 그들이 저주를 걸어 오스티아 항구에 역병이 돌았다지? 그때 우리 삼촌도 혀가 새까매져서 죽었잖아! 이게 모두 다 그 놈들 짓이야!'

기독교인을 박해해야 할 이유 따위야 백 가지, 천 가지도 만들 수 있었다.

서기 35년, 원로원은 무서운 속도로 퍼지고 있는 이 새 종교에 대해 '불법'이라고 선언하였다. 대단히 신속한 조치였다. 예수 그리스도는 서기 30년에 돌아가셨으니 말이다.

타키투스와 수에토니우스는 둘 다 현명한 사람으로 위선과 유행에 대해 까다로웠다. 그러나 그들 역시 기독교를 헐뜯는 일에 동참하지 않을 수 없었다.

타키투스는 기독교를 '죽음의 종교'라고 부르며 '증오스럽다'고 말하였다. 수에토니우스는 완곡한 표현을 쓰기는 했지만 역시 기독교를 '해롭다'고 판단하였다.

로마제국이 기독교를 위법으로 간주한 뒤 신도들에 대한 박해가 뒤따랐다. 그러나 쭉 이어진 것은 아니었다. 집중 단속 기간이 지나면 좀 느슨하게 고삐를 풀었다가 다시 잡아당기곤 했다. 이는 마치 19세기에 기독교가 지배하던 러시아에서 코사크 사람들이 유대인 집단 거주지를 다루는 태도와 비슷하였다. 하지만 세월이 흐르면서 기독교는 모진 박해에도 불구하고 그 영향력이 커져만 갔다.

로마제국 전역에서 낡은 신은 이제 죽었다는 소문이 퍼졌다. 그리고 사람들은 점차 예수님의 가르침대로 세상을 바라보면 천국이 눈앞에 펼쳐지며, 하느님 앞에서는 모두 형제자매라는 믿음을 점차 가지게 되었다. 하느님의 형제자매를 칼로 찌르거나 죽이는 것보다 더 나은 일이 있을 것이라고 믿었다.

주식회사 로마제국의 CEO는 여전히 하는 일 없이 빈둥거리거나 바보 같은 짓거리만 계속하고 있었다. 때로는 어린아이가 황제에 오를 때도 있었다. 그는 어느 고위직 인사의 아들이었는데, 여러 이해관계에 얽힌 사람들이 이권을 얻기 위해 그를 황제로 만든 것이다. 그러니 황제는 막강한 힘을 가진 제2인자 혹은 3인자에게 '도움'을 받을 수밖에 없었다.

요즘 기업에서도 무능한 임원이 자리를 차지하고 있을 때 이런 일들이 왕왕 벌어진다. 이처럼 지도층이 부패하면 아첨꾼이나 모사꾼 같은 온갖 비열한 패거리들이 양산되기 마련이다. 나도 언젠가 그런 회사에서 근무한 적이 있다. 단언컨대 단 하루라도 그런 곳에서 일하느니 차라리 폭군 아래에서 일하는 편이 좋다. 생선은 머리부터 악취를 풍기고, 바보 같은 자만이 생선 머리를 숭배하기 마련이다.

그리고 드디어 새천년 동안 가장 위대한 최고경영자가 등장한다. 바로 콘스탄티누스Constantine 황제이다.

콘스탄티누스 황제의 등장

콘스탄티누스는 주식회사 로마제국을 송두리째 바꾸어 버렸다. 그는 한창 세력을 뻗쳐가는 새 종교를 박해하는 대신 공식적으로 승인하였다. 그리고 적의 손아귀에서 벗어나기 위해 회사의 본부를 옮겼다. 사실상 서로마에서의 영업 활동을 중단하고, 그곳을 비기독교인 유목민들의 손에 넘겨준 거나 다름없었다. 그럼에도 불구하고 그는 매우 훌륭한 CEO였다. 그의 뒤를 이은 7명의 CEO도 그의 이름을 따서 콘스탄티누스로 명명할 정도였다. 그야말로 최고의 브랜드 가치를 누렸다.

콘스탄티누스 황제의 아버지 역시 로마의 CEO였다. 그의 이름은 콘스탄티우스Constantius였는데 나중에 아우구스투스라고 이름을 바꾸었다. 좋은 이름이기는 했지만 최고는 아니었다. 그리고 그의 아들 청년 콘스탄티누스는 뛰어난 사령관이었다. 그는 잔악한 픽트족(Picts, 옛날 스코틀랜드 북동부에 살던 민족 – 역자 주)과 싸워 이겨 동부 지역의 군인들로부터 존경을 받았다. 당시 픽트족은 멜 깁슨Mel Gibson보다 훨씬 기분 나쁘게 생긴 브레이브 하트brave heart가 이끌고 있었는데 대단히 광폭하였다.

아버지가 죽자, 아들 콘스탄티누스는 군부의 강력한 지지를 받아 새로운 CEO가 되었다. 그는 근무지 브리타니아에서 돌아와 황제가 되었다. 하지만 황제 임명식은 로마가 아니라 트리어Trier에서 거행되었다. 그가 로마가 아닌 곳에 정착하였다는 사실은 매우 흥미롭다. 당시, 즉 306년에는 굳이 본사에서 근무하며 회사를 운영할 필요는 없었던 것이다. 또한 이는 행정 기능에 있어서도 본사를 대체할 만한 곳이 마련되었음을 뜻한다.

312년, 콘스탄티누스 황제는 호시탐탐 그의 자리를 노리는 경쟁자 황제와 전투를 벌였다. 이 전투는 400년 전의 파르살로스(Pharsalus, 기원전 49년, 카이사르는 루비콘 강을 건너 로마로 쳐들어왔다. 당시 카이사르의 성공을 질시해 사사건건 훼방 놓던 폼페이우스는 그리스로 도망쳐 카이사르와 맞붙었으나 크게 패하고 만다. 그 전투가 바로 파르살로스 전투이다.―역자 주)처럼 매우 중요하였다.

여러분은 콘스탄티누스와 싸운 황제의 이름이나 어디에서 전투가 벌어졌는지 궁금할지도 모르겠다. 하지만 굳이 알려고 하지 마라. 그건 마치 우리가 1936년 대통령 선거에서 루즈벨트 대통령과 맞서 싸운 경쟁자 후보가 누구인지 몰라도 되는 것과 같다.

여하간 전투에서 승리한 콘스탄티누스는 그 누구도 넘보지 못하는 서로마 지역의 제1인자가 되었다. 그런데 이 전투에서 반드시 짚고 넘어가야 할 일이 있다. 콘스탄티누스가 전투 전날 밤 꾼 꿈이다. 그는 꿈속에서 부하들의 방패에다가 십자가 모양의 그림을 그려 주었다고 한다. 여러분도 이 대목에 이르러 쉽게 짐작할 수 있을 것이다. 그렇다. 그는 전투에서 승리하자 기독교에 대한 생각이 바뀌었다.

313년, 콘스탄티누스 황제와 동로마제국의 책임자 리키니우스Licinius는, 우리에게는 밀라노 칙령Edict of Milan으로 알려져 있는 칙령을 발표한다. 밀라노 칙령에 따라 기독교인에 대한 박해는 사라졌다. 이제 옛날 신을 믿거나 새로운 신을 믿거나 차별대우를 하지 않았다. 물론 이후에도 간간히 박해하는 사람들이 있기는 했지만 크게 심각하지는 않았다. 기독교인 박해의 열기는 완전히 식어버렸다.

이후 콘스탄티누스는 기독교를 정치적 분란에서 자기를 보호하는 방패로 이용하였다. 비록 죽을 때가 다 되어서야 세례를 받았지만, 그것과는 상관없이 그의 신앙심은 독실하였다. 그가 하느님을 정신적인 지주로 삼은 것은 좋은 일이었다. 특히 그가 리키니우스와 그의 아들을 죽였을 때는 더더욱 그랬다.

사실 리키니우스는 콘스탄티누스 황제의 처남이었다. 그러니까 리키니우스의 아들은 조카였던 것이다. 그는 처남과 조카뿐만 아니라 자신의 아들 크리스푸스Crispus까지 처형하라고 명령하였다. 그리고 아내이자 세 아들의 어머니인 파우스타Fausta마저 죽였다. 이런 가족 학살극을 벌이고 있을 때 하느님을 자기편으로 두는 것은 매우 유리할 수밖에 없다.

324년부터 콘스탄티누스 황제는 동로마제국과 서로마제국을 모두 통치하였다. 당시 주식회사 로마제국으로서는 대단히 큰 변화였다. 왜냐하면 그때만 하더라도 이미 로마는 동과 서로 분열되어 있었기 때문이다. 1990년대 디즈니가 겪었던 분란보다 훨씬 심각한 상황이었다.

콘스탄티누스는 양 제국을 지배하게 되자 또 한번의 중요한 결단을 내렸다. 그는 비잔티움Byzantium이라 불리던 그리스의 도시를 앞으로 콘스탄티노플Constantinople이라 부를 것이며, 아울러 그곳이 주식회사 로마제국의 새로운 본부가 될 것이라고 선언한 것이다. 그리고 330년, 행정수도 이전이 완벽히 이루어지고 나자 로마는 올버니(Albany, 미국 뉴욕 주의 주도 – 역자 주) 정도의 도시로 전락하였다.

콘스탄티누스 황제는 여러 측면에서 뛰어난 경영자였다. 그는 로마에 산재해 있던 종교와 정치적인 문제점들을 개선하려고 부단히 노력하였다. 그는 충분히 연구할 만한 가치가 있는 사람이다. 비록 나는 이쯤에서 이야기를 접겠지만, 여러분은 다른 곳에서 그에 대한 연구를 계속하기 바란다.

신의 재앙, 아틸라가 쳐들어오다

다시 로마로 돌아가자. 이제 로마에는 무엇이 남았을까? 기독교인들은 도처에서 사람들의 뺨을 돌려놓고 있었고, 본부를 뺏긴 옛 수도의 지역 활동은 완전히 침체기에 빠졌다. 게다가 이민족이 끝없이 공격해 왔다.

로마는 오래 전 카르타고로부터 받던 위협과 맞먹을 정도로 위태로운 지경에 놓여 있었다. 과거 포에니 전쟁을 치를 때도 코끼리를 앞세운 한니발 장군이 본부를 끊임없이 유린했지만 이 정도는 아니었다. 그때는 모두를 하나로 똘똘 뭉치게 하는 리더십이 살아 있었다. 이민족이 아무리 공격해 와도 그들은 흩어지지 않았다. 넘어지면 또 일어나 싸우고, 싸우다 쓰러져도 또 다시 일어났다. 적군이 진절머리를 내며 도망칠 때까지 그들은 힘을 뭉쳤다.

그 누구도 성스러운 로마를 더럽힐 수 없었다.

하지만 지금은 어떤가. 회사는 직원들에게 비전은커녕 나아가야 할 방향조차 제시하지 못했다. 과거의 명성에 젖어 실제적으로는 아무것도 하지 않는 무능력한 경영자들만 우글거렸다. 또한 군대에는 평화주의자로 개종한 사람들로 넘쳐났다.

그리고 눈앞에 닥친 적들을 바라보라. 그들의 말은 '바, 바, 바'처럼 들린다. 그래서 우리도 그들을 그렇게 불러야 할 것이다. 그들은 게르만족이다. 타키투스에 의하면 게르만족은 동물 가죽을 뒤집어쓰고 살던 선사시대부터 뚜렷한 '근로 윤리'를 지니고 있었다. 음탕하고 이혼을 좋아하는 로마인과 비교하면 더없이 도덕적인 기질의 소유자들이었던 셈이다.

게르만족은 과거 콤모두스가 죄 없는 동물들을 죽이고 있을 즈음부터 이동하기 시작하였다. 원래 그들은 고트족이었는데 동쪽에서 건너온 동고트족과 서쪽에서 넘어온 서고트족이 합쳐져 게르만족이 되었다. 이들에게는 알라리크Alaric라는 훌륭한 지도자가 있었다. 알라리크의 지휘 아래 게르만족은 매우 번성하여 기원전 400년, 켈트족 이래 처음으로 로마를 점령하였다. 이들은 사흘 동안 로마에서 승리의 춤을 마음껏 춘 뒤 다시 북쪽으로 돌아갔다. 북쪽에서 이들은 프랑크족Franks, 반달족Vandals과 싸워 이겼다. 이후 론 강Rhone River까지 그들 왕국의 세력권은 줄어들었다.

그런데 이들 난폭한 야만인들은 당시 서양을 뒤흔들었던 막강한 세력에게 이리저리 쫓겨 다녔다. 바로 무시무시하면서도 매력적인 훈족이었다. 훈족의 지도자는 아틸라Attila라는 자였는데, 그는 다른 아틸라와 구별하기 위해 자신을 '훈족의 아틸라Attila the Hun'라고 부르는 것을 좋아하였다. 한편 그의 친구들은 그를 '신의 채찍'이라 부르기도 했는데 이는 아마도 아첨이었을 것이다. 현대에 이르기까지 수많은 경쟁자들이 그의 명성을 넘봤으나 단연코 그가 세계에서 제일 유명한 야만인이다.

오늘날의 학자들은 그의 외모를 이렇게 묘사하고 있다. 머리가 크고, 피부는 햇빛에 그을려 구릿빛이었으며, 눈은 작았지만 반짝거렸고, 코는 크고 넓적하였다. 그리고 머리칼은 덥수룩하고 턱수염이 무성하여 마치 이탈리아인과 같은 용모를 하고 있다. 특히 그는 눈알을 부라리며 사람들을 겁주는 것을 좋아하였다.

몽골족과 마찬가지로 훈족 역시 몸에서 심한 냄새를 풍겼다. 아마도 날고기를 즐기는 데다가 짐승의 털옷을 입었기 때문일 것이다. 가죽옷에 남아 있는 동물의 지방은 비록 악취를 풍겼지만 덕택에 방수 효과를 볼 수 있었다. 문명인이던 에트루리아인들이 로마인과 맞서 싸우던 때로 돌아가 보라. 그들은 포도주, 피, 땀, 그리고 색욕을 풍기고 있었다.

그런데 지금의 적은 어떤가? 이놈들은 옛날에는 로마의 지배를 받으며 납작 엎드려 살더니 이제는 브리타니아에서 북아프리카에 이르기까지 도처에서 주식회사 로마제국의 시장 점유율을 빼앗고 있다. 그리고 훈족은? 이들은 더 악질이다. 다른 야만인들도 이들을 일컬어 '야만인'이라고 불렀으니 말이다.

훈족의 위대한 지도자는 406년에 태어났다. 그가 5세기의 다른 타락한 지도자들과 다른 점이라면 세계에서 가장 무섭고 잔인한 전사였다는 사실이다. 하지만 과거 이웃나라에서도 로마 장군들을 그렇게 생각하지 않았을까? 하지만 이제 로마에는 그런 장군이 전혀 없었다.

훈족의 아틸라는 어린 시절 평화협정을 위해 로마에 2년 정도 인질로 잡혀 있었던 적이 있었다. 아마도 그때 그는 도시 생활을 흠뻑 만끽했으리라. 그러니 그가 어찌 초원지대를 넘어오지 않을 수 있었겠는가?

아틸라는 20대 청년으로 접어들자 서고트족을 쳐들어갔다. 서고트족 역시 만만한 상대는 아니었으나 그는 가는 곳마다 폐허로 만들었다. 사실 그의 임무는 보이는 족족 폐허로 만드는 것이었고, 그 일을 그보다 더 잘하는 사람은 아무도 없었다. 이어서 그는 동고트족 역시 공략하여 폐허로 만들었다. 고트족이라면 동이든 서든 그에게 공격을 받고 도망치지 않는 사람이 없었다. 로물루스의 저주였을까, 좀 시간이 흐르자 그는 동생마저 죽여 버렸다. 훈족의 왕관을 독차지하기 위해서였다. 왕관은 '움직일 수 있는' 물건이기 때문이다. 지극히 당연하게도 말이다!

그러나 당시 로마 군대는 이와 같은 막강한 위협에 대처하는 데 있어서 너무나 비효율적이었다. 동로마제국의 테오도시우스Theodosius 황제가 훈족에게 공물을 바쳐 서쪽 지방에만 관심을 기울이도록 하였다. 그리고 이 전략은 꽤 현명한 것으로 드러났다.

아틸라는 야만인들과의 싸움을 줄이고 자신의 궁극적인 목표를 향해 뚜벅뚜벅 걸어갔다. 그것은 로마였다. 그는 철마다 한 군데, 또는 두 군데의 맛있는 지역을 습격하여 약탈하였다. 그런데 공정하게 말하자면 그것은 로마 역사에서의 첫 300~400년 동안의 일과 다르지 않다. 그렇지 않은가? 옛날에는 우리의 로마 군인들이 두터운 가죽옷을 입었다. 그리고 지금은 야만인이 곤봉을 휘두르고 있는 것만이 다를 뿐이다.

예전의 카르타고인처럼 아틸라도 계속 전투를 벌였다. 많은 전투에서 승리를 거머쥐었지만 몇몇 전투에서는 패하기도 하였다. 그러나 그는 조금씩 목표를 향해 나아갔다.

그리고 451년, 거의 50만 명에 가까운 병사들이 프랑스를 통과하여 가련하고 낡은 조직의 부패한 심장부를 향해 진격하였다. 그 와중에 그들은 유럽의 거대 도시들을 차례대로 습격하고서 승리의 춤을 추었다. 아틸라는 필요에 따라 포위 전략도 구사할 줄 아는 인물이었다. 다른 유목민 패거리와는 다른 점이었다. 훈족은 가는 곳마다 승리를 거두었다. 그리고 가는 곳마다 진짜 두목이 누구인지 로마인들에게 똑똑히 가르쳐 주었다.

서로마제국은 서고트족의 도움을 받아 일시적으로 훈족을 궁지로 몰아넣을 수 있었다. 그러나 당시 기록을 살펴 주식회사 로마제국의 요직에 오른 고트족이 몇 명이나 되는지 따져 본다면 이들의 동맹은 2배나 더 흥미로운 일이 된다. 사실상 고트족들은 로마제국에서 전혀 등용되지 못한 것이다. 이는 마치 아메리카온라인과 합병 작업을 끝낸 타임워너에서 일하는 것과 같다.

딕 파슨스(Dick Parsons, 아메리카온라인과 합병한 타임워너의 CEO – 역자 주)와 그 부하들이 합병 이후의 회사에서 승승장구하였듯이 로마에서도 똑같은 양상이 빚어졌다. 물론 처음에는 다소 아슬아슬했지만 이내 안정을 되찾았다. 그래서 452년, 아틸라와 동물 지방옷을 입은 그의 부하들은 다시 약탈의 즐거움을 찾아 쳐들어왔다. 그들은 가는 곳마다 원하는 것을 손아귀에 넣을 수 있었다.

그러나 453년, 비극이 찾아왔다. 로마를 무너뜨리기 위해 마지막 박차를 가하던 중 훈족의 위대한 지도자 아틸라가 47살의 나이로 갑자기 죽어 버린 것이다. 그날은 아틸라가 젊고 아름다운 일곱 번째 부인과 결혼하여 잔치가 벌어지던 중이었다. 그는 잔뜩 취한 채 부인과 사랑을 나눈 후 코피를 흘리며 졸도하였다. 그리고 영영 끝이었다.

그는 사람들의 시야에서 완전히 사라졌다. 그러니 이제 그가 눈알을 희번덕거리는 난폭한 폭군이었을지는 몰라도 결코 고릴라는 아니었음을 인정할 수 있다. 그는 지식이 모자라지도 않았다. 다음은 그가 코피를 줄줄 흘리기 전에 말했다고 믿어지는 경구이다.

- 위대한 지도자들은 너무 심각하게 생각하지 않는다.
- 정치적인 싸움에서는 후방을 조심하라.
- 오로지 필요할 때만 적을 만들라.
- 훈족에게는 이해하는 것이 바로 진실이다.
- 바쁜 것처럼 보이는 자들은 사실 일하지 않고 있는 자들이다.
  (오늘날 고속도로를 건설하는 공사 인부들의 비밀이 이것이다.)
- 사람들은 과거의 일로 당신을 기억하지 않는다. 당신에 대한 생각으로 당신을 기억한다.
- 모든 훈족은 자신의 생활과 경험을 성공적인 것으로 만들 책

임이 있다. 로마인처럼 훈족이 아닌 사람들이 훈족을 위해 대신 일해 주지는 않는다.

- 어떤 훈족인들은 아무런 문제가 없는 일인데도 그것에 대한 해결책을 가지고 있다(나는 자신의 업무가 바로 이런 종류의 일인 사람을 최소한 6명은 알고 있다.).
- 평범하지만 충성심이 강한 훈족이라면 내버려 두라. 그러나 능력은 뛰어나지만 충성심이 없는 훈족은 그냥 내버려 두지 말라.

그가 한 말이 매우 특별하다고 말할 수는 없다. 그러나 모든 구절들은 우리가 단순히 야크 냄새 나는 싸움꾼이라고 생각했던 것보다는 훨씬 슬기롭다.

만일 이 철학자이자 살인마가 죽지 않았더라면 주식회사 로마제국은 필시 훈족의 손아귀로 넘어갔을 것이다. 그러면 우리는 즉각 이 책의 결말부로 접어들었을 것이다.

하지만 다시 한 번 기업의 리더십이 중요하다는 사실이 입증되었다. 아틸라의 아들은 헨리 포드의 아들(에드셀 포드Edsel Ford. 아버지 헨리 포드의 뒤를 이어 포드사의 경영을 맡았으나 아버지만큼의 수완은 발휘하지 못한 것으로 평가되고 있다. - 역자 주)만큼이나 비효율적이었던 것이다. 아틸라가 죽은 뒤 훈족의 위협은 사라졌다. 그들의 후손은 지금 헝가리에 강제로 살고 있다. 선조들이 저지른 죗값을 치르고 있는 셈이다.

로마제국의 멸망

　서로마제국의 사무실에는 이제 과거의 영광은 사라지고 오직 흔적만이 남아 있다. 주식회사 로마제국의 본사는 라벤나Ravenna 라는 쾌적하고 조용한 작은 도시로 옮겨졌다. 이제 로마에는 사소한 다툼이나 시비, 고성방가, 살인 등의 일들만 제외하면 아무것도 남아 있지 않았다. 서로마제국은 사망하였다. 그러나 약간의 꿈틀거림은 남아 있어서, 마지막 임종을 맞이하기 직전까지도 사실상 아무런 가치가 없는 제국의 황제 자리를 놓고 치열한 암투가 벌어졌다.

　주식회사 로마제국의 마지막 CEO인 로물루스 아우구스툴루스 Romulus Augustulus, 혹은 '작은 아우구스투스'는 475년에 황제가 되었는데 당시 그의 나이는 10살이었다. 그러니 황제는 아버지 오레스테스Orestes의 꼭두각시에 지나지 않았다. 오레스테스는 이탈리아 지역의 군대 총사령관으로서 당시 약간 남아 있던 주식회사 로마제국의 사업을 관리하였다. 그러나 그는 자신에게 불만을 품고 있던 오도아케르Odoacer라는 중간 관리자에게 살해당하고 만다.

　하지만 그는 로물루스 황제는 죽이지 않았다. 황제가 솜털이 보송보송할 정도로 어렸기에 전혀 위협이 되지 않았기 때문이다. 황제와 그의 측근, 시종들, 그리고 무일푼의 고위 관리들은 예전에 소화불량으로 고생하던 티베리우스 카이사르가 머물던 루쿨라눔Lucullanum으로 모두 쫓겨났다. 그리고 이내 온갖 인종이 뒤섞인 사춘기의 젊은 남녀들이 그 성에서 떠들썩하게 지냈다.

그토록 막강하던 주식회사 로마제국은 지금 어떻게 되었는가?

야만인들이 왕이 되었고, 로마인들은 모두 기독교인이 되었다. 이제 활발한 활동이 벌어지고 있는 곳은 비잔티움이다. 로마에서는 모든 것이 끝났다.

476년, 작은 아우구스투스는 황제에서 물러났다.

그리고 위대한 주식회사 로마제국에게 이제 남은 것이라고는 판테온의 계단 앞에서 이탈리아제 아이스크림을 파는 조그만 가판대뿐이다. 그것은 지금도 그 자리에 그대로 있다.

우리는 주식회사 로마제국으로부터
무엇을 배울 수 있는가?

1096년, 로마 가톨릭 교회 소속으로 서로 국적은 섞였지만 종교에 대한 확신으로 하나가 된 다국적 연합군이 중동 지역으로 진격하였다. 이들이 중동을 침공한 이유는 다양하였다. 하지만 그것은 사실상 날조된 것이다. 나는 그들이 처음에는 기분 좋게 진격했으리라고 확신한다. 왜냐하면 처음 진격할 때는 정의감으로 불타올라 군인들의 사기가 하늘을 찌르기 마련이기 때문이다. 그러나 전쟁이 길어질수록 뜨겁던 열기는 이내 사라지고 만다.

나는 여기서 십자군 원정에 대해 토론하자는 것이 아니다. 그러나 사실은 무척 토론을 하고 싶기도 하다. 왜냐하면 우리의 다국적 기업인 주식회사 로마제국이 스스로를 정의롭다고 믿는 또 다른 중세 군인들과 맞닥뜨렸기 때문이다.

역사상 최초의 다국적 기업인 주식회사 로마제국의 성공 요인을 철저히 분석한 결과 우리는 여기서 중요한 사실을 발견할 수 있다. 즉 원래의 주식회사 로마제국은 이미 600년 전에 멸망했지만 십자군 전쟁을 계기로 다시 화려하게 부활했다는 사실이다. 로마는 자신들의 임무를 새롭게 설정하고, 조직 구조 역시 개편했으며, 그리고 자본금과 자원을 다시 확충하였다. 그런 연후 로마에서는 모든 일들이 다시 순조롭게 흘러갔다.

따라서 로마제국은 멸망한 것이 아니다. 로마는 그저 모든 기업들이 수백 년, 혹은 수천 년 동안 살아남기를 원할 때 그들이 취하는 방법을 그대로 사용했을 뿐이다. 로마는 자신에게 재투자하여 새로운 글로벌 조직으로 거듭났다. 예전보다 훨씬 조직적이고 통일되었으며 부유해졌다. 그리고 이 조직은 오늘날까지도 번성하여 잘살고 있다. 새로운 주식회사 로마제국을 사람들은 로마 가톨릭 교회라고 부르고 있다.

이 위대한 기업의 재조직 사업은 멀리 4세기로 거슬러 올라간다. 당시 콘스탄티누스 황제는 예수 그리스도를 새로운 주피터 신으로 모셨으며, 주식회사 로마제국의 본사를 서쪽에서 동쪽 해안으로 옮겼다. 당시 교회는 주식회사 로마제국 기업 문화의 주체가 되어 조직을 장악하였고, 표면적으로는 제국의 리더십을 섬기면서도 동시에 리더십을 손아귀에 넣은 것과 다름없었다.

그때부터 성직자들로만 구성된 새로운 회사가 만들어졌으며, 제국의 사회구조 속에 자신만의 독자적인 흐름을 구축해 갔다. 그런데 이 성직자 회사는 제국의 체제 안이 아니면 생존할 수 없는 형편이었다. 성직자 회사는 회장에게 새로운 칭호도 붙이고 사업도 시작하였다. 그 사업이란 지금껏 주식회사 로마제국이 영위하던 것과는 달랐지만 몇몇 측면에서는 유사점도 많았다. 군인, 교활한 세일즈맨, 건축가, 탁발수도승, 암살범, 파티광, 상인, 정치인 등등, 온갖 직업의 로마인들이 세계를 휘젓고 다니며 새로운 영토를 차지하고, 부를 일구었다. 이들은 온갖 다양한 깃발 아래에서 일했지만 이 모든 행위는 하나의 로마 정신으로 통일되어 있었다.

로마 이후에도 수많은 제국들이 세워졌다. 그러나 로물루스와 아우구스투스의 자손들은 여전히 남아메리카의 산꼭대기에서 유럽의 오래된 도시들을 지나 아시아, 혹은 다시 미국으로 퍼져 나가고 있다.

지금도 로마는 우리 땅의 많은 곳을 지배하고 있다. 본부 직속의 관리담당 성직자는 자기 위의 중간 관리직 성직자에게 모든 업무의 진척사항을 보고하고, 중간 관리직 성직자는 반드시 고위 임원이나 수석 부사장인 추기경에게 보고해야 한다.

그런데 사실 수석 부사장인 추기경은 때에 따라서 폴란드 출신이거나 독일 출신, 아니면 나이지리아 출신인 최고위 총수로부터 전화가 오는 것을 두려워하고 있다. 최고위 총수는 그의 궁정에서 평생 동안 지위를 누리는데, 이 궁정은 오래 전에 로마의 중심부에 지어져 있었다.

궁정을 건축한 사람은 지금 궁정에 살고 있는 최고위 총수보다는 훨씬 덜 금욕적이었던 카이사르이다.

사실 우리는 지금, 선조들이 격동의 시기에 직면했던 난제들과는 전혀 차원이 다른 변화에 직면해 있다. 그런데 이러한 우리가 풀어야 할 문제가 하나 있다. 그것은 블랙베리 휴대폰(AT&T에서 내놓은 최신형 휴대폰 모델. 기존의 휴대폰과는 달리 컴퓨터 키보드처럼 쿼티식의 자판이 달려 있어 큰 인기를 모으고 있다. - 역자 주)이나 자가용, 비행기 같은 편리한 교통수단 하나 없던 고대 문명이 어떻게 이토록 오랫동안 지속될 수 있었을까? 그리고 더 나아가 궁극적으로는 자신을 완벽하게 쇄신하여 다시금 새롭게 성공할 수 있었느냐는 것이다.

대체 어떻게 하였을까?

이 문제에 대한 해답을 안다면, 기업에서 근무하는 사람으로서, 혹은 대단히 위험해지고 있는 위성에 살고 있는 시민으로서, 우리 모두에게 큰 도움이 될 것이다. 우리의 로마인 선조들이 취한 전략이나 문제 해결방법이 항상 좋아 보이지만은 않는다. 그러나 아틸라가 한 말이라고는 믿어지지 않는 다음의 말을 새겨둘 필요가 있다.

"아무리 그 녀석을 환영하고 싶지 않더라도, 적으로부터 받은 메시지를 지닌 자라면 결코 죽여서는 안 된다."

지당한 말이다. 전령을 죽여 버리면 상대방이 보낸 메시지를 알 수가 없다.

로마가 성공한 첫 번째 이유는, 능률적이고 창조적인데다 심술 궂기까지 한 최고경영자들이 로마에는 줄지어 나타났다는 점이다. 최고경영자는 물론 중간 관리자들까지도 가능한 한 모든 수단을 동원하여 사람을 죽이고 싶다는 강력하고도 창조적인 욕구를 지녔던 때는 로마 이전의 역사에도 없었고, 이후의 역사에도 존재하지 않는다.

오늘날 내가 알고 있는 대부분의 위대한 최고경영자들은 겉으로 보기에는 모순적인 이 두 가지 힘을 모두 지니고 있다. 그러기에 단 한 가지의 능력만을 가진 사람은 처음에는 어느 정도 버텨낼 수 있을지 모르지만 시간이 지날수록 힘이 소진되고 만다.

그러기에 만일 둘 중 하나만을 선택해야 한다면 반드시 마음속에 이 원칙을 간직해야 한다. 사람을 기꺼이 죽일 수 있는 기업은 그렇지 않은 기업에 비해 실적이 훨씬 좋다. 아울러 사람을 죽일 줄 아는 임원은 그렇지 못한 임원보다 훨씬 더 많이 출세한다. 그리고 이것은 가장 무서운 말인데, 천박한 어머니일수록 뛰어난 어머니가 된다.

만일 아무런 죄도 없는 사람이 그저 당신의 이름만 듣고도 놀라 달아난다면, 당신은 현재 일을 잘하고 있는 것이라고 생각해도 무방하다.

역사를 공부하다 보면, 합리적인 사람은 응당 보답을 받는다는 사실을 알게 된다. 예를 들어, 친구나 가족을 죽이거나 아니면 실질적으로 혹은 비유적으로 그들을 욕보이는 것은 나쁜 일인 것이다. 동시에 당신의 적을 살려두는 것은 바보 같은 짓이다.

브루투스가 카이사르를 죽이던 날, 그는 마르쿠스 안토니우스는 죽이지 않았다. 왜냐하면 그는 자신의 오래된 친구이자 멘토의 등에 칼을 꽂으면서까지 이상을 추구했지만 더 이상 자신이 생각하기에 '옳지 않은 일'은 하고 싶지 않았기 때문이다. 결국 오래지 않아 안토니우스가 브루투스를 쳐부수었다.

지금도 수많은 신입 임원들이, 회사에서 축출당했다가 다시 돌아온 과거의 임원들 때문에 쫓겨나곤 한다. 이 숫자는 당신이 생각하는 것보다 훨씬 많다.

그러므로 강력한 리더십 체제를 구축하려면 먼저 기존의 임원들부터 잘 쫓아내야 한다. 또한 회사에 남아 있는 자들도 은밀히 처단해야 한다. 알다시피 이런 일은 CEO 자리에 새로 오른 자가 하기에 너무나도 신나고 재미있다.

보기 싫은 자들은 모조리 퇴직하였으므로 이제 회사는 새로운 최고경영자의 영도를 받으며 힘차게 전진할 수 있을 것 같다. 하지만 반드시 꼭 그런 것은 아니다. 보기 싫은 자를 제거했다고 해서 일이 완전히 해결된 것은 아니다. 주식회사 로마제국이 번성하던 때를 살펴보면 모든 계층이 균형을 이루고 있다는 사실을 발견할 수 있다. 각 계층은 나름대로 독자적인 힘을 지니고 있었으며 그것을 적절히 사용할 줄 알았다.

그러기에 응석받이에 불과한 원로원 계급, 땀투성이의 평민 계급, 근면한 부르주아지 계급, 거기에다가 무뚝뚝한 최고위 기업 간부에 이르기까지 모든 사람들이 공통의 목표를 위해 노력하였다. 실제로 그렇지 않았을지도 모르지만 최소한 바깥세상에서 보기에는 그러했다. 로마 내부에서는 이들 계급 간에 투쟁이 벌어졌을지 모르지만 다른 나라를 점령하거나 흡수할 때는 똘똘 힘을 뭉쳤다.

우리가 로마에서 알 수 있는 또 하나의 사실은, 중간 관리자의 힘이 막강하였으며, 이들 또한 자신들의 임무에 무척 만족했다는 것이다. 회사도 마찬가지이다. 본사가 튼튼하고, 직원들 사이에 구석방 사무실에 앉아 있는 최고경영자에 대한 존경심이 어느 정도 있는 회사라면, 거기에서 일하는 노동자의 생산성은 높기 마련이다.

그런데 슬프게도 직원들로부터 존경을 받는, 그 같은 최고경영자를 우리는 쉽게 찾아볼 수 없다. 더구나 요즘처럼 병든 사회에서 그런 경영자를 찾기란 아예 불가능한 일이 되어 버렸다.

그러나 밝은 면이 없는 것은 아니다. 생애 마지막 날에 금으로 된 기념패를 받고 싶다면 꼭 아우구스투스나 카이사르와 같은 리더가 될 필요는 없다. 예컨대 능력 이상의 연봉을 받는다거나, 맛있는 음식만을 골라 과식한다거나, 주주들의 이익을 깎아뭉갠다거나, 백만 달러를 들인 최고급 파티에 진짜 보드카 오줌을 누는 동상을 등장시킨다거나, 회사 경비로 1만 2,000달러짜리 샤워 커튼을 구입한다거나, 친구들과 즐긴 골프 비용을 회사에 청구한다거나 하는 등의 일만 하지 않는다면 충분히 좋은 리더가 될 수 있다.

로물루스나 카이사르, 아우구스투스, 혹은 콘스탄티누스와 같은 최고경영자들은 조직이 나아가야 할 방향에 대해 확고한 신념을 지녔다. 따라서 자신의 신념에 부응한다면 전혀 주저하거나 죄책감을 느끼지 않고서 주식회사 로마제국을 이끌었다. 특히 그 신념이 현재의 주식회사 로마제국 또는 앞으로 인수 대상이 될 기업에서 일하는 직원들의 예민한 도덕적 기준과 상충되지 않는다면 더욱더 효과를 발휘할 수 있었다.

학자들의 조사 결과, 많은 사람들이 도덕적, 윤리적인 측면에서 예민한 잣대를 가지고 있는 것으로 나타났다. 심지어 아무런 권력이 없어서 경영자가 시키는 대로밖에 일할 수 없는, 그런 문제에 대해서 도무지 자신의 의견을 개진할 수 없는 하급 종업원들조차 어떤 도덕적, 윤리적 기준을 가지고 있었다. 아무리 애를 써보아도 사람들이 그러한 윤리관을 가지지 못하도록 막을 수는 없다.

따라서 사람들이 현재의 폭군 밑에서 지겨운 이 생활을 견딜 수 있게 하려면 어떤 대의명분을 뒷받침해 줘 모두들 좋다고 느끼도록 하는 것이 효과적일 것이다.

대의명분이 뒷받침되면 그 이전까지 직원들이 자신의 윤리적 기준에 가로막혀 감히 하지 못했던 일, 즉 사람을 죽이거나 약탈하거나 땅에 소금을 뿌려 농작물을 망치거나 도시를 폐허로 만들거나 회계장부를 속여 이익을 조작하거나 장기 근속자에게 주어지는 혜택을 줄이거나 심지어 다른 사람의 눈알을 빼버리는 일까지도 쉽게 할 수 있을 것이다.

막강한 고위 경영자는 거의 종교와 맞먹는 수준으로 직원들을 윤리적이고 도덕적인 죄책감에서 벗어날 수 있게 만든다. 하지만 그래도 신이 함께 한다면 영적인 세계를 지배하는 그의 눈으로 판단하여, 신은 우리가 하는 모든 일을 정의롭고 잘한 행위라고 규정할 수 있을 것이다. 그렇게만 된다면 시민들은 보다 더 즐겁게 조직을 위해 일할 것이다.

무엇이 옳고 무엇이 그른지에 대해 사람들 사이에 일반적으로 통용되는 관념이 있어야 한다. 그리고 그 관념은 조직 안에서 통일되어야 한다. 그렇게 되면 조직의 발전에 있어서 대단한 원동력으로 작동할 것이다. 하지만 조직 안에서 통일되지 못하면 이상한 일이 벌어질 수도 있다. 과거에 저질렀던 수많은 행위들이 현대에 이르러 자칫 나쁜 일로 의심받는 사태가 벌어질 수 있다.

결국 공통된 가치관이 없다면 우리는, 예를 들어 동물이나 노예, 이방인, 장애인, 종교가 다른 사람들을 함부로 대하지 못할 것이다. 그러니 우리가 밥을 먹으러 가거나 쇼를 보러 가면서 겪는 온갖 일에 대해서 그다지 기분 나빠할 필요는 없다. 만약 그럴 경우 오래지 않아 온 천지에서 비명을 지르거나 죽어가는 사람들이 당신의 신경에 거슬릴 것이다. 통일된 가치관이 없으면 우리는 똑같은 일이더라도 집에서는 괜찮고 밖에서 하면 신이 화를 낼 것이라는 두려움에 빠질 수 있다. 그러니 전쟁에 대한 생각은 더 말할 것도 없다. 당연히 혼란스러울 것이다.

하지만 리더십이 튼튼하고, 중간 관리자들은 행복하며, 직원들은 신이 자신들에게 미소를 짓는다고 믿는 기업이라면 영원히 지속될 수 있다. 계속해서 성장 가도를 달려야 한다는 망령에 시달리지 않는다면 말이다. 하지만 이 망령은 필연적으로 찾아오고야 만다. 오늘날 월 스트리트의 애널리스트들은 기업들에게 계속해서 성장세를 이어가라고 강요한다. 그렇지 못하면 즉각 '매수' 투자등급에서 탈락시킨다.

하지만 기업이 성장세를 이어가려면 혹독한 대가를 치러야 한다. 좋은 합병은 기업에게 성장의 기회와 돈을 동시에 거머쥐도록 해준다. 그러기에 좋은 합병은 기존의 기업에게 피와 살을 공급하는 소중한 존재이다. 반대로 합병을 잘못하면 도리어 피를 빨릴 수 있다. 그러나 로마는 설령 합병이 잘못되었더라도 사태를 조용히 해결하고 궁극적으로는 생산성을 높이게 하는 빼어난 능력을 가지고 있었다.

로마는 계속 발전하고 성장하여야 했다. 그렇지 않으면 변호사, 투자은행가, 살인자, 전위예술가, 도랑 파는 인부, 식당에 채소를 납품하는 상인, 보병, 그리고 최고경영자 같은 게으른 사람들도 현재의 월급에 만족하지 않을 것이고, 불만에 가득 차 사납게 굴 것이 분명하였기 때문이다. 그러나 맛있는 것을 너무 많이 주는 것도 위장에 좋지 않다. 과식하기 쉽기 때문이다. 그리고 실제로도 그렇게 되었다.

온갖 주장과 신념들이 넘쳐나면서 주식회사 로마제국에 불협화음이 일어나기 시작했다. 이 때문에 기업 정신은 흔들리고 말았다. 과거에는 쉽게 해결할 수 있었던 문제가 지금은 로마를 쥐고 흔들었다. 성문 저 멀리서 로마를 흘끔 쳐다보기만 하던 훈족이 지금은 괴상망측한 모자와 가죽옷을 입고선 로마의 메인스트리트를 활보하였다. 그들은 집에 노크도 하지 않고 들어오고, 물어보지도 않고서 은그릇을 집어갔다.

더 나쁜 일은, 지속적으로 성장하고 인수 합병을 이어가려면 계속 전쟁을 치러야 한다는 사실이었다. 이를테면 피로스의 승리(그리스 왕 피로스는 자신의 군대를 다 죽이고서야 전투에서 승리하였다. 따라서 피로스의 승리란 희생을 많이 치른 승리를 뜻한다. – 역자 주)인 셈이다. 따라서 세상 사람들이 별 볼 일 없다 비난할지라도 기업은 어느 시점에서 성장을 멈추고 정지 상태에 도달할 수 있어야 한다.

물론 때로는 다른 기업과 충돌이 일어날 수도 있다. 하지만 우리는 기업의 실적이 좋지 못해 직원들이 배를 곯는 것을 원하지 않는다. 로마에서 평화가 수백 년 동안 이어지자 어느 누구도 다치지 않았다. 평화가 이어지는 동안 기업은 수익의 증가 속도를 높이고, 신제품을 개발하고, 상품을 운반할 새로운 항로를 개설하고, 사회 각 계층과의 대화를 늘려, 보다 나은 삶을 추구하는 사람들에게 행복을 가져다 주었다. 그렇게 하는 것이 주식회사 로마제국으로서는 보다 좋은 일이었다.

마지막으로, 위대한 기업이 오랫동안 지속될 수 있는 핵심은 무엇일까? 열쇠는 바로 끝없는 변신이다. 테베레 강이라 불리는 개울의 강둑에 세워진 조그만 오두막에서부터, 애플이 향후 인텔 반도체 칩을 바탕으로 설계에 나설 것이라고 선언하는 것에 이르기까지, 영원한 젊음을 유지할 수 있는 열쇠는 끊임없이 변신하는 것이다.

로마는 구멍가게, 즉 가족 사업에서 출발한 벤처기업이었다. 당시의 경영자는 형제도 죽이고 이웃사람의 아내도 훔쳐오는 그런 인물이었다. 그리고 로마가 정점에 도달하자 모든 총구가 불을 뿜었고, 기계는 초스피드로 돌아가기 시작했다. 로마제국은 단 한 나라, 즉 까다롭고 성질 고약한 파르티아만은 제외하고, 모든 나라를 아우르는 평화 시대를 열었다.

로마는 하나의 강력하고 위대한 생각 아래 통일되었다. 로마가 다스리는 세상은 아름다웠다. 향기 나는 정원과 매혹적인 건물이 있었다. 당시 중산층의 생활은 오늘날 우리의 생활과 별반 다르지 않다. 주식회사 로마제국의 이념이 너무 낡아 적용이 어렵게 되자 로마는 마지막으로 다시 한 번 변신한다. 거대한 금융 및 종교 집단으로 탈바꿈한 것이다. 오늘날 주식회사 로마제국은 11억 명의 영혼과 스파게티 만찬을 인도하고 있다.

나는 무척 큰 기업에서 근무하고 있다. 원래 이 회사는 처음에는 발전소 변압기를 만들다가 점점 커져 핵 발전소까지 만들게 된 회사의 계열사이다. 오늘날 우리는 콘텐츠를 생산한다. 우리 회사는 세계 각국에 지점이 퍼져 있다. 매출은 착실하게 늘어나고 있으며, 수익률도 매우 높다. 물론 우리 회사도 여러 가지 어려움에 직면하여 힘든 시기를 보낸 적도 많다.

예컨대 세계가 분열되는 상황에서 우리 회사의 사업이 곤란을 겪기도 했으며, 우리로서는 도무지 어쩔 수 없는 시장의 움직임으로 인해 옴짝달싹 못한 적도 있다. 또한 월 스트리트에서 어떤 비싼 대가를 치르건 상관없이 계속해서 성장하고 확장하라고 요구하는 통에 진통을 겪기도 하였다. 우리 회사의 몇몇 경영자들은 정말 대단하다! 그 외의 다른 중역들은 이제 은퇴하여 피닉스에서 느긋하게 노년을 즐길 것이다.

이 책에서 내가 하고 싶은 말은, 중간 관리자로 남아 있는 것이 여전히 재미있다는 사실이다. 다른 회사에서 근무하고 있는 내 친구도 나와 같은 생각이다. 각자가 일하는 건물의 이름은 다르지만 우리 모두 주식회사 로마제국을 위해 일하고 있다는 사실을 잘 알고 있다. 주식회사 로마제국이 나아가던 길을 지금 우리가 걷고 있기 때문이다. 우리는 종종 국제 정세에 대해 많은 걱정을 한다. 하지만 진땀까지 흘릴 정도는 아니다. 별다른 대책이 없기 때문이다.

여러분은 그렇지 않은가? 주식회사 로마제국처럼 사는 것은 여전히 세상에서 제일 좋은 일이다.

로마처럼 경영하라

1판 1쇄 인쇄 2009년 1월 5일
1판 1쇄 발행 2009년 1월 10일

지은이 스탠리 빙
옮긴이 김중근
감 수 김경준
발행인 고영수
발행처 청림출판
등록 제406-2006-00060호
주소 135-816 서울시 강남구 논현동 63번지
　　　413-756 경기도 파주시 교하읍 문발리 파주출판도시 518-6 청림아트스페이스
전화 02)546-4341 **팩스** 02)546-8053

www.chungrim.com
cr1@chungrim.com

ISBN 978-352-0768-8 03320